MONOGRAPHS

universität innsbruck

innsbruck university press

Rolf Steininger

Streiflichter des 20. Jahrhunderts

Zeitungsartikel von 1986 bis 2011

Eine Auswahl

Rolf Steininger
Institut für Zeitgeschichte, Universität Innsbruck

Gedruckt mit Unterstützung des Vizerektorats für Forschung der Universität Innsbruck.

1. Auflage

Layout: Carmen Drolshagen
Redaktion: Brigitte Haidler, Edith Pachler und Ulrike Scherpereel
Produktion: Books on Demand, Norderstedt

www.uibk.ac.at/iup

ISBN 978-3-902719-99-7

Inhalt

Vorbemerkung

Hans Rothfels hat Anfang der fünfziger Jahre des letzten Jahrhunderts die Zeitgeschichte als „Geschichte der Lebenden" definiert. Was damals für die erste Hälfte des 20. Jahrhunderts galt, ist auch gut für die zweite Hälfte. Zeitgeschichte ist Beschäftigung mit Vergangenheit *und* Gegenwart. Sie kann nicht im stillen Kämmerlein im Verborgenen betrieben werden. Ein Zeithistoriker muss sich „einmischen", Position beziehen, Stellung nehmen zum Tagesgeschehen und zu Gegenwartsproblemen. In der Regel kann nur er hier fundierte Hintergrundinformationen und Analysen liefern und Schlagzeilen erläutern. Nicht selten geht es dabei auch darum, vor allzu schnellen (Vor-) urteilen zu warnen.

Ich habe Zeitgeschichte immer als einen Prozess verstanden, bei dem man aus der Geschichte lernt und habe mich bemüht, dieses Wissen im Hörsaal weiterzuvermitteln: jungen Menschen das Instrumentarium an die Hand zu geben, Dinge kritisch zu betrachten und keinen politischen „Rattenfängern" hinterherzulaufen. Darüber hinaus habe ich mich ständig öffentlich „eingemischt": mit Büchern mit und ohne Fußnoten, zahllosen Interviews, Hörfunk- und Fernsehdokumentationen. Und ich habe mich immer wieder aus aktuellem Anlass in Zeitungsartikeln zu Wort gemeldet – zu Themen aus meinen Arbeitsgebieten.

Ähnlich wie Rezensionen haben Zeitungsartikel nur einen geringen „Halbzeitwert": Eine Zeitung von gestern ist heute nicht mehr aktuell. Von daher kam am Institut für Zeitgeschichte nach 27 Dienstjahren die Idee auf – ähnlich wie bei den Rezensionen –, einige dieser Zeitungsartikel gesammelt herauszugeben.

Die Sammlung, die entstanden ist, beleuchtet wichtige Stationen des 20. Jahrhunderts. Es sind „Streiflichter" eines aufregenden Jahrhunderts, die meine langjährige Sekretärin Brigitte Haidler mit großem Engagement zusammengetragen und geordnet hat. Dafür möchte ich ihr an dieser Stelle sehr herzlich danken. Mein Dank gilt auch Dr. Birgit Holzner von der iup, die für die Fertigstellung gesorgt hat, sowie Tilmann Märk, dem Gründer der iup, der den Band in die Reihe aufgenommen hat.

Last but not least danke ich den Verantwortlichen folgender Zeitungen: *Das Parlament, Die Welt, DIE ZEIT, Dolomiten, Frankfurter Allgemeine Zeitung, Frankfurter Allgemeine Sonntagszeitung, Wiener Zeitung* für die Genehmigung zum Wiederabdruck der Beiträge.

Für all jene, die sich über die Zeitungsbeiträge hinaus intensiver mit den verschiedenen Themen beschäftigen möchten, habe ich am Schluss des Bandes einige neue Arbeiten von mir genannt, die in jeder guten Buchhandlung vorhanden sein sollten.

Wer sich die Geschichten lieber in Ruhe anhören möchte, dem seien meine entsprechenden Audio-CDs empfohlen: mit Sendungen, die 2008 im Rai-Sender Bozen und dem ORF ausgestrahlt wurden.

Innsbruck, im April 2011
Rolf Steininger
www.rolfsteininger.at

Zeitungsbeiträge (Titel)

Österreich

Südtirol

USA/Kalter Krieg

Deutschland

„Besprechung mit anschließendem Frühstück“

Die „Wannsee-Konferenz“ am 20. 1. 1992

Am 29. November 1941 lud Reinhard Heydrich, der Chef der Sicherheitspolizei und des Sicherheitsdienstes (SD), 14 Herren zu einer Besprechung ein. Im Einladungsschreiben hieß es:

„Am 31. 7. 1941 beauftragte mich der Reichsmarschall des Großdeutschen Reiches unter Beteiligung der in Frage kommenden anderen Zentralinstanzen alle erforderlichen Vorbereitungen in organisatorischer, sachlicher und materieller Hinsicht für eine Gesamtlösung der Judenfrage in Europa zu treffen und ihm in Bälde einen Gesamtentwurf hierüber vorzulegen. Eine Photokopie dieser Bestellung lege ich meinem Schreiben bei ... In Anbetracht der außerordentlichen Bedeutung, die diesen Fragen zuzumessen ist und im Interesse der Erreichung einer gleichen Auffassung bei den in Betracht kommenden zentralen Instanzen an den übrigen mit dieser Endlösung zusammenhängenden Arbeiten rege ich an, diese Probleme zum Gegenstand einer gemeinsamen Aussprache zu machen, zumal seit dem 15. 10. 1941 bereits in laufenden Transporten Juden aus dem Reichsgebiet einschließlich Protektorat Böhmen und Mähren nach dem Osten evakuiert werden.“

Die Sitzung sollte am 9. Dezember stattfinden, wurde aber am Tag zuvor, offenbar telefonisch, „auf unbestimmte Zeit verschoben“ – so hat es ein Beamter im Berliner Auswärtigen Amt am 8. Dezember auf dem Einladungsschreiben an Unterstaatssekretär Luther vermerkt. Über den Grund der Verschiebung wissen wir nur, was Heydrich bei der Einladungswiederholung sagte, nämlich, dass er die Besprechung „seinerzeit auf Grund plötzlich bekannt gegebener Ereignisse und der damit verbundenen Inanspruchnahme eines Teils der geladenen Herren in letzter Minute leider (habe) absagen müssen“ . Gemeint war der japanische Überfall auf Pearl Harbor am 7. Dezember, Hitlers Rückkehr aus seinem ostpreußischen Hauptquartier am 9. Dezember nach Berlin und die Verkündung der deutschen Kriegserklärung an die USA am 11. Dezember.

Eine neue Einladung wurde am 8. Jänner 1942 für den 20. d. Monats ausgesprochen: „Besprechung mit anschließendem Frühstück“. Ort: Das damalige Gästehaus des SD am Berliner Großen Wannsee. Die Konferenz dauerte etwa eineinhalb Stunden; Protokollant Adolf Eichmann meinte später: „Die Ordonanzen reichten laufend Cognac, und zum Schluss hat alles durcheinander geredet.“ Von der Besprechung fertigte Eichmann ein 15-seitiges Protokoll an, von dem es insgesamt 30 Ausfertigungen gab.

Ein Exemplar wurde 1947 von den Amerikanern gefunden; vom Ort der Konferenz hat diese Konferenz nach dem Krieg ihren Namen erhalten: Wannsee-Konferenz. Die Villa ist heute eine Gedenkstätte für den Holocaust.

In der Geschichte der nationalsozialistischen Judenpolitik bzw. Judenvernichtung hat diese Konferenz immer einen zentralen Stellenwert gehabt, wobei die Interpretationen unterschiedlich ausgefallen sind. Das reicht von einem kameradschaftlichen Zusammensein bis zu der Auffassung, dort sei der Mord an den europäischen Juden beschlossen worden. Was lässt sich dazu sagen? 1941 war der Wendepunkt der NS-Judenpolitik. Erkennbar war der Übergang von der Phase der Verfolgung der Juden – Ausschaltung, Enteignung, Kennzeichnung, Versklavung, Austreibung – zu jener der Vernichtung.

Die „Endlösung"

Den Gedanken der physischen Vernichtung hatte Hitler mehrfach erwähnt, etwa in seiner Reichstagsrede vom 30. Jänner 1939: „Ich will heute wieder ein Prophet sein: Wenn es dem internationalen Finanzjudentum in- und außerhalb Europas gelingen sollte, die Völker noch einmal in einen Weltkrieg zu stürzen, dann wird das Ergebnis nicht die Bolschewisierung der Erde und damit der Sieg des Judentums sein, sondern die Vernichtung der jüdischen Rasse in Europa."

Es ist heute unbestritten, dass der Entschluss zur „Endlösung" in den Monaten vor dem Überfall auf die Sowjetunion – im Juni 1941 – gefasst worden war. Er gehört im weitesten Sinne zu den in dieser Zeit intensivierten Planungen zur Neuordnung Europas, vor allem in Osteuropa.

Die Geschichte des Massenmordes an den Juden Europas begann mit dem Überfall auf die Sowjetunion. Am 31. 7. 1941 erhielt Heydrich von Hermann Göring den erwähnten Auftrag; das viel zitierte Schriftstück ist von Heydrich selbst entworfen worden, er hat es von Göring unterschreiben lassen. Es waren vier Einsatzgruppen gebildet worden – SS, SD, Mitglied der Kriminalordnungs- und Feldpolizei, etwa zwischen 600 und 1000 Mann. Die entsprechenden Befehle Heydrichs lauteten: „Zu exekutieren sind alle Juden in Partei- und Staatsstellungen." Bis Ende 1941 hatten die Einsatzgruppen etwa 500.000 Menschen umgebracht; im Dezember 1941 war etwa das SS-Spezialkommando im Reichsgau Wartheland in Kulmhof aktiv; Juden wurden in umgebauten Lastkraftwagen erstickt. In Serbien hatte es Massenerschießungen gegeben; das KZ-Auschwitz war im Juli 1940 eröffnet worden; dort hatte man im September 1941 mit der Erprobung des Gases Zyklon B begonnen; ab September 1941 mussten die Juden im Reichsgebiet den Judenstern tragen; am 14. Oktober 1941 gab es den ersten Deportationsbefehl. Ghettos galten als Wartestation auf den Tod. Am 24. Oktober 1941 gab es die zweite Deportation und Massenerschießungen in Kovno; am 30. November 1941 wurden 1000 Berliner Juden ermordet. Probleme gab es beim hereinbrechenden Winter durch tief gefrorenen Boden und sonstige Transportschwierigkeiten.

Analysiert man den Text des Protokolls, findet man Schlüsselworte, die für Eingeweihte eine klare Bedeutung hatten. Demnach sollte die Besprechung „Klarheit in grundsätzlichen Fragen“ schaffen; es ging um die Zurückdrängung der Juden aus allen Lebensbereichen, ja aus dem Lebensraum des deutschen Volkes überhaupt. Aber nicht nur das: Eine Liste zählt insgesamt elf Millionen Juden auf, genannt werden Juden sogar in jenen Ländern, die von der Deutschen Wehrmacht noch nicht besetzt waren. Im Protokoll heißt es: „Anstelle der Auswanderung ist nunmehr als weitere Lösungsmöglichkeit nach entsprechender vorheriger Genehmigung durch den Führer die Evakuierung der Juden nach dem Osten getreten.“ Im Zuge der praktischen Durchführung der Endlösung „wird Europa von West nach Osten durchkämmt. In großen Arbeitskolonnen, unter Trennung der Geschlechter, werden die arbeitsfähigen Juden Straßen bauend in diese Gebiete geführt, wobei zweifellos ein Großteil durch natürliche Verminderung ausfallen wird.“ Und: „Der allfällig endlich verbleibende Restbestand wird entsprechend behandelt werden müssen“. Das bedeutet: Ausrottung der eventuell Überlebenden.

Außerdem vermerkt das Protokoll: „Abschließend wurden verschiedene Lösungsmöglichkeiten besprochen.“ Hinter dieser Definition verbirgt sich, was der Mehrzahl der Konferenzteilnehmer schon bekannt war und was Eichmann bei seinem Prozess in Jerusalem 1961 bestätigt hat: Die Erörterung verschiedener Tötungsmöglichkeiten.

Entscheidend bei dieser Konferenz war die Erzielung der „gleichen Auffassung“ bei den Zentralinstanzen des NS-Staates, deren Vertreter eingeladen worden waren. Die Konferenz schloss mit der im Protokoll verzeichneten Bitte Heydrichs, „ihm bei der Durchführung der Lösungsarbeiten entsprechend Unterstützung zu gewähren“. Nicht anders könnte die Vorstandssitzung einer Bank oder eines Unternehmens schließen.

Konferenz der Mitwisser

Man kann auch Hannah Arendts Definition von der „Banalität des Bösen“ bemühen; der beispiellose, verbrecherische Charakter dieses Ereignisses aber bleibt bestehen. Heydrich war der eigentliche Architekt der Endlösung. Er machte die Anwesenden dieser Konferenz zu Mitwissern des bereits begonnenen Verbrechens, dessen „Endlösung“ aber noch bevorstand und die Mitwirkung der Beratungsteilnehmer bzw. deren Ministerien verlangte. Ahnungslos war niemand – alle machten mit. Als die Herren den Tagungsort verließen, waren sie die bestunterrichteten Personen in Sachen Judenmord im Dritten Reich, auch wenn auf der Konferenz im eigentlichen Sinne nichts beschlossen worden war. Heydrich, nach Meinung Hitlers „der Mann mit dem eisernen Herzen“, war am Ende der Sitzung sehr erleichtert und genehmigte sich einen Cognac, was Eichmann bei ihm noch nie zuvor erlebt hatte.

Welche Männer nahmen an der Wannsee-Konferenz teil und wie verliefen ihre „Karrieren“?

Gauleiter Meyer vom Reichsministerium für die besetzten Ostgebiete wurde Staatssekretär und beging 1945 Selbstmord. Das Schicksal seines Kollegen Leibbrand ist unbekannt; Staatssekretär Stuckart vom Innenministerium wurde später angeklagt, 1949 auf freien Fuß gesetzt und starb 1953 an den Folgen eines Autounfalls. Staatssekretär Neumann, einer der Stellvertreter Görings: Schicksal unbekannt. Staatssekretär Freisler, Präsident des Volksgerichtshofes, kam 1945 bei einem Bombenangriff um. Bühler vom Amt des Generalgouverneurs: Schicksal unbekannt; Unterstaatssekretär Luther vom Auswärtigen Amt, kam 1943 ins KZ Sachsenhausen in „Sonderhaft“, starb im Mai 1945. SS-Oberführer Klopfer blieb unbehelligt, war als Rechtsanwalt tätig, starb 1987 als letzter der Teilnehmer – wie es in der Todesanzeige hieß, „nach einem erfüllten Leben zum

Wohle aller, die in seinem Einflussbereich waren". Kritzinger von der Reichskanzlei starb in einem Nürnberger Krankenhaus, ohne angeklagt worden zu sein. Hofmann, Chef des Rasse- und Siedlungshauptamtes, erhielt eine Haftstrafe von 25 Jahren, die auf zehn Jahre reduziert wurde.

SS-Gruppenführer Heinrich Müller, „Gestapo-Müller", Leiter des Amtes IV, der unmittelbare Vorgesetzte Eichmanns, war einer der am meisten gesuchten SS-Generäle, sein Schicksal ist unbekannt. Eichmann wurde 1961 in Jerusalem vor Gericht gestellt und zum Tode verurteilt. Schöngarth von der Sicherheitspolizei und dem SD-Krakau, der später in den Niederlanden tätig war, geriet in britische Gefangenschaft und wurde 1946 hingerichtet. SS-Sturmbandführer Langer kam in den Kämpfen um die Stadt Posen ums Leben.

Wiener Zeitung, 20. 1. 2007

Der Mythos von der Unbesiegbarkeit war dahin

Deutschlands Kapitulation vor 50 Jahren in der Schlacht um Stalingrad

Am 2. Februar 1943 flog ein Fernaufklärer der deutschen Luftwaffe über Stalingrad und setzte die Meldung ab: „In Stalingrad keine Kampftätigkeit mehr!“ Die Stadt an der Wolga war zum Massengrab geworden. Auch nach 50 Jahren ist nicht genau bekannt, wie viele deutsche Soldaten umgekommen sind. Die Sowjets zählten später 147.000; nach Berechnungen des Freiburger Historikers Rüdiger Overmans wurden 195.000 deutsche Soldaten eingeschlossen; 29.000 wurden ausgeflogen, 60.000 starben im Kessel. Von den 110.000, die gefangengenommen wurden, starben 105.000; nur rund 5.000 überlebten.

Die Wehrmacht hatte die bis dahin größte Niederlage erlitten, in einem Krieg, den Ernst Nolte den „ungeheuerlichsten Eroberungs-, Versklavungs- und Vernichtungskrieg der Neuzeit“ genannt hat. Und für diesen Krieg hatte sich die Wehrmacht von Hitler und dessen Paladinen in die Pflicht nehmen lassen. Wenn mit Blick auf Stalingrad gesagt worden ist, die Tatenlosigkeit der obersten militärischen Führung habe sie um ihre Ehre gebracht, dann muss man dem entgegenhalten, dass dies schon mit dem „Unternehmen Barbarossa“ ein Jahr zuvor geschehen war, wenn nicht noch früher.

Mit „Barbarossa“ sollte „Lebensraum im Osten“ erobert werden. Dieses Konzept war 1941 gescheitert. Im Frühjahr/Sommer 1942 reichten die militärischen Kräfte nur noch zur Offensive an einem Frontabschnitt aus. Laut „Führerweisung“ sollte es jetzt darum gehen, „den Feind vorwärts den Don zu vernichten, um sodann den Übergang über den Kaukasus selbst zu gewinnen“. Stalingrad sollte dabei erreicht oder zumindest so unter die Wirkung schwerer Waffen gebracht werden, „dass es als weiteres Rüstungs- und Verkehrszentrum ausfällt“.

Das war eine gigantische Aufgabe, die nur bei einem völligen Zusammenbruch des Gegners zu schaffen war. Aber zu diesem Zusammenbruch kam es auch diesmal nicht. Auch die von „Barbarossa“ bekannten Gefangenenmassen blieben aus; die Sowjets wichen geschickt in die Weite des Raumes aus. Eine folgenreiche Fehlentscheidung Hitlers war es dann, dem Vorstoß in Richtung Kaukasus Priorität einzuräumen und durch Abzug einer Panzerarmee die Zangenbewegung auf Stalingrad aufzugeben. Für den Angriff auf Stalingrad blieb damit nur die 6. Armee. Ihre Spitzen erreichten am 23. August nördlich von Stalingrad die Wolga; am selben Tag flog die Luftwaffe mit 600 Maschinen den schwersten Angriff seit einem Jahr. Stalingrad versank in Schutt und Asche.

Als die Deutschen in die Stadt eindrangen, leisteten die Sowjets erbitterten Widerstand. Zur Verteidigung Stalingrads wurden, wie wir heute wissen, in großer Zahl Soldaten aus Strafbataillonen eingesetzt. Um jeden Meter Boden wurde gekämpft, um jedes Haus, um jeden Trümmerhaufen.

Stalingrad war mehr als nur eine wichtige Industriestadt an der Wolga: Sie trug seit 1925 Stalins Namen. Sie durfte nicht fallen – ein Diktator kann sich keine Prestigeeinbuße leisten. Nicht zuletzt aus diesem Grund wollte jetzt auch Hitler diese Stadt unbedingt einnehmen: für sie hatte er das gleiche Schicksal wie für Leningrad und Moskau vorgesehen: Die gesamte männliche Bevölkerung sollte „beseitigt", Frauen und Kinder sollten deportiert werden. Anfang Oktober verlangte er die „völlige Inbesitznahme" Stalingrads. Vier Wochen später waren 90 Prozent der inzwischen vollständig verwüsteten Stadt in deutscher Hand – „Stalingrad ist keine Stadt mehr", schrieb ein deutscher Offizier –, aber sie fiel nicht.

Und das, obwohl Hitler dies bereits öffentlich angekündigt hatte. Am 30. September hatte er im Sportpalast festgestellt, die Wehrmacht werde Stalingrad „berennen und es auch nehmen"; „kein Mensch" werde sie von dieser Stelle mehr wegbringen. Und am 8. November hatte er in München bei seiner jährlichen Ansprache zur Erinnerung an den Putsch von 1923 großsprecherisch von sich gegeben, man habe Stalingrad genommen; es seien nur noch „ein paar ganz kleine Plätzchen da", die wolle er „mit ganz kleinen Stoßtrupps" einnehmen. Wenige Tage später, am 19. November, griff die Rote Armee nördlich und südlich Stalingrads im Rücken der 6. Armee an, durchbrach die deutsch-rumänische Frontlinie und schloß am 22. November den Ring um die Stadt: Die 6. Armee saß in der Falle.

Vernichtung droht

Das Schicksal der 6. Armee entschied sich in den Tagen unmittelbar nach dem 22. November. General Paulus und mit ihm die Befehlshaber der vier Armee- beziehungsweise Panzerkorps der 6. Armee wußten, dass in dieser Situation der Ausbruch die einzige Möglichkeit zur Rettung der Armee war.

Seit dem 21. November liefen alle Anträge bei Hitler in diese Richtung, sie wurden darin vom Oberkommando der Heeresgruppe B unterstützt. Was sich inzwischen im Führerhauptquartier in Rastenburg abspielte, ist nicht mehr vollständig zu rekonstruieren, für die Gesamtbeurteilung auch nicht von entscheidender Bedeutung. Entscheidend ist, dass Hitler von Anfang an entschlossen war, Stalingrad nicht aufzugeben. Am 21. November gab er Weisung auszuhalten, „über Luftversorgung folgt Befehl". Er fuhr anschließend vom Obersalzberg nach Rastenburg.

Paulus machte am 23. November in einem Funkspruch an Hitler klar, dass die Armee „in kürzester Zeit“ vernichtet werde, wenn nicht „sofortige Herausnahme aller Divisionen aus Stalingrad“ erfolge, gleichzeitig begann man mit Vorbereitungen für den Ausbruch.

Da kam am 24. November Hitlers Haltebefehl, verbunden mit der Zusage, er werde „alles tun“, um die Armee „entsprechend zu versorgen und rechtzeitig zu entsetzen“. Beides war nicht möglich – und die verantwortlichen Militärs wußten es! Im Grunde wurde damit schon das Todesurteil über die 6. Armee gesprochen. Spätestens hier hätte sich die Frage nach den Grenzen des militärischen Gehorsams stellen müssen.

Einer stellte diese Frage: der Kommandierende General des VI. Armeekorps, General von Seydlitz. Seine Denkschrift vom 25. November für Paulus gehört zu jenen bewegenden Dokumenten, die auch für spätere Generationen von bleibendem Wert sind. Seydlitz machte Paulus die Lage klar – die dieser sehr wohl überblickte – und versuchte ihn zum Handeln gegen Hitlers Befehl zu bewegen, um die Katastrophe zu vermeiden. Paulus reichte die Denkschrift weiter, versehen mit dem Kommentar General Schmidts, seinem Chef des Stabes: „Wir haben uns nicht den Kopf des Führers zu zerbrechen und Gen. v. Seydlitz nicht den des O. B. (Paulus).“

„Ich stehe hier auf Befehl“, so lautet die Zeile eines Briefes, den Paulus später aus dem Kessel nach Hause schickte. Dachte er vielleicht an General Hoepner? Der hatte ein Jahr vorher eigenmächtig den Rückzug befohlen, um 200.000 Soldaten zu retten – und war von Hitler unehrenhaft aus der Wehrmacht ausgestoßen worden. Paulus war kein Soldat des Kadavergehorsams, er hatte seine Zweifel, hoffte auf Manstein, den Oberbefehlshaber der neuen Heeresgruppe Don und dessen Zusage vom 24. November: „Wir werden alles tun, sie herauszuhauen.“

Am 26. November machte Paulus einen letzten Versuch: Er forderte von Manstein „für den alleräußersten Fall die Genehmigung zum Handeln nach Lage“. Unter Hinweis auf den „Führerbefehl“ lehnte dieser ab; gleichzeitig versuchte er, Paulus von dessen Gewissensnöten zu befreien: „Was wird, wenn die Armee in Erfüllung des Befehls des Führers die letzte Patrone verschossen haben sollte, dafür sind Sie nicht verantwortlich.“ So einfach war das offenbar. Paulus, zum Generaloberst befördert, gab den Leitspruch aus: „Drum haltet aus, der Führer haut uns raus!“

Die 6. Armee benötigte mindestens 700 Tonnen Nachschub täglich. Göring hatte die entsprechende Zusage gemacht, auf die sich wiederum Hitler stützte – und die geradezu abenteuerlich war. Die tatsächlich eingeflogenen Mengen überschritten im Durchschnitt bis zum Ende am 2. Februar nicht 100 Tonnen. Das hieß schlicht und einfach: Die 6. Armee siechte dahin und verhungerte! Der Armeearzt sprach Anfang Januar von einem „Hungerexperiment großen Stils“ – und das meinte er nicht einmal ironisch. Als am 19. Dezember der Entsatzangriff der 4. Panzerarmee unter General Hoth 50 Kilometer vor dem Kessel steckenblieb, war die 6. Armee nicht in der Lage, ihr entgegenzustoßen. Der Treibstoff für die Panzer reichte nur noch für 20 Kilometer, die Truppe war abgekämpft.

Die Kampfmoral sinkt

Am 20. Dezember gab es die ersten Hungertoten. Am 26. Dezember notierte ein Offizier aus dem Stab der 6. Armee, in kurzer Zeit müsse die physische Widerstandskraft derart gering werden, „dass bei der großen Kälte der Moment kommt, wo der einzelne Mann sagt: Jetzt ist mir alles scheißegal, und einfach langsam erfriert oder vom Russen überrannt wird.“ Von Mitte Januar an erhielt ein Teil der Truppe überhaupt nichts mehr zu essen!

Mit dem Verfall der physischen Kräfte sank die Kampfmoral. Fälle von Selbstverstümmelungen häuften sich. Immer mehr Soldaten ließen absichtlich einzelne Gliedmaßen erfrieren in der Hoffnung, ausgeflogen zu werden. Um die Kampfbereitschaft aufrechtzuerhalten, wurden Disziplinverletzungen unnachgiebig verfolgt: In nur acht Tagen im Januar 1943 wurden allein im Bereich von vier Divisionen 364 Todesurteile wegen Feigheit, unerlaubter Entfernung von der Truppe, Fahnenflucht und Verpflegungsdiebstahl ausgesprochen – und vollstreckt. (Die Zahl der Todesurteile im gesamten übrigen Feldheer im IV. Quartal 1942 betrug 578).

Am 8. Januar boten die Sowjets die Kapitulation an – Paulus lehnte das Angebot als Feindpropaganda ab und befahl darüber hinaus, zukünftige Parlamentäre durch Feuer abzuweisen. Zwei Tage später trat die Rote Armee zum Angriff an, spaltete den Kessel und erdrückte ihn. Es gab keinen organisierten Widerstand mehr, und es gab nun überhaupt keinen Sinn mehr im Aushalten – wenn es ihn denn je gegeben hatte –, um sowjetische Truppen zu binden. Manstein äußerte am 22. Januar, die Sowjets brauchten „die völlige Erledigung der 6. Armee nicht mehr abzuwarten“, um Kräfte von Stalingrad abzuziehen. Am 24. Januar bat Paulus endlich, dem sinnlosen Sterben durch Kapitulation ein Ende zu bereiten. Hitler lehnte ab – Paulus gehorchte. Am 2. Februar war der Kampf zu Ende.

Was bleibt als Fazit? Stalingrad war mehr als nur eine Schlacht im Zweiten Weltkrieg. Mit Stalingrad war für alle sichtbar der Mythos von der Unbesiegbarkeit der Wehrmacht dahin. Stalingrad war einer der entscheidenden militärischen Wendepunkte im Zweiten Weltkrieg. Die Art und Weise aber, wie die 6. Armee unterging, „verraten und verkauft“ von der politischen und militärischen Führung, gibt Stalingrad seinen besonderen Stellenwert. Schärfer als andere militärische Ereignisse zeigt Stalingrad den Größenwahn der politischen Führung und das Problem des sittlichen Gehorsams. Es geht um Schuld und Verantwortung der obersten Führung und um die Frage, wo der Gehorsam endet; es geht um den Mißbrauch deutschen Soldatentums und um unsägliches menschliches Leid – letzteres auch auf Seiten der Sowjets.

Frankfurter Allgemeine Zeitung, 24. 1. 1993

Gerichtstag für das NS-System

Vor sechzig Jahren wurden nach 218 Verhandlungstagen die Urteile im Nürnberger Prozess verkündet.

Den Schauder, mit dem die Welt dieses System betrachtet, können wir am besten deutlich machen, indem wir die Naziführer ergreifen und vor Gericht bringen, ebenso auch die Instrumente des Terrorsystems, etwa die Gestapo. Die Strafe muss schnell und streng erfolgen und wird dem deutschen Volk vor Augen führen, dass wir entschlossen sind, dieses Pestgeschwür ein für allemal auszubrennen."

Das hatte der amerikanische Kriegsminister Henry L. Stimson am 5. September 1944 an Präsident F. D. Roosevelt vorgeschlagen. Anfang Mai 1945 beauftragte Roosevelts Nachfolger, Harry S. Truman, Bundesrichter Robert Jackson damit, die Anklage von führenden Naziverbrechern vor einem internationalen Militärgericht vorzubereiten. In einem Memorandum an den Präsidenten beschrieb Jackson seine Aufgabe so: „Wir haben eine schwere Verantwortung zu tragen. Wir müssen danach trachten, dass unser Vorgehen in diesen unsicheren Zeiten dazu beiträgt, auf der ganzen Welt das Interesse an einer strafferen Durchsetzung international geltender Rechte und Verhaltungsregeln zu wecken, um jenen den Krieg zu vergällen, in deren Händen sich die Macht und das Schicksal ganzer Völker befinden."

Jagd auf Naziverbrecher

Kaum dass der Weltkrieg zu Ende war, begann die Jagd alliierter Sonderkommandos auf Naziverbrecher. Am 8. August 1945 – zwei Tage nach Abwurf der Atombombe auf Hiroshima – unterzeichneten Vertreter der vier Siegermächte in London ein „Abkommen über die Verfolgung und Bestrafung der Hauptkriegsverbrecher der europäischen Achse" und ein „Statut für den internationalen Militärgerichtshof".

Am 18. Oktober trat dieser Internationale Gerichtshof in jenem Saal des ehemaligen Volksgerichtshofes in Berlin zusammen, in dem dessen berüchtigter Präsident Freisler den Schauprozess gegen die Männer des 20. Juli abgehalten hatte.

Am 20. November wurde das „Tribunal der Sieger" in Nürnberg, der ehemaligen „Stadt der Reichsparteitage", fortgesetzt. Die Anklage gegen die Hauptkriegsverbrecher

lautete: Verschwörung gegen den Frieden, Verbrechen gegen den Frieden, Verletzung der Kriegsrechte und Verbrechen gegen die Menschlichkeit.

Der deutsche Außenminister Joachim von Ribbentrop war am 14. Juni verhaftet worden. Robert Ley, der Führer der Deutschen Arbeitsfront und Reichsorganisationsleiter der NSDAP, hatte sich unter dem Namen Ernst Distlmeyer in den bayrischen Alpen versteckt; noch vor Beginn des Prozesses erhängte er sich im Nürnberger Untersuchungsgefängnis.

Julius Streicher, Herausgeber des antisemitischen Hetzblattes „Der Stürmer", hatte sich als harmloser Kunstmaler namens Sailer getarnt; durch Zufall wurde er auf einem Bauernhof in der Nähe von Berchtesgaden entdeckt. Franz von Papen, „Steigbügelhalter Hitlers", ehemals Reichskanzler, unter Hitler Vizekanzler und Botschafter in Wien und Ankara, wurde von Soldaten der IX. US-Armee in einer Jagdhütte in Westfalen aufgespürt.

Der Generalgouverneur von Polen, Hans Frank, der „Henker von Polen" und „Judenschlächter von Krakau", wurde am 6. Mai in einer Gruppe von 2000 Gefangenen entdeckt. Er schnitt sich mit einer Rasierklinge die Pulsadern auf, wurde gerettet und nach Nürnberg gebracht.

Rosenberg und Speer

Auf der Suche nach dem SS-Führer Heinrich Himmler stießen britische Truppen am 19. Mai in der Marinekriegsschule Flensburg-Mürwik, die als Lazarett diente, auf eine andere Parteigröße: Alfred Rosenberg, NS-Weltanschauungstheoretiker und ehemaliger Reichsminister für die besetzten Ostgebiete. Gemeinsam mit Karl Dönitz gingen am 23. Mai Wilhelm Keitel, Alfred Jodl und der Reichsminister für Bewaffnung und Munition, Albert Speer, in Gefangenschaft. Der Reichsinnenminister Wilhelm Frick wurde in der Nähe von München von Offizieren der VII. US-Armee aufgegriffen, ebenso Fritz Sauckel, der Generalbevollmächtigte für den Arbeitseinsatz und Verantwortliche für die Deportation von mehreren Millionen Zwangsarbeitern.

Nach Baldur von Schirach, einst Reichsjugendführer, zuletzt Gauleiter und Reichsverteidigungskommissar von Wien, wurde nicht gefahndet. Die Amerikaner glaubten irrtümlich, er sei tot. Unerkannt arbeitete er unter dem Namen Richard Falk bei einer amerikanischen Dienststelle in Tirol als Dolmetscher. Als am 5. Juni der Rundfunk meldete, alle HJ-Führer würden verhaftet und die gesamte Hitlerjugend angeklagt werden, stellte er sich freiwillig.

Am 6. Mai nahmen die Franzosen den Reichsprotektor von Böhmen und Mähren, Constantin von Neurath, fest. Am 11. Mai wurde Walter Funk, Reichswirtschaftsminister und Generalbevollmächtigter für die Kriegswirtschaft, in Berlin verhaftet. Am 15. Mai griffen amerikanische Truppen Ernst Kaltenbrunner auf, den Leiter des gefürchteten Reichssicherheitshauptamtes, der maßgeblich an der „Endlösung der Judenfrage" beteiligt gewesen war.

Arthur Seyß-Inquart, Reichskommissar für die besetzten Niederlande, wurde von kanadischen Soldaten auf einem deutschen Schnellboot entdeckt. Reichsbankpräsident Hjalmar Schacht konnte partout nicht verstehen, warum die Amerikaner ihn verhafteten.

Die Sowjets stellten zwei Gefangene bei: Hans Fritzsche, Leiter der Rundfunkabteilung im Propagandaministerium und eloquenter Rundfunkkommentator, und Erich Raeder, der 1943 von Dönitz als Oberbefehlshaber der Marine abgelöst worden war.

Hermann Göring

Hermann Göring, Reichsmarschall, Oberbefehlshaber der Luftwaffe, Luftfahrtminister, Ministerpräsident von Preußen, Reichsforst- und Reichsjägermeister, hatte sich auf Schloss Fischhorn in Bruck bei Zell am See zurückgezogen; er stellte sich am 7. Mai den Amerikanern. Er wurde mit Handschlag begrüßt und nach Kitzbühel gebracht, wo man ihm Champagner servierte. Anschließend gab er eine internationale Pressekonferenz, die viel Staub aufwirbelte. In völliger Verkennung der Lage glaubte er, mit Eisenhower

„von Marschall zu Marschall“ über einen ehrenvollen Frieden für Deutschland verhandeln zu können.

Göring musste seine Orden ablegen und galt fortan als „normaler“ Gefangener. In Augsburg wurde er tagelang verhört; am 22. Mai wurde er, wie vor ihm schon andere NS-Größen, in ein Hotel nach Bad Mondorf in Luxemburg verlegt. Hier wurden die Gefangenen nochmals wochenlang einvernommen, ehe sie Anfang Oktober in die Gefängniszellen des Nürnberger Justizpalastes überstellt wurden.

Rudolf Heß, einst Stellvertreter des Führers, wurde am 10. Oktober aus England eingeflogen. Er war am 10. Mai 1941 mit dem Fallschirm über Schottland abgesprungen, angeblich, um zwischen England und Deutschland Frieden zu stiften. Doch die Engländer sperrten ihn in eine Zelle des Londoner Tower. Im Prozess gab Heß Anklägern und Verteidigern ständig Rätsel auf: Er konnte sich an nichts erinnern und stammelte wirres Zeug.

In Nürnberg wurde 218 Tage lang verhandelt. Zweimal täglich mussten die deutschen Rundfunksender Berichte und Kommentare über den Prozess bringen; dennoch war das Interesse an den Geschehnissen in Deutschland weitaus geringer als im Ausland.

Mochte es in dem Prozess auch Verfahrensfehler gegeben haben, so wog das gering gegen die Tatsache, dass zum ersten Mal das brutale, mörderische NS-System der Weltöffentlichkeit bekannt gemacht wurde. Die Anklage legte 2930 Beweisdokumente vor, die Verteidigung 2700; 240 Zeugen wurden gehört, 300.000 eidesstattliche Erklärungen gesichtet.

Am 1. Oktober 1946 wurden den Angeklagten die Urteile verkündet: Göring, Ribbentrop, Keitel, Kaltenbrunner, Rosenberg, Frick, Frank, Streicher, Sauckel, Jodel, Seyß-Inquart und – in Abwesenheit – Martin Bormann wurden zum Tod durch den Strang verurteilt, Heß, Funk und Raeder erhielten lebenslängliche, Schirach und Speer 20 Jahre, Neurath 15 und Dönitz 10 Jahre Gefängnisstrafe. Schacht, Papen und Fritzsche wurden freigesprochen.

Heß und die Neonazi

Göring entzog sich dem Henker: Bis heute ist ungeklärt, wie er in den Besitz des Giftes kam, mit dem er sich am Abend des 15. Oktober 1946 das Leben nahm. Die übrigen zum Tode Verurteilten wurden in den frühen Morgenstunden des 16. Oktober hingerichtet, ihre Leichen in München eingeäschert, die Asche in den Conwentzbach, ein Nebenflüsschen der Isar, geschüttet.

Raeder wurde 1955, Funk 1957 frühzeitig entlassen (beide starben 1960), Rudolf Hess blieb im Gefängnis in Berlin-Spandau, wo er 1987 laut Aussage der Gefängnisleitung Selbstmord beging. Mitglieder der Familie äußerten Zweifel daran und beschuldigten den britischen Geheimdienst, Heß ermordet zu haben – seitdem gilt er in der Neonazi-Szene als Märtyrer.

Speer hatte als einziger der Angeklagten seine Schuld eingestanden. Ein Kompromiss der Richter hatte ihm das Leben gerettet: Amerikaner und Sowjets wollten ihn damals hängen sehen, Briten und Franzosen waren für 15 Jahre Haft – man einigte sich schließlich auf 20 Jahre. Nach seiner Freilassung 1966 wurde er zu einem viel gefragten Zeitzeugen, der auch in seinen Erinnerungen darauf bestand, nichts von der Ermordung der Juden und anderen Verbrechen gewusst zu haben. Erst später stellte sich heraus, dass er offensichtlich nicht nur am Ausbau des Vernichtungslagers Auschwitz beteiligt gewesen war, sondern auch an den Massendeportationen der Berliner Juden. Speer starb 1981 in London.

Wiener Zeitung, 30. 9. 2006

Weichenstellung im Westen

Bildung und Entwicklung der Bizone 1946 bis 1948

Am 2. Dezember 1946 unterzeichneten der amerikanische Außenminister James Byrnes und sein britischer Kollege Ernest Bevin in New York ein Abkommen, mit dem die amerikanische und britische Zone in Deutschland mit Wirkung vom 1. Januar 1947 zur Bizone zusammengeschlossen wurden. Das „Vereinigte Wirtschaftsgebiet", wie die offizielle Bezeichnung lautete, sollte in wirtschaftlichen Angelegenheiten als ein Gebiet behandelt werden, mit dem Ziel, die wirtschaftliche Selbständigkeit dieses Gebietes bis Ende 1949 zu erreichen; die Vereinbarung sollte jährlich überprüft werden und nur bis zu einer Einigung der vier Alliierten über die Behandlung ganz Deutschlands als Wirtschaftseinheit gelten. Was so nur wirtschaftlich begründet wurde, war tatsächlich eine eminent politische Entscheidung – mit Folgen für die Einheit des Landes. Die Bizone entwickelte sich nämlich zu einem entscheidenden Schritt auf dem Weg zur Teilung Deutschlands, und – mit Zwischenphasen – zur zweieinhalb Jahre später erfolgten Gründung der Bundesrepublik Deutschland.

Auf der Konferenz von Potsdam (17. Juli bis 2. August 1945) hatten sich Amerikaner, Briten und Sowjets darauf geeinigt, Deutschland als „wirtschaftliche Einheit" zu behandeln. Es sollte zwar bis auf weiteres keine zentrale deutsche Regierung geben, aber doch zentrale deutsche Verwaltungsstellen für Finanzen, Transport, Verkehr, Außenhandel und Industrie errichtet werden, die unter der Leitung deutscher Staatssekretäre die Beschlüsse des Alliierten Kontrollrates einheitlich in den vier Zonen in die Tat umsetzen sollen. In der Folgezeit kam es dann aber nicht zur Bildung dieser Verwaltungsstellen. Verantwortlich dafür war Frankreich. Ziel der französischen Politik war es, Deutschland politisch und wirtschaftlich so zu schwächen, daß es nie wieder zu einer Gefahr für Frankreich werden konnte. Frankreich war an der Konferenz von Potsdam nicht beteiligt gewesen und lehnte nun jene Beschlüsse, die seiner Politik zuwiderliefen, ab, und dazu gehörte jeder Schritt, der auch nur im Ansatz „gesamtdeutsch" aussah.

Auf der Außenministerkonferenz im September 1945 in London präsentierte die französische Regierung dann ihre entscheidende Forderung – politische Abtrennung des Rheinlandes und Westfalens – einschließlich des Ruhrgebietes – von Deutschland, dies, so die Begründung, sei „unerlässlich für den Schutz der französischen Grenze und die wesentliche Voraussetzung für die Sicherheit Europas und der Welt".

Die Konsequenz dieser Haltung Frankreichs war, dass sich die einzelnen Zonen immer weiter auseinanderentwickelten und schon bald zu hermetisch abgeschlossenen Einheiten wurden, in denen jede Besatzungsmacht die Politik betrieb, die sie für richtig hielt.

Zur französischen Obstruktionspolitik kam im Frühjahr 1946 eine dramatische Wende in der britischen Deutschland- und Russlandpolitik, ausgelöst durch wachsendes Mißtrauen gegenüber der Sowjetunion, deren Politik sich nahezu global gegen vitale britische Interessen zu richten schien. Moskau, so lautete die Interpretation, wolle vom Nachkriegschaos in Europa und der Welt nur profitieren, es verfolge die gleiche national-imperialistische Politik wie Iwan der Schreckliche, Peter der Große oder Katharina die Große, wobei hinzukomme, dass die Führer im Kreml nicht nur nicht an die gleichen Werte wie die der westlichen Demokratien glaubten, sondern dazu auch absolut unfähig seien. Am 10. April 1946 fasste Bevin dies in einem Schreiben an Premierminister Attlee folgendermaßen zusammen: „Die Russen haben sich für eine aggressive Politik entschlossen, die sich auf militanten Kommunismus und russischen Chauvinismus gründet. Sie schrecken offensichtlich vor nichts zurück und gehen bis an den Rand des Krieges, um ihre Ziele zu erreichen.

Keine wirtschaftliche Einheit

In dem gegen Großbritannien gerichteten sowjetischen „Angriff an allen diplomatischen Fronten" war Deutschland eine dieser Fronten. Die Sowjetunion hatte in ihrer Zone mit Sozialisierung, Bodenreform und Entnazifizierung die Voraussetzungen für eine völlige Umgestaltung der gesellschaftlichen Verhältnisse geschaffen. Die Parteien hatten sich in einem „antifaschistisch-demokratischen Block" zusammenschließen müssen, der Freie Deutsche Gewerkschaftsbund (FDGB), dem die Briten die demokratische Legitimation absprachen, wurde als Instrument im „antifaschistischen Kampf" eingesetzt. Anfang 1946 wurde die Kampagne zur Zwangsfusion von KPD und SPD zur SED eingeleitet. Gleichzeitig plünderten die Sowjets ihre Zone geradezu aus und entnahmen – entgegen alliierter Absprache – rücksichtslos Reparationen auch aus der laufenden Produktion. Was eigentlich hätte exportiert werden sollen, ging so als Reparationen in die Sowjetunion; an ein ganz Deutschland umfassendes, gemeinsames Export/Import-Programm war unter diesen Umständen nicht zu denken; die in Potsdam beschlossene wirtschaftliche Einheit Deutschlands gab es nicht – mit dem Ergebnis, daß den Briten ihre Zone mehr und mehr zur Belastung wurde.

Die Erfahrungen mit der Sowjetunion in Deutschland und deren Rückwirkungen auf die eigene Politik – ob berechtigt oder nicht berechtigt, ist eine ganz andere Frage – faßte Bevin Anfang Mai 1946 in einem geheimen Kabinettsmemorandum zusammen. Er war jetzt davon überzeugt, daß „die russische Gefahr mit Sicherheit inzwischen genauso groß, möglicherweise aber noch größer ist als die Gefahr, die von einem wiedererstarkten Deutschland ausgeht", wobei für ihn die schlimmste aller möglichen Konstellationen ein wiedererstarktes Deutschland war, „das gemeinsame Sache mit Rußland macht oder von ihm beherrscht wird". Ganz offen sprach er über eine mögliche Teilung Deutschlands an der Elbe, sollte sich dies „angesichts der sowjetischen Politik als unvermeidlich herausstellen". Würde es zur Teilung kommen, dann war es seiner Meinung nach allerdings „von größter Bedeutung, sicherzustellen, daß die Verantwortung für den Bruch eindeutig den Russen zur Last gelegt wird". Gleichzeitig legte er ein klares Programm für die eigene „Westpolitik" vor: Westdeutschland separat entwickeln, den Deutschen entschlossen zeigen, „daß wir uns jeder weiteren nach Westen gerichteten Expansion des Kommunismus und des russischen Einflusses widersetzen"; den Industrieniveauplan aufkündigen, die Reparationen auf ein vernünftiges Maß reduzieren, die Lebensmittelrationen sofort erhöhen, in der britischen Zone sich auf konstruktive politische und wirtschaftliche Maßnahmen konzentrieren und sich nicht von den Russen vom Kurs abbringen lassen; die Kohleförderung erhöhen und die Stellung in Berlin halten.

Voraussetzung für den Erfolg dieser Politik war allerdings die „vollständige und dauernde Unterstützung der USA". Und da hatte Bevin berechtigte Zweifel. Die Amerikaner waren seiner Meinung nach „noch nicht so weit, eine solche Politik mitzumachen". Er befürchtete, daß sich ihre führenden Vertreter in Deutschland „mit Händen und Füßen dagegen wehren würden", weil sie in der Regel darauf bedacht seien, „mit den Russen zusammenzugehen". Mit diesem Hinweis war in erster Linie der stellvertretende amerikanische Militärgouverneur und führende Kopf der amerikanischen Militärregierung, General Lucius D. Clay, gemeint.

Clay sah damals in der Tat noch keine russische Gefahr; er hoffte weiter auf einen Erfolg der Viermächteverwaltung in Deutschland; nicht die Sowjetunion war seiner Meinung nach für die Probleme in Deutschland verantwortlich, sondern Frankreich. Immer wieder drängte er Washington, auf Paris Druck auszuüben, um so die französische Kooperation bei der Schaffung deutscher Zentralverwaltungen zu erzwingen. Mit Rücksicht auf die prekäre innenpolitische Lage in Frankreich geschah dies jedoch nicht. Anfang Mai versuchte Clay dann, das Problem im Alleingang zu lösen: er stoppte die Demontagen in der amerikanischen Zone und untersagte fast alle Reparationslieferungen aus seiner Zone. Seine Hoffnung schlug allerdings fehl: Frankreich dachte nicht daran, seine Deutschlandpolitik zu ändern. Schließlich schlug er am 26. Mai Kriegsministerium und State Department vor, als ersten Schritt zunächst nur die amerikanische und britische Zone zusammenzuschließen. Auf den ersten Blick sah das so aus, als ob Clay damit praktisch da angekommen war, wo die Briten längst waren. Tatsächlich wollte Clay mit seinem Vorschlag das genaue Gegenteil von dem, was die Briten beabsichtigten. Er sah in seinem Vorschlag einen letzten Versuch, Franzosen (und Sowjets) zum Anschluß ihrer Zonen zu bewegen und damit doch noch die wirtschaftliche Einheit Deutschlands herzustellen.

Auch in Washington gab es zu diesem Zeitpunkt bereits kritische Stimmen, die – anders als etwa Clay – Zweifel am sowjetischen Kooperationswillen äußerten. Noch dachte allerdings niemand ernsthaft daran, Potsdam „über Bord zu werfen", wie dies Bevin in dem o. g. Memorandum formuliert hatte. Byrnes war entschlossen, einen anderen Weg zur Lösung der deutschen Frage zu gehen: die vier Besatzungsmächte sollten sich verpflichten, Deutschland nach dem Ende der Besatzungszeit noch weitere 25 Jahre entwaffnet und entmilitarisiert zu halten und zu diesem Zweck eine gemeinsame, scharfe Kontrolle ausüben. Die Haltung der Sowjetunion zu diesem Plan galt auf der anstehenden Außenministerkonferenz in Paris genauso als Test für deren wahre Absichten in Deutschland wie die Antwort auf die Frage nach der wirtschaftlichen Einheit Deutschlands.

Die Entscheidung

Die Konferenz in Paris dauerte – mit einer vierwöchigen Unterbrechung – vom 25. April bis 12. Juli 1946. Der sowjetische Außenminister Molotow bestätigte hier sämtliche Befürchtungen. Er lehnte die westlichen Vorschläge kompromißlos ab, auch das Angebot von Byrnes, die Kontrollperiode auf 40 Jahre auszuweiten. Offensichtlich erhofften sich die Sowjets von der Fortsetzung des Status quo größere Vorteile für sich in Deutschland. Entweder waren sie sich dabei über die Konsequenzen dieser Haltung bei Briten und Amerikanern nicht im klaren – oder sie unterschätzten sie. Bevin jedenfalls ging am Ende der Konferenz in die Offensive; er wollte, wie er es später formulierte, „eine Entscheidung erzwingen". Am 10. Juli gab er eine offizielle Erklärung ab, die einem Ultimatum und der Aufkündigung von Potsdam gleichkam: falls es nicht zu einer Einigung zwischen den vier Mächten komme, so betonte er, sehe sich seine Regierung gezwungen, die eigene Zone so zu organisieren, daß der britische Steuerzahler nicht weiter belastet werde, mit anderen Worten: die britische Zone werde für den Export produzieren, da die britische Regierung nicht länger gewillt sei, sich Dollars zu leihen, um damit Nahrungsmittel nach Deutschland einzuführen.

Nach Lage der Dinge konnte sich nur Byrnes von diesem Ultimatum angesprochen fühlen. Als unmittelbare Antwort darauf gab er seinerseits die Erklärung ab, die USA seien bereit, sich mit jeder anderen Besatzungsmacht oder mehreren Besatzungsmächten zusammenzutun, um die Zonen als wirtschaftliche Einheit zu behandeln.

Am 20. Juli wiederholte der amerikanische Militärgouverneur, General McNarney, im Kontrollrat das Angebot von Byrnes. Sowjets und Franzosen lehnten ab. Das britische Kabinett sprach sich dann am 25. Juli „im Prinzip" für die Fusion der beiden Zonen aus. Bedenken wurden nur in einem Punkt angemeldet, der dann später auch noch eine wichtige Rolle spielen sollte: der Sozialisierung der Schlüsselindustrien in der britischen Zone.

Teilung Deutschlands und Europas?

Wurde mit der Entscheidung für die Fusion die Teilung Deutschlands präjudiziert? Wurde dies damals schon so gesehen? Bevin äußerte sich dazu in einer Kabinettsvorlage: gegen die Zusammenlegung könne nur „ein ernsthafter Einwand vorgebracht werden"; es könne so aussehen, „als ob wir mit den Amerikanern gemeinsame Sache gegen die Russen machen und Europa in zwei Teile spalten wollen". Für die Russen sei es aber ganz heilsam, wenn sie merkten, „daß wir dies tun können, wenn wir wollen, und daß wir nicht mit uns spaßen lassen". Man wolle es nicht, sondern hoffe im Gegenteil darauf, daß die Russen früher oder später auch ihre Zone anschließen und zur wirtschaftlichen Einheit Deutschlands zurückfinden würden.

Es gab allerdings auch andere Stimmen im Foreign Office. Ein Mitarbeiter notierte, es sei doch wohl müßig, darauf zu beharren, ein solcher Schritt sei nur der Auftakt zur wirtschaftlichen Einheit Deutschlands und werde Deutschland nicht teilen. In Wirklichkeit komme dieser Schritt dem offenen Bekenntnis nahe, daß die Viermächtekontrolle gescheitert sei. Daraus folgerte er: „Wenn Deutschland wirtschaftlich geteilt wird, wird die politische Teilung mit Sicherheit folgen, auch wenn dies nicht notwendigerweise sofort geschehen muß."

Über diese möglichen politischen Folgen waren sich Briten und Amerikaner, aber auch die Deutschen, im klaren. Um so lauter wurden von nun an die Bekenntnisse zur Einheit Deutschlands, während tatsächlich bei der weiteren Ausformung der Bizone mit jedem Schritt der Spielraum in dieser Frage enger wurde. Zunächst war man allerdings bemüht, auf keinen Fall einen solchen Eindruck zu erwecken.

Es gab dann auch keine „Hauptstadt" für dieses Gebiet. Clay und sein britischer Kollege Brian Robertson vereinbarten am 3. September 1946 die Errichtung von fünf Zweizonen-Verwaltungsämtern, die über das ganze Gebiet der Bizone verstreut lagen: das Amt für Wirtschaft in Minden, für Verkehr in Bielefeld, für Finanzen in Bad Homburg, für Post- und Fernmeldewesen in Frankfurt, für Ernährung und Landwirtschaft in Stuttgart.

Im November 1946 wäre beinahe noch alles gescheitert. In einer für die Briten entscheidenden Frage, nämlich die Aufteilung der in der Bizone künftig anfallenden Kosten, gab es für sie ein böses Erwachen. Als sie ihre Vorstellungen in Washington präzisierten – 4:1 zu ihren Gunsten –, machten die Amerikaner klar, daß sie nur unter einer Bedingung bereit waren, mehr als 50 Prozent zu übernehmen: Großbritannien sollte dem Tausch der Zonen zustimmen. Nach dramatischen Sitzungen lehnte das britische Parlament dies ab. Von Washington aus drängte Bevin auf sofortigen Abschluß des Abkommens und warnte: „Wenn wir dieses Abkommen ablehnen, dann lehnen wir etwas ab, was für die anglo-amerikanischen Beziehungen von großer Bedeutung ist. Mit diesem Abkommen werden wir und die Amerikaner Partner beim Wiederaufbau Deutschlands und damit Europas.“

Am 2. Dezember gab das Kabinett grünes Licht; noch am selben Tag wurde das Abkommen unterzeichnet.

Die erste Reorganisation

Die erste Phase der Bizone wurde ein Mißerfolg, der schon in der Organisationsstruktur angelegt war. Es zeigte sich, daß so wie die Bizone organisiert war, die Probleme nicht gelöst werden konnten. Vorbehalte süddeutscher Föderalisten gegen das von dem Sozialdemokraten Viktor Agartz geleitete Wirtschaftsamt kamen hinzu, Ende April 1947 bezeichnete Robertson das Abkommen als „scheintod“.

Wenige Tage zuvor war in Moskau eine weitere Außenministerkonferenz über Deutschland erfolglos beendet worden. Nach der Pariser Konferenz war dies ein weiterer, entscheidender Beweis dafür, daß die Alliierten offensichtlich unfähig waren, sich über Deutschland zu einigen. Um so dringender war es jetzt aus anglo-amerikanischer Sicht, die Bizone zu einem Erfolg zu führen. Dazu waren einschneidende Veränderungen notwendig. Bevin und sein neuer amerikanischer Kollege George Marshall führten noch in Moskau darüber erste Gespräche; am 29. Mai 1947 unterzeichneten Clay und Robertson das „Abkommen über die Neugestaltung der bizonalen Wirtschaftsverwaltung“ mit dem Ziel, wie es hieß, damit „die Lösung dringender wirtschaftlicher Probleme und den Aufbau des Wirtschaftslebens durch dem Volke verantwortliche Stellen zu fördern“.

Den Deutschen – die im übrigen nicht konsultiert worden waren – wurde befohlen, einen „Wirtschaftsrat“ von den Landtagen der verschiedenen Länder zu wählen, einen „Exekutivrat“ zu errichten, in den jede der acht Landesregierungen ein Mitglied entsenden sollte und die Verwaltung der bizonalen Ämter „Direktoren“ zu übertragen.

Auffälligstes Merkmal der Neuordnung war, daß die Bizone jetzt ihre „Hauptstadt“ erhielt: sämtliche bizonalen Behörden wurden in den nächsten Monaten nach Frankfurt verlegt. Dort trat am 25. Juni 1947 der Wirtschaftsrat zu seiner konstituierenden Sitzung zusammen.

Der Wirtschaftsrat war de facto das Parlament der Bizone, auch wenn er noch nicht so genannt werden durfte; er hatte legislative Kompetenzen in den Bereichen Wirtschaft, Verkehr, Finanzen, Post- und Fernmeldewesen, Ernährung und Landwirtschaft; die von ihm verabschiedeten Gesetze waren für die Länder bindend und präjudizierten in hohem Maße den Kurs der Wirtschaftspolitik. Der Exekutivrat hatte das Recht, Gesetze vorzuschlagen; die Direktoren, eine Art Minister, trugen die administrative Verantwortung für ihre Ämter.

Am 29. Mai hatte Robertson ausdrücklich betont, das Abkommen über den Wirtschaftsrat sei kein Versuch, „Deutschland zu teilen“; ähnlich hatte sich Clay geäußert. Dennoch war nur allzu deutlich, daß damit auch ein Ansatz zur politischen Vereinigung der Bizone geschaffen worden war.

Gegenstück: Deutsche Wirtschaftskommission

Auf der anderen Seite der Elbe gründete die Sowjetische Militäradministration als Antwort auf den Wirtschaftsrat am 14. Juni 1947 die Deutsche Wirtschaftskommission, die aus den fünf Präsidenten der Zentralverwaltungen für Industrie, Verkehr, Handel und Versorgung, Land- und Forstwirtschaft, Brennstoff und Energie und den Vorsitzenden der „Vereinigung der gegenseitigen Bauernhilfe“ und des FDGB bestand. Ost- und Westdeutschland entwickelten sich mehr und mehr auseinander.

Die Errichtung von Wirtschaftsrat und Wirtschaftskommission fiel in die Zeit des offenen Ausbruchs des Kalten Krieges. Am 10. März hatte der amerikanische Präsident Harry S. Truman die später nach ihm benannte „Truman-Doktrin“ verkündet, am 5. Juni hielt Marshall seine berühmte Rede an der Harvard-Universität, mit der eine umfassende politische und ökonomische Initiative der amerikanischen Europapolitik eingeleitet wurde; eine mögliche Beteiligung der Sowjetunion am „Marshallplan“ scheiterte Ende Juni in Paris, als die Gespräche mit Molotow ergebnislos beendet wurden.

Wenige Wochen später gründete die KPdSU das Kommunistische Informationsbüro (Kominform), die Kommunistischen Parteien begannen ihren Kampf gegen den Marshallplan. Der Wendepunkt in den Ost-West-Beziehungen auf internationaler Ebene fand zur gleichen Zeit sein Gegenstück auf deutscher Seite: in München kam es zum spektakulären Scheitern der ersten und gleichzeitig letzten Konferenz sämtlicher Regierungschefs aus allen vier Zonen Deutschlands.

Auf dem Weg zur Bundesrepublik

Unter diesen Umständen war es keine Überraschung, daß auch die nächste Außenministerkonferenz über Deutschland in London im November/ Dezember 1947 scheiterte. Für Briten und Amerikaner war dieses Scheitern Anstoß und Begründung für den entscheidenden Vorstoß in Richtung auf pragmatische Lösungen und neue politische

Grundsatzentscheidungen in ihren Zonen, die bis zu diesem Zeitpunkt aus politischer Rücksichtnahme zurückgestellt worden waren. Jetzt war man definitiv zur Gründung eines deutschen Weststaates entschlossen.

Eine der ersten Maßnahmen war eine neuerliche Änderung der Bizonenverwaltung, die jetzt auch in effiziente politische Einrichtungen umgewandelt wurde. Der Wirtschaftsrat wurde auf 104 Mitglieder erweitert, an die Stelle des Exekutivrates trat ein Länderrat als zweite Kammer, mit je zwei Vertretern aus jedem Land und erweiterten Kompetenzen (u. a. Vorlagen des Wirtschaftsrates zustimmen, abändern oder ablehnen). Die Direktoren wurden zu einem Verwaltungsrat – eine Art Kabinett – zusammengefaßt, mit einem Vorsitzenden ohne Geschäftsbereich (Oberdirektor Hermann Pünder, CDU), blieben aber einzeln verantwortlich für Durchführung und Anwendung der vom Wirtschaftsrat erlassenen Gesetze. Hinzu kam die Errichtung einer Bank Deutscher Länder und eines Deutschen Obergerichts. Die entsprechende Verordnung – bei deren Vorbereitung die Alliierten diesmal die deutschen Ministerpräsidenten, Parteivorsitzenden und Verwaltungsdirektoren beteiligten – wurde am 9. Februar 1948 erlassen.

Mit der Bildung der Bizone wurde die entscheidende Grundlage für eine – bis zum Sommer 1946 in London noch schmerzlich vermißte – anglo-amerikanische Kooperation in Deutschland und Europa gelegt; sie bedeutete auf britischer Seite

gleichzeitig das Ende der auf Abwarten hinsichtlich der sowjetischen Politik angelegten Deutschlandpolitik, d. h. praktisch das Ende der Viermächteverantwortung. Die Bildung der Bizone wurde angesichts fehlender deutscher Wirtschaftseinheit (sowjetische Reparationspolitik) ökonomisch begründet, obwohl die Gründe – vor allen Dingen auf britischer Seite – tiefer lagen, und barg die Gefahr der politischen Teilung des Landes in sich. Die Spaltung Deutschlands – in London zumindest als eine vorübergehende schon früh vorausgesehen – wurde von den Briten – anders als die Amerikaner – mit Bildung der Bizone bewußt in Kauf genommen. Erst mit der Verschärfung des Kalten Krieges und dem Scheitern der Moskauer Außenministerkonferenz im Frühjahr 1947 schwenkten auch die Amerikaner auf diesen Kurs ein.

Aus der Rückschau wird klar, daß mit der Bildung der Bizone die Teilung präjudiziert wurde; mit der Reorganisation im Mai 1947 stellte sie die Vorformung des Weststaates dar, mit der Reorganisation im Februar 1948 wurde die Staatsform des zukünftigen Weststaates vorentschieden. Die Westdeutschen gingen diesen Weg – wenn auch anfangs etwas zögerlich – mit und trugen entsprechend Verantwortung. Daran änderte auch die Erklärung der Ministerpräsidenten am 26. Januar 1948 nichts, in der sie betonten, das neue Recht werde nicht von deutschen Stellen, sondern von den Besatzungsmächten geschaffen, „die hierfür allein die Verantwortung tragen".

Das Parlament, 8. 8. 1987

„Am Anfang der Erfolgsstory“

40 Jahre Bundesrepublik Deutschland: Wie fing es an?

Junge Leute gehen heute unbefangen an die Deutsche Frage heran und wollen zu Recht wissen: „Warum sind wir eigentlich getrennt?“ Das 40-jährige Bestehen der beiden deutschen Staaten nahmen wir zum Anlass, um mit einem der bedeutendsten Historiker auf dem Gebiet der deutschen Nachkriegsgeschichte zu sprechen.

NEUE STADT: Herr Professor, wir feiern in diesem Monat 40 Jahre Bundesrepublik. Ein ungewöhnliches Jubiläum. Die 25 Jahre hat man übergangen, und die 50 kann man nicht abwarten.

STEININGER: Da steckt ein politischer Sinn dahinter. Ich meine, die 40 Jahre waren für die Bundesrepublik eine „Erfolgsstory“. Auch wie die Krisen und Probleme bewältigt wurden, das war nicht schlecht im Vergleich zu anderen Ländern. Doch jetzt stehen wir an einem Wendepunkt.

Sie sind vor allem der Frage nachgegangen, wie aus den Trümmern von 1945 die beiden deutschen Staaten entstanden sind. Die Teilung war doch mit dem Kriegsende keineswegs entschieden?

Wenn wir über die Bemühungen um die Einheit Deutschlands sprechen, müssen wir zwei große Etappen unterscheiden: die vier Jahre bis zur Gründung der beiden deutschen Staaten und die Entwicklung nach 1949. Das Grundgesetz stand am Ende der ersten Phase. Die Teilung wäre auch ohne es vollzogen worden.

Wann sind die Würfel gefallen?

Schon 1945 begann eine schrittweise Auseinanderentwicklung, und es hat sich niemand ernsthaft bemüht, die Entwicklung zu stoppen.

Das heißt, die Alliierten wollten die Trennung?

Das kann man so nicht sagen. Die Sieger gingen zunächst von der Einheit Deutschlands aus, und die Amerikaner waren bis 1947 gegen eine Teilung. Sie haben 1946 sogar vorgeschlagen, aus ganz Deutschland einen neutralen Staat zu machen.

Anders die Briten. Sie sahen schon früh die russische Gefahr. Der Kommunismus musste ihrer Meinung nach an der Elbe gestoppt werden, und das hieß auch: Teilung Deutschlands an der Elbe. Dafür brauchte man Verbündete: die Amerikaner und natürlich auch die Deutschen. Ohne die Zustimmung der Deutschen wäre dieser Weg der Teilung nicht gangbar gewesen.

Die Magnet-Theorie

Bei der Ministerpräsidentenkonferenz im Juni 1947 in München, wo das erste und einzige Mal die Regierungschefs der Länder aus allen vier Besatzungszonen zusammen waren, hätten sie sich doch gemeinsam gegen eine Teilung zur Wehr setzen können. Woran scheiterten sie?

Eine interessante Frage. Das Protokoll jener Nachtsitzung vom 5. zum 6. Juni, das Aufschluss geben konnte, war zunächst jahrzehntelang nicht existent. 1975 habe ich es dann aufgespürt.

Damals warfen die deutschen Vertreter den von Amerikanern, Engländern und Franzosen besetzten Gebieten der deutschen Delegation der sowjetischen Besatzungszone vor, sie seien schon mit der festen Absicht gekommen, die Konferenz zu sprengen. Entspricht das dem Protokoll?

Die „ostzonalen" Vertreter haben damals im Auftrag der SED-Führung den Antrag gestellt, das Thema Einheit Deutschlands als Thema Nummer Eins auf die Tagesordnung zu setzen. Das Ziel sollte sein, zur Bildung einer gesamtdeutschen Regierung zu kommen.

Die Westzonalen haben sich ganz einfach geweigert, dieses Thema zu behandeln. Stundenlang wurde diskutiert, bis schließlich die Ostzonalen bereit waren, ihren Antrag zurückzunehmen, wenn die Versammlung eine gemeinsame Erklärung abgeben würde im Sinne der deutschen Einheit. Doch auch dazu waren die „Westdeutschen" nicht bereit.

Warum?

Davor hatte man in der Ostzone die kommunistische Partei und die sozialdemokratische Partei zur SED im April 1946 zwangsvereinigt. Danach war die SPD der Westzonen nicht mehr bereit, mit der SED zu sprechen. Man befürchtete, ein geeintes Deutschland wäre ganz dem Kommunismus ausgeliefert. Deshalb gelangte Kurt Schumacher im Herbst 1947 zur Überzeugung, man müsse den Westen aufbauen und ihn so attraktiv machen, dass er eines Tages die Ostzone wie ein Magnet anzieht. Die berühmte Magnettheorie, die auch Grundlage für die Politik Adenauers war.

Auch die Sowjetunion ging demnach nicht von einer Teilung Deutschlands aus.

Wenn sie von einer Teilung ausgegangen wären, hätten sie nicht in einem solchen Maße ihre Zone ausgebeutet, dass im Oktober 1949 fast nichts mehr da war. Die DDR war vom ersten Tag ihrer Existenz an „pleite“, wenn man das so salopp formulieren will. Die Startbedingungen waren ungleich schwieriger als für die Bundesrepublik.

Auch ohne Marshallplanhilfe?

Ab diesem Zeitpunkt wurde im Westen Wiedervereinigung immer nur als Eingliederung der damaligen Ostzone in den Westen verstanden. Gab es keine Zweifel an der Richtigkeit dieses Weges?

Doch, ein Erster schon im Jahr 1948. Die Währungsreform führte zur Berlin-Blockade durch die Sowjetunion. Der britische Militärgouverneur wollte mit den Sowjets auf dem Verhandlungsweg die Deutschlandfrage lösen. Er befürchtete nämlich, Berlin könnte im Winter nicht mehr aus der Luft versorgt werden.

Doch daraus wurde nichts. Gleichzeitig begann der Parlamentarische Rat, am Grundgesetz zu arbeiten. Das geschah mit solchem Eifer, dass der Leiter der Deutschland-Abteilung im „Foreign Office“ notierte: warum sich noch Gedanken machen über die Einheit Deutschlands? Die Deutschen selbst haben alle ihre Zweifel in einem Maß über Bord geworfen, „dass wir schon bald mit einer funktionierenden Regierung rechnen können.“

Warum dieser Eifer?

Die Westdeutschen wollten endlich aus dem Chaos und dem Zustand der Rechtlosigkeit herauskommen.

Gab es nicht auch noch andere Gründe, zum Beispiel die Finanzhilfen für den Wiederaufbau?

Da kommen wir zu einem nächsten wichtigen Punkt. Die Rolle des Marshall-Plans. Heftiger denn je zuvor streiten sich heute die Historiker darüber, wieweit die anderthalb Milliarden Dollar, die bis 1952 in die Bundesrepublik geflossen sind, tatsächlich für den Wiederaufschwung der Wirtschaft verantwortlich waren. Ich glaube, auch ohne diese Gelder wäre es zu dem sogenannten Wirtschaftswunder gekommen. Denn einem neutralen geeinten Deutschland hätten sich nicht nur die westlichen Märkte geöffnet, sondern auch die des Ostens. Aber der Marshall-Plan hatte eine sehr viel wichtigere Bedeutung. Er gab den Westdeutschen das Gefühl, auf der richtigen Seite zu stehen. Im Schutze der amerikanischen Weltmacht fühlte man sich sicher. Da konnte nichts schief gehen.

Demokratie ohne Demokraten

Wie bewerten Sie im Nachhinein das Grundgesetz?

Bei der Gestaltung des Grundgesetzes hatten die Westmächte natürlich auch ihre Hand darauf. Viele wichtige Überlegungen aus ihrer Sicht spielten mit hinein. Die Verfassungsväter hatten alle das Scheitern von Weimar miterlebt. Sie versuchten, einige der Fehler der Weimarer Verfassung zu korrigieren.

Am Ende, glaube ich, ist eine ganz akzeptable Basis für das Zusammenleben in der Bundesrepublik daraus geworden.

Doch es blieb ein Experiment mit vielen Fragezeichen. Ein Kollege hat das einmal so formuliert: Die Bundesrepublik Deutschland war am Anfang eine Demokratie ohne Demokraten.

Wie meinen Sie das?

Die Deutschen hatten keine Erfahrung mit der Demokratie. Der erste Versuch, die Weimarer Republik, ist schnell gescheitert.

Welche Rolle spielte damals Konrad Adenauer, der erste Bundeskanzler?

Sein Weltbild stand schon 1945 fest, ein Ergebnis aus langen Erfahrungen mit dem Kaiserreich, der Weimarer Republik und schließlich mit dem Dritten Reich. Als Rheinländer hatte er dazu ein abgrundtiefes Misstrauen gegenüber allem Preußischen.

Im Herbst 1945 hat er gesagt: Wir brauchen den Weststaat, das, was Russland hat, ist verloren. Sein Konzept hieß Integration der Bundesrepublik in den Westen mit Wiedererlangung der Souveränität, um dann irgendwann gleichberechtigter Partner des Westens zu werden. Es war ein langer mühsamer Weg, der nur zu erreichen war unter Aufgabe des Anspruches, diese Nation wieder zusammenzuführen. Westintegration und Wiedervereinigung, das war nicht möglich. Diese beiden Dinge schlossen sich aus.

Wie hat er es geschafft, diese doch für manche unpopuläre Politik durchzusetzen?

Zunächst einmal war Adenauer eine starke Persönlichkeit mit klaren Ideen. Dann hat er im Sinne des Westens gehandelt, dem ein geteiltes, schwaches Deutschland viel lieber war als ein wiedervereinigtes. Zudem war damals der „Kalte Krieg“ wirklich sehr „kalt“, und man war froh über die Rolle der Bundesrepublik als Bollwerk gegen den Kommunismus.

Winston Churchill bildete eine Ausnahme. Er war damals Premierminister in England. Nach dem Tod Stalins im März 1953 fühlte er sich berufen, die Führungsrolle der westlichen Welt zu übernehmen. Er wollte den Kalten Krieg entschärfen und war bereit, im Sommer 1953 nach Moskau zu reisen. An den Präsidenten der Vereinigten Staaten, Eisenhower, der dieses Amt gerade erst übernommen hat, schrieb er, er wolle notfalls eine „einsame Pilgerfahrt“ nach Moskau machen, um Spannungen abzubauen, möglicherweise den Kalten Krieg zu beenden. Voraussetzung für das Gelingen dieses Unternehmens war die Lösung der deutschen Frage, und da war Churchill bereit, eine Neutralisierung ganz Deutschlands zu akzeptieren. Doch dann erlitt er einen Schlaganfall, und das Thema wurde nicht weiter verfolgt.

Das alles ist noch ziemlich neu. Die Akten wurden erst vor wenigen Jahren freigegeben.

Der Kalte Krieg

Der Vorschlag eines geeinten und neutralen Deutschlands war nicht neu. Mit der berühmten Stalin-Note hat die Sowjetunion ein Jahr zuvor den gleichen Vorstoß gemacht. Zuvor hatte Adenauer begonnen, laut über die Wiederbewaffnung der Bundesrepublik nachzudenken. Anfang 1952 waren die Verträge für die Errichtung der Europäischen Verteidigungsgemeinschaft unterschriftsreif, als das Angebot Stalins kam. Der Bundeskanzler lehnte es ab, überhaupt den Vorschlag Stalins zu prüfen, das heißt, die Sowjets an den Verhandlungstisch zu bringen. Warum?

Für Adenauer war ein wiedervereintes, militärisch neutrales Deutschland undenkbar. Neutralisierung hieß für ihn Sowjetisierung; anders als etwa Churchill, für den es diese Gefahr nicht gab und der davon überzeugt war, dass ein solches Deutschland Partner des Westens bleiben würde.

War damit das Thema deutsche Einheit erledigt?

Nein; 1955 gibt es noch eine interessante Entwicklung. Am 9. Mai 1955 wird die Bundesrepublik Mitglied der NATO; eine Woche später erhält Österreich seinen Staatsvertrag, wird neutral und frei, die Besatzungstruppen werden abziehen. Damals wurde die Frage gestellt, was die Sowjetunion mit der Neutralität Österreichs bezweckt. Könnte das nicht auch ein Modell für Deutschland sein; sollte das ein letztes Signal in Richtung Bonn sein?

Adenauer ist in der Tat auch nach Moskau eingeladen worden; im September 1955 reist er nach Moskau. Aber noch in Moskau ruft er die westlichen Botschafter zu sich und beruhigt sie: Chruschtschow und Bulganin, damals Ministerpräsident, seien „ungebildete, primitive Bauern“. Mit diesen Leuten würde er keine Verträge schließen. Damit war für ihn das Thema vom Tisch.

Politisch verhängnisvoll

Sie haben vor wenigen Jahren noch ein wichtiges Dokument entdeckt, das Aufschluss gibt über die Motive Adenauers.

Es ist eine Aktennotiz über ein vertrauliches Gespräch zwischen dem deutschen Botschafter in London und dem damaligen höchsten Beamten im „Foreign Office", Kirkpatrick, über die deutsche Einheit. Es trägt das Datum vom 16. Dezember 1955. Die Engländer waren der Ansicht, man müsse den Russen, um den Kalten Krieg zu entspannen, jeden vernünftigen Sicherheitspakt anbieten, vorausgesetzt, Deutschland werde auf der Grundlage freier Wahlen wiedervereint und eine solchermaßen gesamtdeutsche Regierung habe völlige innen- und außenpolitische Freiheit. Genau das wollten die Sowjets ja nicht. Interessant ist dennoch, was passiert. Die Engländer wollen wissen, wie Adenauer über ihren Vorschlag denkt. In der streng geheimen Aufzeichnung Kirkpatricks heißt es:

„Der Botschafter sagte mir, er habe über die Möglichkeit sehr vertraulich mit dem Kanzler gesprochen. Adenauer lässt mir mitteilen, dass er diesen Plan ablehnt. Der Grund dafür sei schlicht der, dass er kein Vertrauen zum deutschen Volk habe. Ihn treibe die Furcht um, dass sich, wenn er einmal nicht mehr da sei, eine deutsche Regierung auf ein Geschäft der Russen einlassen könnte. Er habe für sich daraus den Schluss gezogen, dass die Integration Westdeutschlands in den Westen wichtiger sei als die Wiedervereinigung Deutschlands. Er lasse uns mitteilen, dass er in der Zeit, die ihm noch bleibe, alle seine Energie darauf verwenden wolle, um dies zu erreichen. Und er hoffe seinerseits, dass wir alles in unserer Macht Stehende tun würden, um ihn bei dieser Aufgabe zu unterstützen.

Während seines Vortrages betonte der Botschafter mit Nachdruck, es erübrige sich wohl, darauf hinzuweisen, dass es zwar der Wunsch des Kanzlers sei, dass ich wisse, wie er über die Sache denke, es allerdings politisch geradezu verhängnisvoll für ihn wäre, falls seine Vorstellungen, die er mit solcher Offenheit vor mir ausgebreitet habe, jemals in Deutschland bekannt würden."

Das europäische Haus

Bis heute hat sich zum Glück viel geändert. Wir leben in einer anderen Zeit.

Heute stellen wir ein interessantes Phänomen fest. Trotz 40 Jahre Spaltung erleben wir, dass die junge Generation der beiden deutschen Staaten ihre Zusammengehörigkeit wieder entdeckt. Aus geschichtlicher Sicht ist es geradezu atemberaubend, wie viele Schulklassen in die DDR fahren. Mit Interesse stellen sie dort fest: „Da sind ja auch noch welche, die Deutsch sprechen, und irgendwie haben wir eine gemeinsame Grundlage. Wir haben uns zwar anders entwickelt, aber irgendwie passen wir zusammen." Das ist meine Erfahrung mit jungen Leuten: Sie sind viel sensibler geworden für den anderen deutschen Staat. Sie gehen völlig unbefangen und in Freiheit an die Deutsche Frage heran. Sie stellen legitimer Weise die Frage, warum sind wir eigentlich geteilt?"

Wer damit gerechnet hat, das deutsche Volk werde sich auseinanderleben, man müsse nur warten, bis die Nachkriegsgeneration herangewachsen sei, hat sich demnach getäuscht.

Sicherlich, Wiedervereinigung in den frühen Fünfzigern ist etwas ganz anderes gewesen, als es etwa am Ende der achtziger Jahre ist.

Wir haben eine Entwicklung in den Beziehungen zwischen der Bundesrepublik und der DDR, wo aus einem Gegeneinander zumindest ein akzeptables Nebeneinander geworden ist. Vielleicht könnte es zum Miteinander werden, ohne dass das System drüben destabilisiert wird; die Reaktionen der SED-Führung würden dann wohl nicht im Sinne der Menschen ausfallen. Wenn die Entwicklung, die Gorbatschow eingeleitet hat, erfolgreich weitergeführt werden kann, könnten wir wirklich dahin kommen, das europäische Haus – wie es so schön heißt – aufzubauen. Vielleicht sind wir an einer Wende zu einer faszinierenden neuen Entwicklung in Europa.

Herzlichen Dank für das Gespräch.

Severin Schmid in „neue stadt“, Mai 1989

„Mit jedem Schritt Adenauers wurde der Spielraum enger“

Konrad Adenauer habe zu Recht die Stalin-Note (Wiedervereinigung bei Neutralität) vom 10. März 1952 abgelehnt, schrieb Professor Wilhelm Grewe, Staatsrechtler und ehemaliger Botschafter in der WELT (7. April). In seiner Entgegnung behauptet Professor Rolf Steininger: „Hätte Adenauer Stalin auf die Probe stellen, die Note ‚ausloten' wollen, die Chance war gegeben. Aber – und das ist entscheidend – Adenauer wollte nicht.“ Professor Steininger, der sich auf freigegebene britische und amerikanische Akten beruft, meint: „Die Akten zeigen auch, daß die Westmächte an einer Wiedervereinigung überhaupt nicht interessiert waren.“

Die Sachlage ist weitgehend bekannt: Am 10. März 1952 bot Stalin ein wiedervereinigtes, um die Gebiete östlich von Oder und Neiße verkleinertes Deutschland an, ohne wirtschaftliche und politische Auflagen mit einer Nationalarmee zur Selbstverteidigung. Einzige Bedingung: Das Land durfte nicht Mitglied einer Militärallianz sein. Diese Note ist damals nicht „ausgelotet“ worden und ist damit „ein Stück unbewältigter nationaldeutscher Vergangenheit“ geblieben, „hier einmal wirklich und nicht nur deklamatorisch“, wie dies Andreas Hillgruber formuliert hat. Drei Fragen waren und sind von besonderem Interesse:

1. Wie steht es mit der „Ernsthaftigkeit“ des sowjetischen Angebotes?
2. Von welchen Vorstellungen, Zielen und Kalkülen haben sich die Westmächte leiten lassen?
3. Welche Rolle hat Adenauer bei der Notenpolitik der Westmächte tatsächlich gespielt, wobei diese Frage zum Kern des Gesamtproblems führt, nämlich, wie hat es Adenauer damals tatsächlich mit der Wiedervereinigung gehalten?

Ohne Kenntnis der Akten konnte keine dieser Fragen bisher befriedigend beantwortet werden. Nun habe ich die freigegebenen britischen und amerikanischen Akten zu diesem Thema veröffentlicht (Eine Chance zur Wiedervereinigung? Die Stalin-Note vom 10. März 1952, Bonn 1985, 2. Auflage 1986), und die Aufregung ist groß, insbesondere bei den Adenauer-Anhängern. Die Diskussion nimmt inzwischen schon fast groteske Formen an; Wilhelm Grewe, einer der engagiertesten Kritiker – und damals einer der engsten Mitarbeiter Adenauers – spricht in einem Artikel dieser Zeitung, auf den im folgenden eingegangen wird, gar von einer Bewußtseinsspaltung und unterstellt unsauberes wissenschaftliches Arbeiten (WELT vom 7. 4. 1986). Offensichtlich wurde mit dieser

Dokumentation ein empfindlicher Nerv getroffen und ein liebgewonnenes Weltbild etwas angekratzt. Das gilt insbesondere für die oben genannten Fragen 2 und 3, wo die Dokumente eindeutige Antworten geben. Also richtet sich die ganze Kritik zunächst im Zusammenhang mit Frage 1 auf einen Punkt, der geradezu gebetsmühlenhaft wiederholt wird (unter anderem von Gerd Bucerius), obwohl er gar nicht das Entscheidende an dieser Dokumentation ist, worauf auch Hillgruber schon hingewiesen hat. Ich meine jenes Gespräch zwischen dem italienischen Sozialistenchef Pietro Nenni und Stalin im Kreml im Juli 1952; darin geht es um die Äußerung Stalins über seine ernsthafte Bereitschaft, bei Annahme seines Angebotes durch den Westen das kommunistische Regime in der DDR zu opfern. Dieses Telegramm ist in der Tat kein Protokoll einer Politbürositzung – was ich übrigens deutlich gesagt habe –, aber ich halte es dennoch nach wie vor für ein Indiz, das mit Aufschluß über Stalins Intentionen gibt. Vertrauliche Äußerungen, die *auch* in diese Richtung gehen, etwa des Vertreters der sowjetischen Botschaft in Washington, werden von Grewe erst gar nicht erwähnt; dafür ist für ihn die Authentizität der Äußerung Stalins „äußerst fragwürdig" – unter Hinweis auf J. Rupieper, der in den Vierteljahrsheften für Zeitgeschichte ein entsprechendes Telegramm des damaligen amerikanischen Botschafters Kennan veröffentlicht hat.

Satz unterschlagen

Ich kann in diesem Telegramm keinesfalls die Beweisführung von Grewe nachvollziehen, das Gegenteil ist eher der Fall, zumal Grewe auch noch einen entscheidenden Satz in diesem Telegramm unterschlägt. Kennan schrieb nämlich auch an das State Department: „Mein Informant sagt, Nenni habe ihm auch mitgeteilt, dass er vor einiger Zeit (ich nehme an, vor einigen Monaten) mit Pieck und Grotewohl gesprochen habe, die ihm damals gesagt hätten, dass die sowjetische Regierung eine Politik verfolge, die große Opfer von ihnen verlangen werde und dass sie schon bald in Deutschland in eine Situation gebracht werden könnten, die mit jener Nennis in Italien vergleichbar sei..." Für Grewe bleibt dies alles „ohne jede Beweiskraft".

Für ihn haben die amerikanischen und britischen Akten, „bei Lichte besehen", nichts zutage gefördert, was man nicht ohne dokumentarischen Nachweis im einzelnen schon längst vermutet hätte. Wie das? Offensichtlich hat Grewe die Akten im Dunkeln angesehen; wenn nicht, wird es für die damaligen Akteure – mithin auch für Grewe – wohl noch schwieriger, ihre Politik zu rechtfertigen, denn dann haben sie ja wohl vermutet, was in den Akten steht. Die Akten beantworten die oben gestellte Frage 2 nämlich eindeutig. Demnach steht wohl fest – und das ist in der Tat eine bittere Wahrheit: Die Westmächte waren davon überzeugt, dass, wie es im Quai d'Orsay hieß, die Stalin-Note „ein ernstgemeinter, aber sehr gefährlicher Versuch (war), die deutsche Frage zu lösen". Die Akten zeigen auch, dass die Westmächte an einer Wiedervereinigung überhaupt nicht interessiert waren. Ihre öffentlichen Bekenntnisse zur Wiedervereinigung waren lediglich Lippenbekenntnisse, nicht mehr als diplomatische Pflichtübungen. Ihnen ging es in erster Linie darum, die Westdeutschen militärisch und ökonomisch so an sich zu binden, dass, wie es Präsident Eisenhower im Dezember 1953 einmal intern formulierte, „sie nicht mehr ausbrechen können“. Und Adenauer war – das hatten die Briten schon im November 1950 insgeheim konstatiert, der beste Kanzler, den man sich zur Durchsetzung der westlichen Politik denken konnte. Im Westen war die Furcht vor einem wiedervereinigten Deutschland groß, der Rapallo-Komplex saß tief.

Worum es bei den Westverträgen in Wirklichkeit ging, macht nichts deutlicher als eine interne Äußerung des britischen Außenministers Lord Salisbury aus dem Jahre 1953 gegenüber Premierminister Churchill: Mit diesen Verträgen habe man „alles nur Menschenmögliche getan, um ein deutsch-russisches Zusammengehen zu verhindern“; dies sei der „eigentliche Sinn“ der Verträge.

Bleibt Adenauer – und damit kommen wir zu der oben gestellten Frage 3: Welche Rolle hat er im Zusammenhang mit der Stalin-Note gespielt? Wie hielt er es überhaupt mit der Wiedervereinigung? Und da wird die Sache nun wirklich spannend und erklärt auch die Aufgeregtheit der Adenauer-Anhänger. Die Akten zeigen nicht nur einen Adenauer, der gegen ein wiedervereintes, neutrales, blockfreies, aber bewaffnetes Deutschland war, nach dem Motto: „Neutralisierung heißt Sowjetisierung“ (was der amerikanische Geheimdienst übrigens ganz anders einschätzte) – so noch in seinen „Erinnerungen“ –, er war auch gegen ein auf der Grundlage freier, gesamtdeutscher Wahlen zustandegekommenes Deutschland, das innen- und außenpolitisch völlige Handlungsfreiheit gehabt hätte (wenn es denn dazu überhaupt gekommen wäre). Die Westbindung war für ihn wichtiger als selbst ein solches Deutschland. Der Grund dafür: Er mißtraute den Deutschen zutiefst und befürchtete, eine gesamtdeutsche Regierung würde sich, wenn er einmal nicht mehr da war, auf ein Geschäft mit den Sowjets einlassen.

Diese Grundeinstellung erklärt auch sein Verhalten in jenen Wochen, in denen es um die Stalin-Note ging. Schon vor Jahren hat der Politologe Waldemar Besson betont, damals habe Adenauer seine „gesamtdeutsche Unschuld“ verloren. Wie dies geschah, ist in den Akten nachzulesen.

Wie schön wäre es – und Adenauer da mit exkulpiert –, wenn die Westmächte für alles verantwortlich wären, was damals gelaufen ist. In seinen „Erinnerungen“ wollte Adenauer offensichtlich genau diesen Eindruck vermitteln. Über das Treffen mit den Hohen Kommissaren am 11. März schreibt er da: „Ich begrüßte es daher sehr, dass die drei Westmächte unmittelbar nach Bekanntwerden der russischen Note mir durch die Hohen Kommissare am 11. März erklärten: ‚Wir werden in unseren Verhandlungen über die Europäische Verteidigungsgemeinschaft und den Deutschlandvertrag so fortfahren, als ob es die Note nicht gäbe!'" In Wirklichkeit war es genau umgekehrt: Adenauer stellte unmißverständlich fest, dass die Stalin-Note an seiner Politik nichts ändern werde; und er machte auch klar, dass eine Viererkonferenz für ihn nicht in Frage kam. Man kann mit Grewe der Meinung sein – so in einer Talkshow in SAT 1 –, dass es doch völlig egal sei, wer hier wann was gesagt habe, verkennt dann aber ganz bewußt einen wichtigen Punkt. Es geht hierbei nämlich um die Frage, ob es eine Chance zum „Ausloten" gegeben hat. Bucerius geht gleich zweimal auf diesen Punkt ein (in der „Zeit" am 29. 11. 1985 und 28. 3. 1986) und verweist auf ein Gespräch des damaligen Leiters der Deutschlandabteilung im Foreign Office, Sir Frank Roberts, mit mir. Was Bucerius falsch zitiert, greift Grewe auf.

Lückenhafte „Erinnerung"

Roberts hat in dem Gespräch das bestätigt, was er am 11. März 1952 (!) zu Papier gebracht hat, dass man nämlich in London – allerdings bevor Adenauers Reaktion bekannt war – die Möglichkeit nicht ausschloß, wie es dort heißt, „frühzeitigen Viermächteverhandlungen zuzustimmen, in der Hoffnung, ziemlich schnell zeigen zu können, dass eine Einigung nicht möglich sei, um dann die Verhandlungen mit der Bundesregierung fortzusetzen". Dieses Dokument ist für jeden nachlesbar. Ein anderer Punkt, der begreiflicherweise auch nicht in Adenauers „Erinnerungen" auftaucht: Ende April war es der amerikanische Außenminister selbst, der Gespräche mit den Sowjets auf der Ebene der Hoch-Kommissare in Berlin vorschlug. Acheson wörtlich: „Wenn die Sowjets wirklich bereit sind, die Ostzone zu öffnen, dann sollten wir sie zwingen (ihre Karten auf den Tisch zu legen). Wir können nicht zulassen, dass unsere Pläne vereitelt werden lediglich aufgrund von *Spekulationen,* wonach die Sowjets möglicherweise bereit sind, tatsächlich einen hohen Preis zu zahlen." Adenauer aber war wieder „amerikanischer als die Amerikaner", wie ihm der Minister für gesamtdeutsche Fragen, Jakob Kaiser, schon in der Kabinettssitzung am 11. März vorgeworfen hatte. Allerdings brauchte er diesmal noch den ganzen Tag und „die halbe Nacht", wie er es gegenüber dem amerikanischen Hohen Kommissar McCloy formulierte: Dann kam wieder eine glatte Ablehnung. Sechs Wochen später wollten die Franzosen eine Außenministerkonferenz; Adenauer lehnte wieder ab. Wenn ich von „vertaner Chance" spreche, um auf den zweiten Buchtitel ohne Fragezeichen zu kommen, dann meine ich in erster Linie, dass die Chance zum Ausloten vorhanden war, was, wer will, allerdings auch jeder nachlesen kann. Hätte Adenauer Stalin auf die Probe stellen, die Note „ausloten" wollen, die Chance war gegeben. Aber – und das ist entscheidend – Adenauer wollte nicht!

In der erwähnten Fernsehsendung stellte Grewe fest, die Wiedervereinigung sei damals eben „nicht in den Karten“ gewesen, Stalins Angebot nicht akzeptabel gewesen. Auf die Frage, was denn wohl ein akzeptables Angebot gewesen wäre, blieb er die Antwort schuldig. Immerhin gestand er zu – bemerkenswert genug! – dass die damaligen Wiedervereinigungsbeteuerungen lediglich „Sonntagsreden“ gewesen seien, worauf Bucerius entrüstet reagierte, man habe doch damals daran geglaubt.

Grewes „persönliche Vermutung“ ist es, dass Adenauer entschlossen war, die deutsche Frage für eine fernere Zukunft offenzuhalten. Das muß schon eine sehr ferne Zukunft gewesen sein, und es fällt nach Lektüre der Akten schwer, daran noch zu glauben. Mit jedem Schritt Adenauers wurde jedenfalls der Spielraum in dieser Frage enger; mit den Worten von Kennan: „Ein Beitritt zur EVG oder NATO hieß ganz einfach, diese Fragen ohne Verhandlungen zu beantworten, wobei es nicht möglich sein würde – und es ist ja auch nie mehr möglich gewesen – herauszufinden, was die Russen für eine annehmbare Lösung gezahlt hätten.“

Dies ist – und das ist wohl wahr – nicht zu Lasten der Bundesbürger gegangen, sondern einzig und allein zu Lasten jener von Adenauer so vielbeschworenen „Brüder und Schwestern in der Zone“ – von daher war seine Grundsatzentscheidung auch moralisch umso anfechtbarer.

Die Welt, 6. 5. 1986

Schlüsselereignis der Nachkriegsgeschichte

17. Juni 1953 – der Anfang vom langen Ende der DDR

Der Aufstand vom 17. Juni 1953 war eine unvollendete Revolution mit Langzeitwirkung. Seit jenem Tag saß der SED-Führung die Angst vor der eigenen Bevölkerung im Nacken und bestimmte weitgehend ihre Politik, die letztlich in den Untergang führte. Der 17. Juni war immer präsent – und dies bis 1989. Die SED-Oberen fürchteten den Unmut der Bürger über nicht gewährte Verbesserungen mehr als die finanziellen und wirtschaftlichen Folgen einer ökonomisch nicht fundierten Anhebung oder Aufrechterhaltung des Lebensstandards, der im Vergleich zur BRD ohnehin eher bescheiden war.

Wie tief der Schock vom 17. Juni 1953 der SED-Führung in den Knochen steckte und wie lange das Trauma wirkte, lässt sich an einigen dokumentierten Zitaten ablesen. Als Staatssicherheitsminister Erich Mielke in einer Dienstbesprechung am 31. August 1989 fragte: „Ist es so, dass morgen der 17. Juni ausbricht?", beruhigte ihn der angesprochene Oberst: „Der ist morgen nicht, der wird nicht stattfinden, dafür sind wir ja auch da." Und in einer Stasi internen Analyse vom 8. Oktober 1989 stand, dass sogar „progressive Kräfte", darunter auch SED-Mitglieder, die DDR „bereits in einer Situation wie kurz vor den konterrevolutionären Ereignissen am 17. Juni 1953" sahen. Schon während der Unruhen in Polen 1980 hatte SED-Generalsekretar Erich Honecker im Gespräch mit dem polnischen Botschafter klargestellt, dass „die Arbeiter- und Bauernmacht verteidigt werden muss. Das sind unsere Erfahrungen aus dem Jahr 1953 …"

Der 17. Juni ist ein Schlüsselereignis in der deutschen und europäischen Nachkriegsgeschichte. Er war der erste Aufstand im Ostblock, „das Wetterleuchten einer neuen Zeit, das Menetekel eines Emanzipationsprozesses, der Ost- und Südeuropa erfassen sollte, zuletzt die Sowjetunion selbst" (Karl Wilhelm Fricke). Dieser frühe Aufstand gegen die zweite deutsche Diktatur war der erste innerhalb des sowjetischen Imperiums.

Der moralische Gewinn, der sich – vor allem für Bürger der ehemaligen DDR – noch nach 50 Jahren aus diesem Ereignis ziehen lässt, ist enorm. Der 17. Juni 1953 ist ein Datum, an das sich voller Stolz erinnern lässt. Es kann als absolut sicher gelten, dass politisch freie DDR Bürger umgehend auch die Lösung der offenen deutschen Frage herbeigeführt hätten. Der SED-Staat wäre vom Erdboden verschwunden, die deutsche

Teilung in kürzester Zeit aufgehoben worden. Das gelang nicht. Sowjetische Panzer retteten 1953 das Regime.

Jahrzehntelang lautete die Sprachregelung in der DDR, der 17. Juni sei ein von außen gesteuerter faschistischer Putsch gewesen, der lange vorausgeplante „Tag X“. Wissenschaftlich durfte dieser Aufstand allerdings nicht erforscht werden; Veröffentlichungen dazu gab es nicht. Das Ereignis wurde zu einem „Un-Datum“. Die Machthaber fürchteten bis zuletzt eine Neuauflage des Aufstandes.

Gerade deshalb aber versuchten sie, jede Erinnerung daran zumindest aus der öffentlichen Wahrnehmung zu tilgen. Wo in größeren Geschichtswerken das Geschehen der Chronologie wegen nicht unerwähnt bleiben konnte, verkam seine Darstellung zu purer Propaganda und leeren Phrasen, die ritualartig wiederholt wurden.

Die DDR befand sich Anfang der 50er Jahre in einer tiefen inneren Krise, deren Ursachen auf die Politik der SED seit ihrer Gründung zurückzuführen waren. Die entscheidende Zäsur bildete der von Walter Ulbricht 1952 proklamierte „planmäßige Aufbau des Sozialismus“. Er bedeutete die radikale Veränderung der gesellschaftlichen Struktur in der DDR. Die Entwicklung, die die DDR bis dahin genommen hatte, sollte vertieft und beschleunigt, damit aber auch eine mögliche Annäherung an die Bundesrepublik oder gar eine Wiedervereinigung erschwert werden.

Am 2. und 3. Juni 1953 fanden Beratungen einer SED-Delegation mit Vertretern des ZK der KPdSU in Moskau statt. Die Sowjets äußerten ihre tiefe Beunruhigung über die in der DDR entstandene Lage. Am 9. Juni beschloss das Politbüro der SED für die DDR einen „Neuen Kurs“, der Parteimitglieder und Bevölkerung der DDR geradezu schockte. Erst seit 1989 wissen wir, wie es zu diesem radikalen Kurswechsel gekommen ist. Der Protest ging von Arbeitern aus und wurde von ihnen weitergetragen, entwickelte sich aber sehr schnell zu einer politisch motivierten Volkserhebung, die spontan aus den inneren Widersprüchen des Regimes hervorbrach.

Die Unruhen erfassten mehr als 700 Orte in der DDR – viel mehr, als bislang im Westen angenommen worden war. Die Streiks begannen bereits vor dem 17. Juni und dauerten bis Mitte Juli an. Es war ein Aufstand gegen die SED, mit der Forderung nach Abschaffung des Systems und freien Wahlen, also auch Wiedervereinigung.

In Ost-Berlin wurde vom sowjetischen Militärkommandanten am 17. Juni um 13.00 Uhr der Ausnahmezustand verhängt, in weiteren 13 Bezirks- und 51 Kreisstädten in den folgenden Stunden. Schließlich galt das Kriegsrecht in 167 von insgesamt 217 Stadt- und Landkreisen. Über den massiven Einsatz sowjetischer Truppen war bereits am Abend vorher in Moskau entschieden worden. Sowjetische Panzer – allein in Ost-Berlin 600 – walzten den Aufstand nieder. Schusswaffen kamen in Ost-Berlin sowie in den Bezirken Potsdam, Dresden, Leipzig, Halle und Magdeburg zum Einsatz. Es gab insgesamt 125 Tote, darunter sieben Lynchmorde an Angehörigen der Kasernierten Volkspolizei. 33 Opfer starben an den Folgen von Schussverletzungen.

Im Führungsgremium der SED herrschte in den Tagen des Aufstandes ein desolater Zustand. Es war handlungsunfähig. Lebensfremd und beschäftigt mit sich selbst wurden sie von den Ereignissen überrascht und brachten sich bei den Sowjets in Karlshorst in Sicherheit. Umso härter wurde zurückgeschlagen, als sowjetische Panzer die Kontrolle wiederhergestellt hatten, obwohl die Streikwelle teilweise bis weit in den Sommer hinein weiterlief.

Bis zum 22. Juni waren 6750 Personen in Ost-Berlin und in der DDR verhaftet worden; zu 65 Prozent kamen sie aus der Arbeiterschaft. Innerhalb weniger Tage wurden 20 Todesurteile verhängt, insgesamt etwa 1600 Personen verurteilt. In den Jahren danach nahm der 17. Juni mythische Dimensionen an. Das Datum „geisterte durch die Angstträume der Funktionäre bis zum letzten Tag ihrer Herrschaft“ (Armin Mitter/Stefan Wolle). Die SED-Führungsclique wusste von nun an, dass sie gegen das Volk regierte und in demokratischen Wahlen hinweggefegt worden wäre. Sie betrieb eine Politik mit einem Auge auf die Bundesrepublik, mit dem anderen auf den 17. Juni.

Die Probleme, die zum 17. Juni geführt hatten, blieben die gleichen, da half keine Mauer, und da half auch keine Stasi. Der einzige Garant für den Machterhalt war die Sowjetunion, genauso wie für die Existenz der Kommunisten in Polen, Ungarn und der Tschechoslowakei.

Die Sowjetunion unter Gorbatschow war gegen Blutvergießen und konnte im Jahr 1989 auch nichts mehr garantieren. So holte das Schlüsselereignis deutsch-deutscher Geschichte des Jahres 1953 die SED-Genossen im Herbst 1989 ein. Dabei wäre es sicherlich zu einfach, eine gerade Linie von 1953 bis 1989 zu ziehen. Vieles kam am Ende zusammen und führte zu dem, was wir „Wende" nennen.

Gorbatschows Perestrojka war wohl mitentscheidend. Im Herbst 1989 ging alles ganz schnell, als die DDR-Bürger wieder auf die Straße gingen. Insofern ist die Massendemonstration am 9. Oktober 1989 in Leipzig vergleichbar mit dem 17. Juni 1953 in Berlin. Nur – diesmal blieben die sowjetischen Panzer in den Kasernen. Das war zugleich das Ende der DDR.

Das wiederum verstellt oft den Blick darauf, dass das Scheitern der DDR im Grunde systemimmanent war, genauso wie das Scheitern der Sowjetunion. Die DDR war weder unter Walter Ulbricht noch unter seinem Nachfolger Erich Honecker jene schöne, heile Welt, als die sie sich selbst darstellte und für manche in nostalgischer Erinnerung noch ist. Sie war ein Irrweg der deutschen Geschichte, repressiv und perspektivlos. Am Ende wollten die meisten nur noch weg.

Von vielen im Westen wurde der SED-Staat jedenfalls als zweiter deutscher Staat akzeptiert. Damit wurde letztlich auch die Teilung akzeptiert, von Wiedervereinigung war keine Rede mehr. Die Mauer würde „auch noch in 50 oder 100 Jahren" bestehen bleiben, meinte Erich Honecker am 19. Januar 1989. Nur die wenigsten zweifelten daran. Das heute verbreitete Desinteresse an der DDR ist höchst bedauerlich. Die DDR war – und ist – Teil der deutschen Nachkriegsgeschichte.

Das Parlament, 2. 6. 2003

Die unvollendete Revolution

Der 17. Juni 1953 war der Anfang vom Ende der DDR

Der 17. Juni 1953 ist ein Schlüsselereignis in der deutschen – und in der europäischen Nachkriegsgeschichte. Man muss nicht darüber streiten, ob das, was an diesem Tag in der DDR geschah, ein Volksaufstand war, eine Revolution, ein Arbeiteraufstand oder nur ein Massenprotest. Auf jeden Fall war es ein Aufstand gegen die Arroganz der SED-Bonzen, die sich angemaßt hatten, im Namen der Arbeiter zu handeln, in Wirklichkeit aber deren Interessen verrieten – und das noch weitere 36 Jahre lang. Es war ein Aufstand gegen die kommunistische Führung, die durch nichts anderes legitimiert war als durch die sowjetische Besatzungsmacht. Sowjetische Panzer walzten den Protest nieder und retteten so die SED-Genossen. Schließlich war es der erste Aufstand im Ostblock, innerhalb des sowjetischen Imperiums, „das Wetterleuchten einer neuen Zeit, das Menetekel eines Emanzipationsprozesses, der Ost- und Südeuropa erfassen sollte, zuletzt die Sowjetunion selbst“ (Karl Wilhelm Fricke).

Der 17. Juni war noch mehr: Er war der Anfang vom langen Ende der DDR, eine unvollendete Revolution von dauerhafter Wirkung. Der 17. Juni 1953 geisterte durch die Angstträume der Funktionäre bis zum letzten Tag ihrer Herrschaft.

Die SED-Führungsclique wusste seitdem, dass sie gegen das Volk regierte und dass sie in demokratischen Wahlen hinweggefegt würde. Der einzige Garant für den Machterhalt war die Sowjetunion.

Wie sehr dieser 17. Juni bis zum Untergang der DDR die SED-Genossen traumatisierte, wurde im Herbst 1989 deutlich, als zu Beginn der Demonstrationen und der Flüchtlingswelle der Chef der Staatssicherheit, Erich Mielke, in einer Dienstbesprechung am 31. August fragte: „Ist es so, dass morgen der 17. Juni ausbricht?“ Ein Oberst versuchte, den Genossen General zu beruhigen, und antwortete: „Der ist morgen nicht, der wird nicht stattfinden, dafür sind wir ja auch da.“ Er sollte sich täuschen. Die DDR war zu diesem Zeitpunkt bereits unregierbar. In einer Analyse des Ministeriums für Staatssicherheit vom 8. Oktober hieß es: Sogar „progressive Kräfte“, darunter insbesondere Mitglieder der SED, würden argumentieren, dass sich die DDR „bereits jetzt in einer Situation wie kurz vor den konterrevolutionären Ereignissen am 17. Juni 1953 befände“. Und der ehemalige Sekretär des Zentralkomitees der SED, Kurt Hager, sagte in der Sitzung des Zentralkomitees vom 10. November 1989: Die Situation sei „schärfer, ernster als 1953“.

Der moralische Gewinn, der sich noch nach 50 Jahren aus dem 17. Juni 1953 ziehen lässt, ist riesengroß – vor allem für Bürger der ehemaligen DDR. Es ist ein Datum, an das sich voller Stolz erinnern lässt, auch wenn der „Tag der Deutschen Einheit“ für viele Menschen in der Bundesrepublik schon bald nur noch ein weiterer Feiertag zu günstiger Jahreszeit war. Nach der Wiedervereinigung wäre es angebracht gewesen, diesem Tag seine ursprüngliche Bedeutung zurückzugeben und ihn als „Tag der Deutschen Einheit“ zu erhalten – diesmal allerdings für alle Deutschen. Leider wurde anders entschieden.

Möglicherweise ist das mit ein Grund dafür, dass sich offenbar nur noch wenige für die Geschichte der DDR interessieren. An kaum einer Schule, an kaum einer Universität ist die DDR noch ein Thema. Dieses Desinteresse ist höchst bedauerlich. Die DDR war – und ist – Teil der deutschen Nachkriegsgeschichte. Wir sollten ihre Geschichte kennen, und sei es auch nur, um auf diese Weise die „gute alte“ BRD mehr schätzen zu lernen.

DIE ZEIT, 12. 6. 2003

So begann die EU-Erfolgsstory

Vor fünfzig Jahren wurde in Rom der Gründungsvertrag der Europäischen Wirtschaftsgemeinschaft unterzeichnet – die EWG war die Vorläuferin der EU.

„Die ganze Sache geschah in Rom. Wir standen unter Zeitdruck, und es gab ein gewisses Durcheinander. Als um 16 Uhr alles zur Unterzeichnung bereit war, herrschte eine Stimmung, die einem wirklich zu Herzen gehen konnte. Natürlich war ausgesprochen schlechtes Wetter, und es regnete in Strömen, als plötzlich von allen Kirchtürmen Roms die Glocken erklangen. Die ganze Stadt war von diesem Läuten erfüllt, die Menschen versammelten sich auf den Straßen oder saßen dicht gedrängt vor den Fernsehapparaten in den Gasthäusern."

So schildert ein Augenzeuge aus Luxemburg jenes Ereignis am 25. März 1957, als die Vertreter Frankreichs, Italiens, Belgiens, Luxemburgs, der Niederlande und der Bundesrepublik Deutschland den Vertrag zur Gründung der Europäischen Wirtschaftsgemeinschaft (EWG) unterzeichneten. An jenem denkwürdigen Tag, einem Montag, wurde der Grundstein für die Erfolgsstory Europas nach dem Zweiten Weltkrieg gelegt.

Monnet und Spaak

Ende 1954, nach dem Scheitern der Europäischen Verteidigungsgemeinschaft, hatte es noch ganz anders ausgesehen. Dass der Gedanke einer europäischen Integration später aber wieder aufgegriffen wurde, hing auch mit der Sorge der Benelux-Länder und Italiens über die Pläne zur deutsch-französischen Annäherung zusammen. Um dieser „Sonderentwicklung" vorzubeugen, begann die Suche nach Einigungsprojekten, die ohne großen Widerstand durchgesetzt werden konnten und geeignet waren, die Lähmung des Integrationsprozesses zu überwinden.

Hierzu bot sich die Erweiterung der Befugnisse der Europäischen Gemeinschaft für Kohle und Stahl – die seit 1951 bestand – auf die Energiebereiche Gas, Elektrizität und Atom, sowie auf die Verkehrspolitik, an. Hinter dieser Initiative stand der „Vater der europäischen Integration" und Schöpfer des Schuman-Plans – der zur Europäischen Gemeinschaft für Kohle und Stahl geführt hatte –, Jean Monnet, der seine neue Einigungsinitiative dem belgischen Außenminister Paul-Henri Spaak vortrug. Spaak wurde so etwas wie der spiritus rector der neuen Integrationsbewegung. Er initiierte Anfang Juni 1955 eine Konferenz in Messina, die zur entscheidenden Wende in der Geschichte des europäischen Aufbauwerks wurde. Die dort versammelten Minister beauftragten Spaak, die weiteren Beratungen zu koordinieren. Spaak sagte zum Abschluss der Konferenz: „Wir haben ein neues Verfahren eingeführt, das zwar nicht vollkommen ist, das uns aber Mut gibt und das man als neuen Anlauf zum Aufbau Europas werten kann."

Der von Spaak geleitete Ausschuss legte im April 1956 einen Bericht vor, in dem Mittel und Wege zur Schaffung eines gemeinsamen Marktes aufgezeigt wurden. Der liberal-wirtschaftlich denkende deutsche Bundeswirtschaftsminister Ludwig Erhard war darüber nicht gerade begeistert. Für ihn war der gemeinsame Markt als eine Zollunion „volkswirtschaftlicher Unsinn". Die exportabhängige Bundesrepublik erhoffte sich eine Freihandelszone, deren Errichtung die Briten im Herbst 1956 vorschlugen.

Erhard musste sich aber von Bundeskanzler Konrad Adenauer belehren lassen, worum es bei der europäischen Integration ging: sie sei das notwendige „Sprungbrett" für die Bundesrepublik, „um überhaupt wieder in die Außenpolitik zu kommen." Und außerdem: „Europäische Integration ist auch um Europas willen und damit um unsretwillen notwendig." Vor allem deshalb sei sie notwendig, weil die Vereinigten Staaten sie als Ausgangspunkt ihrer Europapolitik betrachteten, „und weil ich genau wie Sie die Hilfe der Vereinigten Staaten als absolut notwendig für uns betrachte."

Frankreich forderte damals eine Sonderrolle als Atom- und Kolonialmacht und zudem die Harmonisierung der Sozialleistungen in den potentiellen Beitrittsländern. Diese Forderung empfand Erhard geradezu als absurd. Manche befürchteten bereits ein Scheitern des Projekts.

EWG und EFTA

Aber schließlich wurde die Krise doch überwunden. Zwei Gründe waren dafür ausschlaggebend: Das von den USA und der Sowjetunion erzwungene Ende des Suez-Abenteuers, bei dem Frankreich mitgemacht hatte, und die Niederschlagung des Ungarnaufstandes durch die Sowjets Anfang November 1956. Beide Ereignisse verstärkten das Gefühl für die Notwendigkeit der europäischen Einigung. Frankreichs Ministerpräsident Guy Mollet, ein überzeugter Europäer, nutzte diese Stimmung, um die Verhandlungen durch größere französische Konzessionsbereitschaft zu beschleunigen.

Am 25. März 1957 wurden die Verträge unterzeichnet. Durch die Gründung der EWG sollte ein gemeinsamer Wirtschaftsmarkt geschaffen werden, dessen Kennzeichen eine Zollunion war. Sie sollte den freien Warenverkehr, die Freizügigkeit, den freien Dienstleistungs- und Kapitalverkehr sowie die Ausarbeitung gemeinsamer Richtlinien insbesondere für die Landwirtschaft und den Verkehr ermöglichen. Die gleichzeitige Gründung von Euratom sah einen gemeinsamen Markt zur friedlichen Nutzung der Kernenergie vor. Spaak meinte damals: „Wenn wir Erfolg haben, wird dieser Tag als einer der wichtigsten in die Geschichte Europas eingehen." Adenauer äußerte sich dazu in einem seiner berühmten „Teegespräche" vor ausgewählten Journalisten: „Man kann, meine Herren, sehr schwer geschichtliche Urteile aussprechen, wenn alles noch in Bewegung ist, aber vielleicht ist dieser Zusammenschluss das wichtigste Ereignis der Nachkriegszeit."

In den folgenden Jahren gab es zwar immer wieder Krisen, aber irgendwie wurden sie immer wieder überwunden. Die erste Krise ereignete sich im Jahr 1963, als der französische Staatspräsident Charles de Gaulle den Beitritt Großbritanniens zur EWG durch sein Veto verhinderte. Großbritannien hatte es 1950 abgelehnt, Mitglied der Europäischen Gemeinschaft für Kohle und Stahl zu werden. Deshalb war es nur konsequent, dass London auch an den Verhandlungen zur Gründung der Europäischen Wirtschaftsgemeinschaft nicht teilnahm. Großbritannien wollte nicht Mitglied im „Club der besiegten Nationen" sein. Stattdessen hatte man die eigenen Beziehungen zu den USA gepflegt und als Gegengewicht zur EWG 1960 die Europäische Freihandelszone EFTA gegründet. Die EWG hatte die wirtschaftliche und politische Integration zum Ziel, die EFTA nur eine wirtschaftliche Freihandelszone. Die sieben Mitglieder der EFTA waren Großbritannien, Norwegen, Dänemark, Portugal, Schweden, die Schweiz und Österreich.

Erst mit dem Rücktritt De Gaulles im Jahr 1969 kam wieder Bewegung in die europäische Entwicklung. Die Erweiterung von sechs auf neun Staaten erfolgte Anfang 1973 durch den Beitritt Großbritanniens, Irlands und Dänemarks. Dem folgten 1981 Griechenland, 1986 Spanien und Portugal. Der deutsche Außenminister Hans-Dietrich Genscher und sein italienischer Kollege Giulio Andreotti gaben das Startsignal für einen großen Reformschritt innerhalb der Europäischen Gemeinschaft. Im Winter 1985/86 einigte man sich auf die Einheitliche Europäische Akte. Zu den wichtigsten Inhalten dieses Dokuments gehörten die verbindliche Festlegung des Stichtags 1. Jänner 1992 für die Vollendung des Europäischen Binnenmarktes, die Einführung von qualifizierten Mehrheitsentscheidungen im Ministerrat über Angelegenheiten des Binnenmarktes sowie die Stärkung des europäischen Parlaments.

Die Zukunft der EU

Ein wichtiger Schritt auf dem Weg zur weiteren Integration war die Konferenz von Maastricht im Dezember 1991. Die zwölf dort versammelten Staats- und Regierungschefs waren fest entschlossen, die Integration voranzutreiben. Maastricht wurde zum bedeutendsten Reformschritt seit Gründung der EWG im März 1957. Der Vertrag von Maastricht, der im Februar 1992 unterzeichnet wurde, sah unter anderem die Schaffung einer europäischen Wirtschafts- und Währungsunion mit einheitlicher Währung sowie die Errichtung einer europäischen Zentralbank vor. Es begann nun das Wagnis, eine politische und wirtschaftliche Union zu entwickeln. Ein Unterfangen von historischer Tragweite. Am 1. Jänner 1995 traten Österreich, Schweden und Finnland der Gemeinschaft bei, zehn Jahre später gab es mit zehn weiteren Beitrittsländern den letzten großen Beitrittsschub, dem Anfang 2007 noch Bulgarien und Rumänien folgten; Slowenien führte als 13. Land den Euro als gemeinsame europäische Währung ein.

Dass die Integration Europas eine Erfolgsgeschichte war, ist unbestritten. Dennoch gibt es immer noch bzw. immer wieder Probleme: Misstrauen an der Basis gegenüber Brüssel, vielerorts Desinteresse, mangelnde Bürgernähe, immer wieder schlagen auch nationale Interessen durch. Und es gibt offene Fragen: Ist die EU mit 27 Mitgliedsländern noch regierbar? Wie sieht es mit der geplanten europäischen Verfassung aus? Franzosen und Holländer haben sie abgelehnt; seither liegt sie „auf Eis“. Soll es noch Erweiterungen geben? Mit Kroatien und der Türkei wird ja verhandelt. Wie viele arme Länder kann Europa noch verkraften?

Deutschland hat zur Zeit den Vorsitz in der Europäischen Union. Die deutsche Bundeskanzlerin Angela Merkel will als Ratsvorsitzende der EU auf dringende Fragen Antworten finden, damit die europäische Erfolgsgeschichte fortgeschrieben werden kann.

Wiener Zeitung, 17. 3. 2007

Sterben für Berlin?

Mit dem Mauerbau im Sommer 1961 trieb die permanente Krise um West-Berlin einem neuen Höhepunkt zu – doch den westlichen Alliierten fielen die deutschen Sorgen zunehmend lästig.

Am Abend des 11. August 1961, Freitag, fanden sich hochrangige Stasi-Offiziere bei ihrem Chef Erich Mielke zum Befehlsempfang ein. Mielke wirkt gespannt. Hauptaufgabe, so gibt er Anweisung, sei jetzt: „Größte Wachsamkeit üben, höchste Einsatzbereitschaft herstellen und alle negativen Erscheinungen verhindern. Kein Feind darf aktiv werden, keine Zusammenballung darf zugelassen werden. [...] Alle vorbereitenden Arbeiten sind unter Wahrung der Konspiration und unter strengster Geheimhaltung durchzuführen. Die gesamte Aktion erhält die Bezeichnung *Rose*."

In der darauffolgenden Nacht beginnt die Aktion. „Kampfgruppen der Arbeiterklasse", Volkspolizei und Einheiten der Nationalen Volksarmee riegeln die Sektorengrenze zwischen Ost- und Westberlin mit Stacheldraht ab. Wenig später tauchen Maurer auf, Militärwagen fahren Baumaterial an: Aus dem Verhau wird die Mauer – und die Teilung der Nation im wahrsten Sinne des Wortes zementiert.

Begonnen hatte alles drei Jahre zuvor, am 10. November 1958, als Kreml-Chef Nikita Chruschtschow in einer Rede im Moskauer Sportpalast die Annullierung des Potsdamer Abkommens ankündigte. Er empfahl den Westmächten, ihre Beziehungen zur DDR selbst zu regeln und mit ihr, gegebenenfalls, ein Übereinkommen über die alte Reichshauptstadt zu treffen. Die neue Berlin-Krise war da – sie sollte alles in allem fünf Jahre dauern! –, auch wenn Bundeskanzler Konrad Adenauer meinte, Chruschtschow sei wohl „etwas betrunken" gewesen. Er war es nicht. Aus Moskau warnte US-Botschafter Thompson:

„Chruschtschow hat es eilig und glaubt, dass die Zeit gegen ihn arbeitet, insbesondere was die atomare Bewaffnung der Bundesrepublik betrifft. Ich glaube daher, dass sich die Westmächte auf eine entscheidende Auseinandersetzung (‚major showdown') in den kommenden Monaten vorbereiten sollten."

Als erste bekamen die Briten weiche Knie. Nur vier Tage nach der Moskauer Rede entstand im Foreign Office in London ein Dokument, das zu den schlimmsten der gesamten Berlinkrise gehört. Darin wurden drei Alternativen genannt:

a) Rückzug aus Berlin,
b) Anwendung von Gewalt, das hieß Krieg,
c) Verbleib in Berlin, „wobei wir mit der DDR verhandeln und, falls dies notwendig sein sollte, sie auch anerkennen".

Die Alternativen a) und b) wurden sogleich abgelehnt, blieb also nur c). Außenminister Selwyn Lloyd hielt Verhandlungen mit Ost-Berlin für eine „vernünftige Sache", wobei er noch bedeutungsvoll hinzufügte: „Ich hätte nicht viel dagegen, wenn am Ende dieser Verhandlungen die Anerkennung der DDR-Regierung stünde." Sollten möglicherweise die Verbindungswege nach Berlin unterbrochen und eine Luftbrücke eingerichtet werden, dann hätte das die Bundesrepublik zu finanzieren, denn

„es gibt jetzt ein unabhängiges und reiches Westdeutschland. Die Hauptverantwortung für die Versorgung der Westberliner Bevölkerung liegt bei den Deutschen selbst. Sie sind es, die gegen eine Anerkennung der DDR sind. Wenn sie das mit dieser kostspieligen Operation verhindern wollen, warum sollen sie dann nicht auch dafür bezahlen?"

Lloyd war sich im Klaren darüber, dass die Alternative c) eine „delikate" Angelegenheit war, die man den Westdeutschen „schonend" beibringen müsse – „genauso wie den USA und Frankreich". Aber: Die Anerkennung der DDR würde so oder so kommen.

Außenminister Brentano wird blass

Durch eine ungeschickte Regie wurde das Dokument in Bonn bekannt. Bei einer Routinebesprechung Außenminister Heinrich von Brentanos mit den drei westlichen Botschaftern übergab der Brite eine Kopie; der Eindruck war verheerend. Brentano las den Text sorgfältig durch; seine Gesichtszüge veränderten sich während der Lektüre, er war „sichtlich angewidert". Er informierte sofort Adenauer, der noch am selben Tag Briefe an US-Außenminister Dulles, Premierminister Macmillan und Frankreich Regierungschef De Gaulle schrieb, worin er die Einheit und Stärke der freien Welt beschwor. Zum Glück sah man das in Paris und vor allen Dingen in Washington auch so. Die Briten wurden dort als defätistisch eingestuft, ihre Überlegungen abgelehnt.

Außenminister John Foster Dulles und Präsident Dwight D. Eisenhower waren nicht bereit, in irgendeiner Weise der sowjetischen Erpressung nachzugeben. Unterstützt wurden sie dabei von ihren Militärs. Für die Stabschefs wäre der Verlust Berlins ein „politisches und militärisches Desaster" gewesen. Sie wollten in jedem Fall die Zufahrt zur Stadt freikämpfen. Ihrer Meinung nach müsste man entschlossen und bereit sein, „falls alles andere scheitert, einen Atomkrieg gegen die Sowjetunion zu führen".

Auch für Charles de Gaulle gab es überhaupt nichts zu verhandeln, da man Chruschtschow nichts anbieten könne, was diesen zufrieden stellen würde. Der General sah zunächst nur die Möglichkeit, „in den Schützengräben hocken zu bleiben" und sich nicht zu rühren. Auch er war entschlossen, notfalls mit Waffengewalt den Weg nach Berlin offen zu halten.

Inzwischen hatte die sowjetische Regierung den drei Westmächten am 27. November 1958 eine gleichlautende Note überreicht. Darin wurde die „Umwandlung West-Berlins in eine selbständige politische Einheit" gefordert, und das innerhalb der nächsten sechs Monate. Wäre bis dahin keine Lösung erreicht, würde die Sowjetunion einseitig handeln und alle Kompetenzen der DDR übertragen.

Als am 27. Mai das sowjetische Ultimatum ablief, kam es allerdings nicht zum Showdown. In Genf tagte die Außenministerkonferenz; zwar erfolglos, aber immerhin erreichte Chruschtschow eine Einladung in die USA. Man einigte sich schließlich auf ein Gipfeltreffen im Mai 1960 in Paris, das Chruschtschow dann scheitern ließ; äußerer Anlass war der Abschuss eines amerikanischen U2-Spionageflugzeuges wenige Tage vor Beginn der Konferenz. Der entscheidende Grund aber war offensichtlich die Erkenntnis der Sowjets, dass sie in der Berlin-Frage angesichts der entschlossenen Haltung vor allem der USA, aber auch Frankreichs, nicht das erreichen würden, was sie sich möglicherweise erhofft hatten. Chruschtschow setzte jetzt auf Eisenhowers Nachfolger, der im November 1960 gewählt wurde.

Atombomben auf Ost-Deutschland

Mit John F. Kennedy wurde – fast – alles anders. Ihm ging es nicht mehr um Deutschland oder Berlin insgesamt, sondern nur noch um den Westteil der Stadt. Er war schon bald ganz auf der Linie der Briten, suchte Kompromisse und war bereit, bisherige Grundsatzpositionen aufzugeben. Die neue Politik wurde auch in öffentlichen Erklärungen erkennbar. Vielsagend etwa war die Formulierung im Schlusskommuniqué des Adenauer-Besuches in Washington im April 1961. Demnach wurde das Versprechen erneuert, „die Freiheit der Bevölkerung von West-Berlin zu erhalten, bis Deutschland in Frieden und Freiheit wieder vereinigt" sei – nicht ein Wort über *ganz Berlin*. Von deutscher Seite kam erstaunlicherweise kein Protest.

Am 3. und 4. Juni traf Kennedy Chruschtschow in Wien. Die Begegnung wurde für den US-Präsidenten in vielfacher Hinsicht zu einem Schlüsselerlebnis. Der Kremlherr gab sich brutal. Im Urteil seiner Berater wurden Kennedys Hoffnungen, so empfanden es seine Berater, rasch „zerstört", der Präsident war „sprachlos" und „verunsichert", ja, zuletzt verfluchte er den Sowjetführer regelrecht: „Er hat mich wie einen kleinen Jungen behandelt." Englands Premier Harold Macmillan hatte später den Eindruck, dass Kennedy „beeindruckt und geschockt" war.

Die Briten wollten endlich verhandeln. Macmillan überschätzte sich dabei maßlos und sah sich, nach Kennedys Desaster in Wien erst recht, als führender Staatsmann des Westens.

Seinem Tagebuch vertraute er an: „Ich habe das bestimmte Gefühl, dass Präsident Kennedy keine wirklichen Führungsqualitäten besitzt. Die amerikanische Presse und Öffentlichkeit sehen das allmählich auch so. In ein paar Wochen werden sie sich an uns wenden. Wir müssen darauf vorbereitet sein. Andernfalls kann Berlin zu einem Desaster führen – zu einer furchtbaren diplomatischen Niederlage oder (aus reiner Inkompetenz) zum Atomkrieg."

Ebenso enttäuscht war Dean Acheson – ehemals Außenminister unter Präsident Truman –, aber aus anderen Gründen. Kennedy hatte ihn als eine Art Sonderberater reaktiviert. Der Elder Statesman galt nach wie vor als Kalter Krieger und wurde auch jetzt seinem Ruf gerecht. Am 28. Juni legte er einen Berlinbericht vor, der an Klarheit und Deutlichkeit nichts mehr zu wünschen übrigließ. Für ihn ging es in der Krise um die entscheidende Machtprobe zwischen den USA und der Sowjetunion, von deren Ausgang das weltweite Vertrauen in die USA als Weltmacht abhing. Auf 35 Seiten listete er auf, was militärisch, wirtschaftlich und politisch zu tun sei, und zwar Vorbereitung der See-, Luft- und Landstreitkräfte auf einen umfassenden Einsatz in Europa, Verstärkung der Marine, Vorbereitung auf einen Atomkrieg. Erst wenn die Maßnahmen den Kreml von der Entschlossenheit des Westens überzeugt hätten, seien Verhandlungen sinnvoll; sie könnten dazu dienen, Chruschtschow den Rückzug zu erleichtern. Auf Basis dieses

Memorandums wurde dann jener Kompromiss ausgearbeitet, den Kennedy in seiner Rede am 25. Juli verkündete. Da war auch die Rede von den drei *essentials* für *West-*Berlin: Recht auf Präsenz der Westmächte, Recht auf Zugang, Sicherung der Freiheit der Bewohner.

In der Zwischenzeit war Verteidigungsminister Franz Josef Strauß in Washington. Gegenüber seinem US-Kollegen Robert McNamara gab er sich entschlossen:

„Wir müssen bereit sein zu pokern. Wir müssen unseren Völkern auch klarmachen, wie ernst die Situation ist."

Im Übrigen: „Wenn die USA vier zusätzliche Divisionen zur Verfügung stellen, Großbritannien mobilisiert und Frankreich zusätzliche Divisionen heranführt, dann können wir eine größere militärische Aktion durchführen, aber wir müssen den Sowjets sofort klarmachen, wo es lang geht."

Falls das nichts nütze, müsse man bereit sein, den Zugang nach West-Berlin freizukämpfen. Das wäre die „letzte Möglichkeit" vor dem Atomkrieg, der dann jedoch alle träfe, nicht nur Deutschland. Daraufhin forderten die Amerikaner Strauß auf, schon mal einen sowjetischen Truppenübungsplatz in der DDR zu nennen, der als Zielpunkt für einen Atombombenabwurf geeignet wäre.

Zurück in Bonn berichtete Strauß. Adenauer war „sehr besorgt, sehr vorsichtig, sehr zurückhaltend".

Im Sommer 1961 stellte sich immer drängender die Frage, was bei einem „zweiten 17. Juni" zu tun sei. Würde der Westen nur zuschauen und nichts tun, „wird das das Ende unseres Prestiges und Einflusses in Deutschland sein, selbst wenn sich die Bundesrepublik und die westdeutsche Bevölkerung unserer Haltung anschließen werden", wie der amerikanische Botschafter in Bonn, Walter C. Dowling, meinte. Er erbat Direktiven vom State Department. Am 22. Juli lag die Antwort in Bonn vor. Sie war nicht besonders hilfreich und zeigte eigentlich nur, dass man auf diesen Ernstfall nicht vorbereitet war und nicht wusste, was man tun sollte. Aber – und das ist bemerkenswert – sie ließ auch erkennen, dass man im State Department von den späteren Absperrmaßnahmen nicht vollständig überrascht wurde. Sie werden nämlich hier als Möglichkeit ausdrücklich erwähnt. Am 30. Juli meinte Senator William Fulbright, immerhin Vorsitzender des Außenpolitischen Ausschusses des US-Senats: „Ich verstehe nicht, warum die Ostdeutschen nicht ihre Grenze schließen, denn ich glaube, dass sie ein Recht haben, sie zu schließen."

Sie taten es am 13. August.

Hat Kennedy etwas vom Mauer-Plan gewusst? Eine alte Frage, die immer noch nicht klar beantwortet wurde. In keinem der offiziellen westlichen Dokumente, die ich gesehen habe, kommt das Wort „Mauer" vor – wohl aber Absperrung der Sektorengrenze. Entweder ist die Freigabe der Akten besonders geschickt gehandhabt worden, oder es sind darüber tatsächlich keine Überlegungen angestellt worden.

Ein Blick in die Akten zeigt auch, wie wenig realistisch deutsche Hoffnungen auf eine scharfe amerikanische Reaktion waren. Da hatte niemand vor, die Stacheldrahtverhaue niederzureißen – auch wenn Acheson meinte, Truman hätte es gemacht. Stattdessen wollte, nach den Engländern, jetzt auch Washington mit den Sowjets verhandeln! Der Kontakt sollte von Botschafter George F. Kennan in Belgrad geknüpft werden. Bereits am 14. August gab US-Außenminister Dean Rusk Kennan in einem Telegramm mit höchster Geheimhaltungsstufe die entsprechenden Instruktionen. Kennan wurde angehalten, darauf zu achten, dass insbesondere die Deutschen nichts davon erführen.

Auch die Briten hat der 13. August nicht überrascht. Botschafter Christopher Steel wunderte sich eigentlich nur darüber, dass die DDR nicht schon viel früher die Sektorengrenzen abgeriegelt hätte, wie er am 14. August nach London berichtete. Der britische Botschafter in Moskau, Frank Roberts, betonte gegenüber dem Foreign Office, man dürfe die Tatsache nicht übersehen, „dass die Russen bei ihren Maßnahmen, den Flüchtlingsstrom zu stoppen, vorsichtig gewesen sind; sie haben diese Maßnahmen auf ihrer Seite des Eisernen Vorhanges durchgeführt und bis jetzt nichts getan, was die Freiheit West-Berlins und die Rechte der Alliierten dort beeinträchtigt".

Genau so war es! Das änderte nichts daran, dass es in West-Berlin und in der Bundesrepublik angesichts der Untätigkeit des Westens zu einer Vertrauenskrise kam. Kennedy reagierte dann – eher zurückhaltend: Die US-Garnison in Berlin wurde um eine Kampftruppe von 1500–1800 Mann verstärkt, dazu schickte er Vizepräsident Lyndon B. Johnson auf Kurzbesuch und den „Helden" der Luftbrücke von 1948/49, General Lucius D. Clay, als seinen persönlichen Vertreter nach Berlin.

Auch in London interessierten die Ängste der Deutschen nicht sonderlich. Für Macmillan ging es in erster Linie darum, die Situation nicht zu verschärfen, zumal Steel nach einer Rundreise durch Ost- und West-Berlin berichtet hatte, dass es außer an den Absperrungen an den Sektorengrenzen „überall erstaunlich normal aussieht". So hatte der Premier denn auch seinen Urlaub ungerührt fortgesetzt. Seine wahren Gefühle zeigten sich erst, als er beim Golfspielen in Gleneagles am 18. Loch die Beherrschung verlor und meinte, die ganze Krise sei von der Presse hochgespielt worden. Die amerikanischen Aktivitäten betrachtete er mit größter Skepsis – vor allem die Entsendung der Kampftruppe. Kennedys Bitte, ebenfalls ein paar Soldaten nach Berlin zu schicken, lehnte er ab: Das würde die Schlagkraft der britischen Armee schwächen! Für ihn war das „militärischer Nonsens". Stattdessen sollte man sich positiv verhalten.

Natürlich auf Kosten Bonns! Die Westdeutschen, ließ allerdings auch Rusk noch vor dem Mauerbau seinen britischen Kollegen wissen, „werden viele Dinge schlucken müssen, die sie bis jetzt für unmöglich gehalten haben"; die Amerikaner würden die Deutschen härter anfassen, als die Briten bislang geglaubt hätten. „Im Interesse des Ost-West-Friedens" sollte die Bundesregierung im November Angebote machen; es ging

„um die Oder-Neiße-Linie als Grenze, um die Anerkennung Pankows, um West-Berlin als freie Stadt."

Bonn soll die DDR anerkennen

Bei Adenauer kamen Starrsinn und Zähigkeit – und die Unterstützung de Gaulles – zusammen, um das, was Washington und London wollten, zu verhindern oder zumindest zu verzögern. In England und den USA wuchs die Enttäuschung.

Wie irritiert Macmillan war, wurde bei seinem Treffen mit Kennedy auf den Bermudas am 21. und 22. Dezember 1961 deutlich. Für Macmillan war alles „sehr verwirrend". Seiner Meinung nach ging es um Folgendes: „Wollen wir eine Vereinbarung mit den Russen, oder wollen wir keine?" Großbritannien werde jedenfalls auf gar keinen Fall in einen Krieg gehen, bevor nicht Verhandlungen geführt worden seien (schon vorher hatte er angeordnet, für den Eventualfall britische Kinder nach Kanada zu evakuieren, um die britische Rasse zu retten). Was seien die Fakten? Ostdeutschland existiere: „Es ist Unsinn, wenn die Westdeutschen so tun, als ob es nicht existiere, aber gleichzeitig Handel mit den Ostdeutschen in einer Größenordnung von 300 Millionen Pfund im Jahr treiben." Die Nicht-Anerkennung der DDR sei „reine Fiktion". „Die Franzosen wollen keine Wiedervereinigung, die Russen wollen sie nicht, und ich bin nicht sicher, ob die Deutschen sie wirklich wollen."

Indessen machte Kennedy in der Transitfrage einen erstaunlichen Vorschlag. Es ging um eine „Internationalisierung" der Autobahn auf DDR-Gebiet. Könnte man nicht den Sowjets anbieten, so der amerikanische Präsident, in der BRD genauso viele Kilometer Autobahn wie in der DDR zu internationalisieren? Was hätte Adenauer wohl dazu gesagt?

Nur einer wollte damals die Mauer niederreißen: General Lucius D. Clay. Aus Washington kam allerdings ein klares Nein, und Macmillan machte deutlich, was er von Clay hielt. Auf einem Telegramm von Steel notierte er, Clay sei immer schon ein „Scheißkerl" gewesen, jetzt sei er „ein verbitterter Scheißkerl" und eine Gefahr für die Allgemeinheit. („He seems to me a public danger. He was always an ass; now he is an embittered ass.")

Kennedy äußerte sich intern in nicht zu überbietender Arroganz über deutsche Politiker; sie sollten sich auch mal selbst um ihren „Berliner Schweinetrog" – „the berlin trough" – kümmern (und möglicherweise selbst mit den Sowjets verhandeln). Und die Briten nahmen längst kein Blatt mehr vor den Mund: In einem Schreiben vom Februar 1962 ist nachzulesen, dass Macmillan und Home die Wiedervereinigung ablehnten.

Um die sich abzeichnende Entwicklung zu stoppen, provozierte Adenauer im Frühjahr 1962 die schwerste Krise zwischen Bonn und Washington, die es vor und nach dem Mauerbau gegeben hat. Über „geheime amerikanische Überlegungen“ konnte man plötzlich etwas in deutschen Zeitungen lesen ... Natürlich war hinterher alles nur ein „Missverständnis“.

Ein halbes Jahr später – vor und dann nach der Kubakrise – ging es in London und Washington wieder um die Berlinfrage. Der britische Staatsminister im Foreign Office, Godber, entwickelte sogar den Plan, West-Berlin aufzugeben und die Bevölkerung einfach auszutauschen. Ähnlich dachte der stellvertretende Verteidigungsminister Paul Nitze. Er legte Kennedy im November ein Papier vor: *Berlin im Lichte von Kuba*. Darin standen Ideen, die so drastisch waren, dass sie nicht einmal ansatzweise Bonn zur Kenntnis gebracht wurden. Auch er schlug die Aufgabe West-Berlins vor; dafür sollte ein erheblicher Teil des DDR-Territoriums in den Besitz der Bundesrepublik übergehen – als Gegenleistung für die Aussiedlung der Westberliner.

Erst allmählich zeichnete sich ab, dass der Mauerbau Höhepunkt und Ende der eigentlichen Berlinkrise war. Kein Geringerer als Botschafter Christopher Steel hatte das schon in einer geheimen Analyse im Januar 1962 folgendermaßen beschrieben:

„Ich bin mir ziemlich sicher, dass die Russen von den Auswirkungen der Mauer selbst überrascht und gleichzeitig zufrieden sind. [...] Im Rahmen ihres großen Ziels – Stabilisierung der DDR – haben sie etliche Ziele erreicht: Der Flüchtlingsstrom wurde gestoppt, das Schaufester [West-Berlin] wurde geschlossen.

Steel erwartete für die Zukunft zwar jede Menge Verwaltungsschikanen, Behinderungen und Spannungen in und um Berlin, hoffte aber gleichzeitig, dass man die Sache so lange unter Kontrolle halten konnte, bis beide Seiten bereit waren, miteinander ins Geschäft zu kommen („to do business“).

Das erwies sich, unterm Strich, als keine schlechte Voraussage. Beide – Chruschtschow und Kennedy – waren für „ihre“ Deutschen so weit wie möglich gegangen. Wären sie weiter gegangen, hätte das möglicherweise die Zerstörung der eigenen Städte bedeutet – und das wegen jener Stadt, die beide Völker 16 Jahre zuvor gemeinsam im Kampf gegen die Deutschen zerstört hatten. Das war absurd. Kennedy empfand das jedenfalls so, wie er nach seinem Wiener Treffen mit Chruschtschow im Juni 1961 intern deutlich machte:

„Es wirkt doch einfach idiotisch, dass wir wegen eines Vertrages, der Berlin als zukünftige Hauptstadt eines wiedervereinten Deutschland vorsieht, mit der Gefahr eines Atomkrieges konfrontiert sind – wo wir doch alle wissen, dass Deutschland wahrscheinlich nie mehr wiedervereinigt wird!“

DIE ZEIT, 13. 6. 2001
Auch in: Neues Deutschland (13. 7. 2001), Dolomiten (13. 8. 2001), Tiroler Tageszeitung (13. 8. 2001), Bayernkurier (9. 8. 2001)

„Sind Sie bereit, auch zu zweit zusammenzuarbeiten?“

Vor 40 Jahren: Adenauer und de Gaulle unterzeichnen den deutsch-französischen Vertrag

Am 1. Juni 1958 betrat ein Mann wieder die politische Bühne, der Europa in den folgenden zehn Jahren seinen Stempel aufdrücken sollte: General Charles de Gaulle. Angesichts des Putsches der französischen Armee in Algier wählte ihn die französische Nationalversammlung mit großer Mehrheit zum Ministerpräsidenten. De Gaulles Ehrgeiz war es nach wie vor, Frankreich zur beherrschenden Macht in Europa zu machen – unter Ausschluss der Anglo-Amerikaner und mit Hilfe der Bundesrepublik. Am Ende dieser Entwicklung stand der deutsch-französische Vertrag vom 22. Januar 1963, den Adenauer rückblickend als das Hauptwerk seiner Kanzlerschaft bezeichnet hat. Diese Einschätzung ist nur zu verstehen auf dem Hintergrund der Berlinkrise und des wachsenden Misstrauens Adenauers gegenüber Kennedy. Erst in der Berlinkrise wurde de Gaulle jener Partner, von dem Adenauer glaubte, er könne sich auf ihn verlassen.

Nach dem Bau der Mauer im August 1961 wollten Amerikaner und Briten um beinahe jeden Preis mit den Sowjets verhandeln und übten entsprechend Druck auf Adenauer aus. Es ging um die de facto-Anerkennung der DDR, Anerkennung der Oder-Neiße-Grenze, keine Atomwaffen für die Deutschen, Nichtangriffspakt zwischen NATO und Warschauer Pakt, West-Berlin kein Teil der Bundesrepublik. Es würde genau so kommen wie es US-Außenminister Dean Rusk zu seinem britischen Kollegen gesagt hatte: „Die Westdeutschen werden viele Dinge schlucken müssen, die sie bis jetzt für unmöglich gehalten haben.“

De Gaulle lehnte von Anfang an Verhandlungen mit den Sowjets ab. Die Deutschen, so machte er gegenüber den Briten klar, würden dann jedenfalls das Gefühl haben, dass wenigstens *ein* Freund im Westen übrig geblieben sei. Im Foreign Office hieß es Ende November 1961:

„De Gaulle ist bereit, Risiken auf sich zu nehmen, d.h. auch das Risiko eines Krieges mit den Russen wegen Berlin. Er ist überzeugt davon, dass wir nicht mit den Russen verhandeln sollen, weil er befürchtet, dass dadurch die Moral der Deutschen langfristig beschädigt wird. Ein weiterer Grund ist der, dass er im tiefsten Inneren die Vorstellung ablehnt, zu Verhandlungen gezwungen zu werden – in denen unausweichlich Zugeständnisse gemacht werden müssen – durch eine Macht, die diese Krise selbst heraufbeschworen hat. Er würde am liebsten die Russen ignorieren, das Risiko, dass die

Russen losschlagen – bis hin zum Krieg – akzeptieren und fortfahren mit dem Aufbau eines neuen Europa, in dem aus seiner Sicht Deutschland eine entscheidende Rolle spielt."

Konnte de Gaulle die Stütze werden, die die Amerikaner aus der Sicht Adenauers nicht mehr waren? Im April 1960 war de Gaulle zu Gesprächen mit Eisenhower in Washington. Es ging um die Vorbereitung der für Mai angesetzten Gipfelkonferenz in Paris. Für de Gaulle gab es in der Berlin- und Deutschlandfrage nichts zu verhandeln; er schlug Eisenhower daher vor, diese Themen auf der bevorstehenden Gipfelkonferenz in Paris am besten überhaupt nicht zu behandeln. Das war genau die Position, die auch Adenauer vertrat, was diesen in seiner Auffassung bestärkte, dass die Franzosen die einzigen seien, auf die man sich in der Berlinfrage „vollständig verlassen" könne, wie er gegenüber dem amerikanischen Botschafter in Bonn, Walter C. Dowling, formulierte.

Die Frage bleibt, was Adenauer sich von der Hinwendung zu de Gaulle versprach? Was war die Basis dieser „Freundschaft zweier alter Männer", wie es in London hieß? Ausschließlich das wachsende Misstrauen gegenüber den Amerikanern? Waren es die großen Gesten, mit denen de Gaulle zweifelsohne Adenauer, aber auch die deutsche Öffentlichkeit beeindruckte? Das war es alles auch; aber es ging auch um die Vertiefung der Aussöhnung, die ein Kernstück der Adenauerschen Politik darstellte (auch wenn es anfangs nicht so aussah).

De Gaulle lud Adenauer jedenfalls sofort nach seinem Machtantritt 1958 zu einem Gespräch unter vier Augen in Frankreich ein, für Adenauer zu diesem Zeitpunkt „ein notwendiger, wenn auch nicht sehr angenehmer Besuch", wie er am 5. September aus seinem Urlaubsort Cadenabbia seinem Vertrauten Robert Pferdmenges schrieb. Die Begegnung fand am 14./15. September 1958 auf dem Landsitz de Gaulles in Colombey-les-deux-Églises statt – eine Ehre, die de Gaulle nie vorher und nie nachher (mit einer Ausnahme: Bundeskanzler Ludwig Erhard, der aber nur einen Farbfilm über Tiefseefische zu sehen bekam) einem ausländischen Staatsgast zuteil werden ließ. De Gaulle schrieb später in seinen Memoiren:

„Ich meine, diesem Treffen ein außergewöhnliches Gepräge geben zu sollen und halte für die historische Aussprache zwischen dem alten Franzosen und diesem sehr alten Deutschen den Rahmen eines Familienheims für sinnfälliger als die Kulisse eines Palastes."

Nach den Gesprächen war Adenauers Gesamteindruck uneingeschränkt positiv. Das wurde noch durch das von de Gaulle selbst entworfene Kommuniqué über das Treffen vertieft, in dem es hieß: „Wir glauben, dass die vergangene Gegnerschaft ein für allemal überwunden sein muss und dass Franzosen und Deutsche dazu berufen sind, im guten Einverständnis zu leben und Seite an Seite zu arbeiten." Der Besuch wurde zu einer der historischen Zäsuren der Adenauerzeit und schuf die Voraussetzungen für die *entente élémentaire* kommender Jahre. In den folgenden fünf Jahren bis zum Ende seiner

Kanzlerschaft traf sich Adenauer noch fünfzehn Mal zu persönlichen Gesprächen und Verhandlungen mit de Gaulle – mehr als mit jedem anderen ausländischen Staats- oder Regierungschef. Die beiden unterhielten sich über 100 Stunden lang unter vier Augen und im Beisein ihrer Minister. Ein Ergebnis war der Elysée-Vertrag vom 22. Januar 1963.

Das zweite Treffen zwischen de Gaulle und Adenauer fand am 26. und 27. November 1958 im Kurhaus von Bad Kreuznach statt. Am zweiten Tag wurde Chruschtschows Berlin-Ultimatum veröffentlicht: innerhalb von sechs Monaten „Umwandlung Westberlins in eine selbständige politische Einheit – eine Freie Stadt". Falls es zu keiner Übereinkunft komme, werde die Sowjetunion „durch ein Abkommen mit der DDR die geplanten Maßnahmen verwirklichen". Von nun an erhielten die Beziehungen Adenauer – de Gaulle eine besondere Qualität – ausgerichtet auf die entschlossene Haltung de Gaulles in der Berlinfrage, was besonders nach dem Mauerbau deutlich wurde. Adenauer setzte damals seine ganze Hoffnung auf de Gaulle. Am 15. Februar 1962 fand in Baden-Baden ein weiteres, kurzfristig anberaumtes Treffen mit dem französischen Staatschef statt. Gegenüber dem deutschen Botschafter in Moskau, Hans Kroll, meinte Adenauer damals: „Trauen Sie den Amerikanern nicht; sie bringen es fertig, sich auf unserem Rücken mit den Russen zu verständigen." Misstrauen gegenüber der amerikanischen Politik: Das konnte man damals in der Presse lesen und auf den Gängen hören. De Gaulle spielte bei dem Treffen in Baden-Baden genau auf dieser Klaviatur und warnte vor dem Schicksal der Bundesrepublik im Schlepptau der Amerikaner:

„Nach und nach werde Amerika der Mauer in Berlin zustimmen und damit der endgültigen Teilung Deutschlands. Und nach und nach werde Amerika einer gewissen Neutralisierung Deutschlands zustimmen, weil es akzeptiere, dass die deutschen Streitkräfte niemals nuklear ausgerüstet werden. Dann werde Amerika, um in den Luftkorridoren und beim Zugang nach Berlin keinen Ärger zu haben, und weil es auch viel praktischer sei, die ostdeutsche Republik in der einen oder anderen Form anerkennen."

Am Nachmittag wurde de Gaulle noch deutlicher:

„Die Bundesrepublik sei sich heute nicht mehr so sicher, dass die Vereinigten Staaten zur Verteidigung der Bundesrepublik Atomwaffen einsetzen würden. Sie sei wohl auch nicht sehr glücklich darüber, dass sich Atomsprengköpfe in der Bundesrepublik häuften, über die sie keine Kontrolle habe, die sie nicht einsetzen könne, so dass es sehr wohl sein könnte, dass die Bundesrepublik wegen dieser Atomwaffen sterben müsse, ohne die Möglichkeit eines Gegenschlags zu haben."

Wenig später lud de Gaulle Adenauer zu einem Staatsbesuch ein, der dann vom 2. bis 8. Juli 1962 stattfand. Der Höhepunkt war ein Besuch in Reims mit Hochamt und den beiden betenden Staatsmännern in der Kathedrale: ein Bild, das sich in das kollektive Bewusstsein diesseits und jenseits des Rheins tief einprägte. Zuvor hatte de Gaulle in der Besprechung am 5. Juli erreicht, was er wollte. Er hatte Adenauer in aller Form die sehr direkte Frage gestellt, „ob, wenn alles scheitere, d. h. wenn eine politische Union nur entstehen könne, wenn Großbritannien Mitglied sei, [...] man dann nicht den Vertrag zu zweit schließen könne". Adenauer war zunächst ausgewichen; de Gaulle wollte es aber genau wissen und, so der Leiter des Außenpolitischen Büros im Kanzleramt, Horst Osterfeld, in seinen Aufzeichnungen,

„ließ nicht locker: ‚auch die anderen werden auf die Dauer wohl mitmachen; aber ich frage noch einmal, und es ist für Frankreich eine sehr wichtige Frage: sind Sie bereit, wenn es sein muss, auch zu zweit zusammenzuarbeiten?' Der Bundeskanzler sagte: ‚Ja.' [Außenminister] Schröder und die anderen Teilnehmer empfanden diese Äußerung als sensationell."

Hinter diesem „Ja" steckte die Überzeugung Adenauers, die er Herbert Blankenhorn, deutscher Botschafter in Paris und langjähriger Vertrauter, auf dessen vorsichtig warnende Worte geantwortet hatte, nämlich,

„dass er das deutsche Volk festbinden müsse. Es sei nicht so, dass man sicher sein konnte, dass es nicht plötzlich doch mit Russland gehe und zwischen den beiden Blöcken tanze. Wir seien politisch unklug, wir seien politische Träumer. Außerdem seien wir bequem geworden. Er wolle das deutsche Volk sichern und einbauen. Wir seien in der Welt sehr unbeliebt, bei unseren Nachbarn, aber auch bei anderen Völkern. [...] Die deutsch-französische Verständigung, die von Volk zu Volk komme, sei eine große Sache, sie müssten so fest miteinander verbunden werden, dass keine deutsche und keine französische Regierung die Bande wieder zerreißen oder sie wenigstens nicht leicht zerreißen könne."

De Gaulle in der Bundesrepublik

De Gaulles Gegenbesuch in der Bundesrepublik fand vom 4. bis 10. September 1962 statt. Ein glanzvoller Auftritt folgte dem anderen; unvergessen seine in deutscher Sprache gehaltene Rede auf dem Bonner Marktplatz („das große deutsche Volk, jawohl ..."). Adenauer konfrontierte de Gaulle hier mit der Idee eines deutsch-französischen Konsultativpaktes. De Gaulle griff diese Idee auf; in dem gemeinsamen Kommuniqué vom 7. September vereinbarten sie „praktische Maßnahmen, um die Bande wirksam zu verstärken, die bereits auf zahlreichen Gebieten bestehen". Schon am 20. September übersandte de Gaulle ein Memorandum, das als „die Urfassung des Elysée-Vertrages" bezeichnet worden ist. Im Dezember 1962 einigten sich dann die Außenminister Schröder und Couve de Murville auf ein entsprechendes Protokoll, das regelmäßige Konsultationen auf Regierungsebene vorsah. Dieses Protokoll sollte anlässlich einer ersten gemeinsamen Kabinettssitzung in Paris am 21. und 22. Januar 1963 von Adenauer und de Gaulle unterzeichnet werden.

Die Unterzeichnung

Dann kam die Pressekonferenz de Gaulles am 14. Januar und sein Nein zum beabsichtigten Beitritt Großbritanniens zur EWG, zu der im britisch-amerikanischen Abkommen von Nassau vorgesehenen multilateralen NATO-Atomstreitmacht und zu dem damit in Verbindung stehenden amerikanischen Angebot, Polaris-Raketen an Frankreich zu liefern. De Gaulles Nein wirkte in der Bundesrepublik und den übrigen EWG-Staaten wie ein Schock. Die führenden Politiker in Bonn – mit Ausnahme Adenauers – waren enttäuscht und verärgert über de Gaulle. In allen politischen Parteien formierte sich der Widerstand gegen dessen Politik. Wenn überhaupt noch etwas zu retten war, dann musste die anstehende Unterzeichnung des deutsch-französischen Vertrages genutzt werden, um de Gaulle umzustimmen.

Adenauer gelang es zwar noch, sich am 16. Januar die Zustimmung des Bundeskabinetts zum Abschluss des Vertrages zu sichern, doch in den nächsten Tagen trugen Vertreter der SPD, aber auch der FDP und der Unionsparteien mit Vehemenz die Forderung vor, den Besuch in Paris abzusagen oder zumindest die Unterzeichnung des Vertrages zu verschieben. Der Druck wurde so stark, dass Adenauer sich genötigt sah, die Fraktionsvorsitzenden von CDU/CSU, SPD und FDP am 18. Januar zu empfangen, unmittelbar vor seiner Abreise nach Paris. Mehr als ein unbestimmtes Versprechen, sich bei de Gaulle für die Fortsetzung der Beitrittsverhandlungen einzusetzen, konnte man ihm allerdings zunächst nicht abringen. Erich Ollenhauer (SPD) war entsetzt und drängte den Kanzler in einem persönlichen Brief, in Paris seinen ganzen Einfluss geltend zu machen, dass Großbritanniens Beitritt zur EWG nicht an Frankreichs Widerstand scheitere. „Eine deutsch-französische Freundschaft, die nicht dazu dient, Europa zu vereinen, wäre ein Anachronismus." Er versicherte dem britischen Botschafter in Bonn, Christopher Steel, dass man den Kanzler nach dessen Rückkehr aus Paris zur Rechenschaft ziehen werde, falls er seine Pflichten vernachlässigt haben sollte.

Auch die USA setzten sich energisch zugunsten Großbritanniens ein und übten Druck auf Adenauer aus. Von Kennedy erhielt Adenauer einen Brief, in dem er den Deutschen „die volle Teilhabe" an der multilateralen Atomstreitmacht zusagte und den amerikanischen Schutz Europas noch einmal mit Nachdruck unterstrich. Außenminister Dean Rusk meinte gegenüber dem deutschen Botschafter in Washington, Adenauer falle beim Besuch in Paris eine „historische Aufgabe zu, die nur er allein und niemand anders lösen könne". Mit „beschwörendem Unterton" äußerte er die Befürchtung, aus den Auseinandersetzungen um die Politik Frankreichs könne sich eine Kettenreaktion entwickeln, die am Ende Adenauers eigenes Werk, die Atlantische Verteidigung und die europäische Einigung, gefährden werde. Adenauer „könne und müsse das Abrutschen der Ereignisse aufhalten". Ähnlich drängten der ehemalige US-Außenminister Dean

Acheson und der ehemalige US-Hohe Kommissar in Bonn, John McCloy. Dean Acheson telegrafierte an Adenauer:

„Wenn irgendjemand auf General de Gaulles Entscheidung einwirken kann, sind sicherlich Sie dieser Mann. Ich bitte Sie dringend, ihn vor dem verhängnisvollen Kurs des Abbruchs der Verhandlungen mit den Briten über ihre Zulassung zum Gemeinsamen Markt abzubringen. Der von ihm bezeichnete Kurs wird die Einheit Europas und die des Westens, an deren Vervollkommnung Sie so glänzend und so geduldig gearbeitet haben, zerstören."

Und McCloy beschwor ihn, sich bei de Gaulle „scharf" gegen jede Abweichung von einer „vereinigten europäischen Front, die Großbritannien einschließt und mit den USA auf der Basis einer soliden Partnerschaft verbunden ist", zu verwahren.

In Bonn glaubte wohl niemand so recht daran, dass Adenauer de Gaulle zu einer Meinungsänderung bewegen könnte – oder wirklich wollte, zumal der General noch vor Adenauers Abflug diesem klargemacht hatte, dass ein Beitritt Großbritanniens zur Zeit nicht möglich sei.

Adenauer kam jedenfalls in ziemlich schlechter Stimmung in Paris an. Seine Stimmung wurde nicht gerade besser, als Jean Monnet, der alte Kämpfer für die europäische Integration, einen „taktischen Fehler" machte, wie Walter Hallstein, der Präsident der EWG-Kommission meinte. Monnet war nämlich auf Adenauer zugegangen und hatte ihn direkt für ein Nachgeben de Gaulles verantwortlich gemacht. Der Kanzler war „wütend" geworden und hatte klargestellt, dass er nach Paris gekommen sei, um den deutsch-französischen Vertrag zu unterschreiben, für den er seit Jahren gearbeitet habe und den er als den „krönenden Abschluss" seiner politischen Arbeit betrachte. Die ganze Entwicklung in Brüssel sei etwas völlig Neues und eine unvorhersehbare Krise; er weigere sich, damit in Verbindung gebracht zu werden.

Inzwischen war Adenauer davon überzeugt, dass ein Vertrag und nicht ein einfaches Protokoll unterzeichnet werden müsse. Offensichtlich informierte er de Gaulle von dieser Absicht erst im letzten Moment; der General war dennoch einverstanden. Wie überraschend diese Entwicklung für die deutsche Delegation war, wird daran deutlich, dass ihr das für Verträge übliche Papier und die obligatorische blaue Ledermappe fehlten. Der Vertrag sollte am Nachmittag des 22. Januar um 17.30 Uhr unterschrieben werden; noch am Vormittag versuchte ein deutscher Diplomat, in Paris vertragsähnliches Papier aufzutreiben – was dann auch gelang. In gemeinsamen Erklärungen betonten de Gaulle und Adenauer die historische Bedeutung des Ereignisses: Versöhnung der beiden Völker und das Ende einer jahrhundertealten Rivalität. Um den dauerhaften Charakter des Vertrages zu verdeutlichen und zu gewährleisten, dass auch nach der Regierungszeit der beiden Staatsmänner die Zusammenarbeit der Nachbarstaaten fortgeführt werde, enthielt das Dokument keine Kündigungsformel.

Die „Achse Bonn-Paris“ erweckte den Anschein, als ob de Gaulle damit seine Vormachtstellung in Europa ausbauen wollte. Nach der Rückkehr Adenauers nach Bonn wurde denn auch erhebliche Kritik geäußert. Herbert Wehner erklärte, der Vertrag sei weder die anzustrebende politische Union noch ein Ersatz für Europa. Die deutsch-französische Aussöhnung dürfe nicht auf Kosten Europas durch Sonderbündeleien angestrebt werden. Und die „Frankfurter Allgemeine Zeitung“ kommentierte:

„Es müssen konkrete und genaue Überlegungen angestellt werden, ob der Vertrag die Arbeit der bestehenden europäischen Einrichtungen und die Struktur der NATO beeinträchtigt. Die Sicherheit der Bundesrepublik hängt zuerst und vor allem von der amerikanischen Politik ab. Nichts darf geschehen, was Bonn in ernsthaften Gegensatz zu Washington brächte.“

Noch schärfer äußerte sich Rudolf Augstein, Herausgeber des „Spiegel“:

„Die Tränen der Rührung, die von Hamburg bis München bei hoch und niedrig vergossen wurden, als der raffinierte große Schauspieler aus Paris die Bundesrepublik an sein Herz drückte, galten keiner dauerhaften Sache. Unter dem Schwanenrittermantel der deutsch-französischen Verbrüderung wurde die Spaltung des freigebliebenen Teils Europas vorbereitet, wurde die weitere Spaltung der kleineuropäischen Sechs [EWG] Tatsache, wurde ein mottenzerfressenes Prestige und Arc de Triomphe-Denken eingesegnet, eine Politik begonnen, die, würde man ihr nicht in den Arm fallen, zur Preisgabe Westberlins und zu Schlimmerem führen könnte. Frankreich unter De Gaulle treibt eine egozentrische, eine für den Westen schädliche Politik.“

Ganz im Sinne der Kritiker fiel dann die Ratifizierung aus. Der Bundestag stellte dem Vertrag nämlich am 16. Mai 1963 eine Präambel voran, die in direktem Gegensatz zu den Intentionen de Gaulles stand. Darin wurde festgelegt, dass die Bundesrepublik den Vertrag so anwenden werde, dass er der Erhaltung und Festigung der Atlantischen Partnerschaft und der NATO-Integration sowie der Einigung Europas unter „Einbeziehung Großbritanniens“ diente. Vergeblich hatte sich Adenauer gegen die innerparteiliche Front und gegen diese Präambel gestemmt.

In den folgenden Jahren blieb De Gaulle bei seinem Nein zum EWG-Beitritt Großbritanniens, während Adenauers Nachfolger, Ludwig Erhard, von Anfang an dafür gewesen war. Unter diesen Umständen ging es in den deutsch-französischen Beziehungen nicht nur nicht aufwärts, sondern ziemlich bergab. Erhard wies De Gaulles Angebot bei dessen Besuch in Bonn im Juli 1964, mit Frankreich zusammenzugehen, um den Gang der europäischen Politik zu bestimmen und die anderen vier Mitglieder der EWG zum Einschwenken zu zwingen, „mit Entrüstung zurück“; er empfand dies als unmoralisch.

Mit der Bildung der Großen Koalition in Bonn Ende 1966 wurde die polemische Gallophobie der Erhard-Schröder-Ära beendet und durch einen freundlichen

Realismus ersetzt. Der französische Ministerpräsident Georges Pompidou meinte Ende 1966 gegenüber Außenminister Willy Brandt, durch die Präambel sei die politische Zusammenarbeit zwischen der Bundesrepublik und Frankreich „in gewisser Weise ihrer Substanz beraubt" worden, aber schon im Januar 1967 stellte De Gaulle bei den deutsch-französischen Regierungsbesprechungen in Paris fest, der deutsch-französische Vertrag sei „jetzt wieder ans Licht getreten" und „lebe". Der General hatte recht.

Das Parlament, 20. 1. 2003

„Es wächst die Gefahr des Eindringens des Nationalismus in die DDR“

Wie die SED die Ostpolitik der Regierung Brandt/Scheel 1970 einschätzte

„Willy Brandt ans Fenster!“ Wer erinnert sich nicht an jene Szene? Hunderte DDR-Bürger wollten „ihren“ Willy sehen, an jenem 19. März 1970 in Erfurt. Willy Brandt hatte diesen Tag zu einem historischen Ereignis in der deutschen Nachkriegsgeschichte gemacht: Zum ersten Mal waren die Regierungschefs der beiden deutschen Staaten zusammengekommen, erster sichtbarer Ausdruck der Ostpolitik der neuen Regierung Brandt/Scheel. Die Regierung begann, jenes Konzept zu verwirklichen, das der Architekt dieser Politik, Egon Bahr, sieben Jahre vorher auf den Begriff „Wandel durch Annäherung“ gebracht hatte. Dies war, wie er unlängst bemerkte, „ganz, ganz bescheiden gemeint“. Das Ende der DDR war sicherlich nicht geplant, auch wenn alles dann ganz anders kam. Und wenn darüber spekuliert wird, wann denn wohl das Ende dieser DDR begann, so kann man ein Datum nennen: jenen 19. März 1970 mit dem Besuch Brandts in Erfurt.

Es folgte am 21. Mai 1970 der Gegenbesuch von Willi Stoph in Kassel. Brigitte Seebacher-Brandt sagt, dass Ulbricht damals nach sicheren Erkenntnissen eines westlichen Nachrichtendienstes ein drittes Treffen zwischen Brand und Stoph wollte und auf den Fortgang des deutsch-deutschen Dialoges gedrungen habe. Warum Ulbricht dann gestürzt wurde, darüber kann sie nur spekulieren. Jedenfalls habe Ulbricht schon vor jenem 19. März 1970 vor dem SED-Büro deutlich gemacht, dass die DDR für die Anerkennung einen hohen Preis zu entrichten habe und der Grat zwischen Abgrenzung, die die DDR zum Leben brauche, und Öffnung, ohne die Zugeständnisse nicht zu haben seien, schmal sein würde.

Wie hat die SED-Führung die Lage damals gesehen? Ein geheimes Dokument aus dem ehemaligen Archiv der SED und jetzigen Zentralen Parteiarchiv gibt Antwort auf diese Frage. Demnach hat die Außenpolitische Kommission der SED in einer geschlossenen Sitzung am 2. April 1970 die Einschätzung der außenpolitischen Probleme nach dem Treffen in Erfurt und im Hinblick auf Kassel behandelt (... „alle Mitglieder haben das Wort ergriffen“). Hermann Axen, Kandidat des Politbüros, wurde beauftragt, „die Ergebnisse der Aussprache zur Einschätzung der Lage und zu einigen Vorschlägen für Konzeption und Taktik in und nach Kassel“ zusammenzufassen. Es war als Arbeitsmaterial für die interne Einschätzung und zur Ausarbeitung der Direktive für die Delegation des Ministerrats der DDR für die Fahrt nach Kassel gedacht. Es wurden sieben Exemplare angefertigt („Geheim nur persönlich"), Honecker, Stoph, Jerobinski, Axen und Markowski erhielten je ein Exemplar: das erste Exemplar erhielt Walter Ulbricht, Erster Sekretär des ZK der SED, in Form einer „Hausmitteilung" durch Axen („Lieber Walter!").

In diesem Dokument wird das oben aufgezeigte Dilemma der DDR-Führung deutlich, in das sie durch die neue Ostpolitik geraten würde. Es zeigt aber auch, dass eine andere Möglichkeit nicht erkennbar war und dass man nun alles auf die Karte der diplomatischen Anerkennung setzte. Die Ostpolitik wurde zunächst als eine Weiterentwicklung der „Globalstrategie des US-Imperialismus" durch die Nixon-Regierung gesehen. Der Imperialismus, so heißt es in Teil A des Dokumentes („Strategie und Taktik der Brandt/Scheel-Regierung als Bestandteil der USA-Globalstrategie"), hoffe auf eine Änderung der politischen Großwetterlage, vor allem wegen des weiteren Ausbaus des ökonomischen, wirtschaftlich-technischen und technologischen Vorsprungs der Vereinigten Staaten und anderer führender kapitalistischer Staaten gegenüber den sozialistischen Ländern und der Spekulation auf die Spaltung des sozialistischen Weltsystems und der kommunistischen Weltbewegung. Die Brandt-Regierung, so weiter, verfolge ihre eigene Expansionspolitik des westdeutschen Imperialismus. Präsident Nixon habe die Überwindung des Status quo in Europa als ein Schlüsselproblem bezeichnet: die Linie der Brandt/Scheel-Regierung zur Schaffung besonderer innerdeutscher Beziehungen sollte faktisch der Schlüssel zur Lösung dieser Frage werden.

Die Brandt/Scheel-Regierung verfolgte ebenfalls zwei strategische Hauptlinien: Stärkung und Festigung der imperialistischen Paktsysteme mit dem Ziel der Hegemonie des westdeutschen Imperialismus im kapitalistischen Teil Europas. Mit der Ostpolitik verfolgte sie die Konzeption des ideologisch-politischen und ökonomischen Eindringens in die sozialistischen Länder auf lange Sicht.

Das Neue an der Bonner Ostpolitik nach den „Ereignissen in der Tschechoslowakei" bestand aus der Sicht der SED in der Fortsetzung der CDU/CSU-Politik mit anderen Mitteln, nämlich „dass jetzt wieder der Hauptstoß gegen die DDR geführt wird". Bei der neuen Taktik in der Ostpolitik ging es demnach um „gleichzeitige bilaterale politische Verhandlungen mit einigen sozialistischen Ländern." Als derzeit günstigste Variante für das Eindringen in die DDR wurde der Brandt/Scheel-Regierung die Taktik unterstellt, „unbedingt in Richtung der Entwicklung sogenannter innerdeutscher Beziehungen direkt bzw. indirekt voran(zu)kommen". Deshalb sei mit Kassel eine Institutionalisierung der Gespräche zwischen beiden Regierungen vorgesehen, in deren Rahmen end- und ergebnislos auch über den Vertragsentwurf der DDR vom 17. 12. 1969 zur gegenseitigen völkerrechtlichen Anerkennung der beiden Staaten debattiert werde, jedoch sogenannte menschliche Erleichterungen durchgesetzt werden sollten, wofür eine starke Propaganda erwartet werden müsse. Der institutionalisierte Dialog sollte zum „gewachsenen Status quo plus" für die Bundesrepublik und zu „gewachsenen Beziehungen des Eindringens in die DDR“ führen. Dabei sei damit zu rechnen, dass seitens der Bundesrepublik ein Vertragsentwurf vorgelegt werde, der demagogisch mit völkerrechtlichen Begriffen wie Gleichberechtigung, Nichtdiskriminierung, Achtung der Grenzen und so weiter die völkerrechtliche Anerkennung der DDR ablehne und nicht gleichberechtigte innerdeutsche Beziehungen schaffen sollte. Es ging nach Meinung der Außenpolitischen Kommission der SED um die „Aufweichung und Einkreisung der DDR“. Für einen späteren Zeitpunkt wurde die völkerrechtliche Anerkennung der DDR durch die Bundesrepublik erwartet, und zwar in Form eines „Geschäfts“ völkerrechtlicher Anerkennung der DDR gegen völkerrechtliche Anerkennung der Zugehörigkeit West-Berlins zur Bundesrepublik, durch einzelne entsprechende Abkommen sollte zudem das „Eindringen in die DDR“ legalisiert werden.

In Teil B folgen dann die Einschätzung des Erfurter Treffens und die Konsequenzen, die die SED-Führung für das nächste Treffen in Kassel ziehen sollte. Über die Gefahren der neuen Politik war man sich dabei offensichtlich im Klaren; es wird vom „Eindringen des Nationalismus in die DDR“ gesprochen; Abgrenzung würde Not tun. Aber es heißt gleichzeitig, dass auf die Dauer die Vorteile die Nachteile überwiegen würden. Wie wir inzwischen wissen, sollte das genaue Gegenteil eintreten: die Nachteile überwogen die Vorteile zumindest aus der Sicht der SED.

Dokument
7. 4. 70: Einschätzung und Vorschläge der APK (Außenpolitische Kommission der SED) nach Erfurt und in bezug auf Kassel:

A. Strategie und Taktik der Brandt/Scheel-Regierung als Bestandteil der USA-Globalstrategie.

B. Einschätzung des Erfurter Treffens.

In Erfurt trafen die entgegengesetzten Klassenlinien der DDR und BRD in aller Schärfe aufeinander. Sie kommen konzentriert in den zwei entgegengesetzten Hauptthesen für die Beziehungen zwischen der DDR und der BRD zum Ausdruck. Die DDR vertritt in Übereinstimmung mit der UNO-Charta und der realen Lage die Forderung auf Aufnahme gleichberechtigter Beziehungen auf völkerrechtlicher Grundlage. Die Regierung Brandt will „besondere innerdeutsche Beziehungen“.

1. Das Treffen in Erfurt war nützlich. Es ist ein Teilerfolg der DDR. Das zeigte sich vor allem im folgenden:
   a) Das Treffen in Erfurt bestätigte die Richtigkeit der Friedenspolitik der DDR, wie sie insbesondere vom 12. Plenum des ZK der SED (Dezember 1969) be-

gründet worden ist. Das Treffen kam auf Initiative der Regierung der DDR zustande. Mit dem Vertragsentwurf hat der Staatsrat der DDR eine konstruktive Grundlage für die Gespräche geschaffen. Zum ersten Mal nach 20 Jahren Bonner Politik im Zeichen der Alleinvertretungsanmaßung war ein westdeutscher Bundeskanzler gezwungen, sich mit dem Vorsitzenden des Ministerrates der DDR auf gleichberechtigter Ebene zu treffen und mit ihm offizielle Gespräche zu führen. Die Stärkung der DDR, ihre prinzipienfeste und elastische Haltung war ausschlaggebend dafür, dass Brandt die Einladung zu dem Treffen annehmen musste.

b) Das Treffen in Erfurt hat die Realität der DDR und der Bundesrepublik als souveräne, voneinander unabhängige Staaten mit gegensätzlicher Gesellschaftsordnung vor aller Welt bestätigt. Der Prozeß der Demontage der Politik der Alleinvertreteranmaßung und Hallstein-Doktrin ist jedoch nicht beseitigt.

c) Die Delegation der DDR stellte die Grundfrage des Friedens in den Mittelpunkt, wozu gleichberechtigte Beziehungen zwischen der DDR und der Bundesrepublik, wie sie im DDR-Vertragsentwurf enthalten sind, gehören.

2. Die Erklärung des Vorsitzenden des Ministerrates der DDR, Willi Stoph, widerspiegelt die Überlegenheit der Position der DDR. Die DDR unterstrich vor aller Welt ihren Willen, trotz der grundlegenden Gegensätzlichkeit und Unvereinbarkeit der gesellschaftlichen Systeme einen Weg für die Herbeiführung von Beziehungen der friedlichen Koexistenz zwischen der DDR und der BRD auf völkerrechtlicher Grundlage zu finden. Diesem Zweck dient der Entwurf des Vertrages, den die DDR vorgelegt hat. Durch die prinzipielle Fragestellung des Genossen Stoph an Brandt wurde vor der internationalen Öffentlichkeit klargestellt, wer für Frieden und Sicherheit eintritt. Brandt wich einer Antwort auf alle großen Fragen aus.

   a) Die Position der DDR entspricht den Lehren der Geschichte. Sie steht insbesondere mit den Grundsätzen des Potsdamer Abkommens in voller Übereinstimmung.
   b) Die Position der DDR entspricht der realen Lage sowie dem internationalen Kräfteverhältnis und seinen Entwicklungstendenzen.
   c) Die Position der DDR ist prinzipiell und konstruktiv.

3. Das Treffen in Erfurt war weiterhin nützlich, weil es zusammenhängend die neue Taktik der Regierung Brandt/Scheel zeigte. Das Erfurter Treffen bestätigte die Einschätzung, dass die Brandt-Regierung und die SPD-Führung die Interessen und Ziele des westdeutschen Monopolkapitals vertreten. Änderungen gegenüber der Erhard/Schröder-Regierung und der Kiesinger/Strauß-Regierung beziehen sich auf die Taktik. Dabei geht es um eine Politik, die neue Ausgangspositionen für das

auf lange Sicht berechnete Eindringen in die DDR schaffen will, die mit solchen Losungen wie „besondere innerdeutsche Beziehungen", „Wahrung der Einheit der Nation", „Wege offenlassen für Selbstbestimmung" getarnt wird. Nach dem Scheitern des Roll-back und den Plänen zur Einkreisung und Isolierung der DDR von ihren Verbündeten wollte Brandt in Erfurt unbedingt einen kleinen Schritt in Richtung Entwicklung „besonderer innerdeutscher Beziehungen" gegenüber der DDR durchsetzen.

Die Losung von den „besonderen innerdeutschen Beziehungen" ist die neueste Variante zur Fortsetzung der Alleinvertretungsanmaßung. Das Völkerrecht soll ausgeklammert bleiben. Alle Vorschläge Brandts laufen auf „innerdeutsche Sonderbeziehungen" hinaus, darunter auch der Vorschlag über ein Gewaltverzichtsabkommen zwischen der DDR und der BRD ohne Garantie der Grenzen. Die Taktik der Regierung Brandt/Scheel besteht darin, in demagogischer Weise völkerrechtliche Begriffe weitgehend zu gebrauchen, um damit nichtvölkerrechtliche „besondere innerdeutsche Beziehungen" durchzusetzen. Brandt lehnte die Anerkennung der souveränen Gleichheit der DDR ausdrücklich ab. In Erfurt durch die Frage vom Genossen Stoph in die Enge getrieben, erklärte er zum ersten Mal offiziell, dass Völkerrecht und Nichteinmischung auf die Beziehungen der BRD zur DDR nicht anwendbar seien. In Erfurt forderte Brandt offen zur Verletzung und zum Abbau der Staatsgrenzen zwischen DDR und BRD auf.

Der rationelle Kern der „besonderen innerdeutschen Beziehungen" besteht darin, die gesamte Politik der BRD gegenüber der DDR der Gültigkeit, den Verpflichtungen und den Sanktionen des Völkerrechts zu entziehen. Alle aggressiven politischen, ökonomischen und militärischen Handlungen der BRD gegen die Souveränität, die Grenzen, die Gesetzgebung, die internationalen Beziehungen und die Bürger der DDR sollen eben nicht entsprechend dem Völkerrecht als aggressive Aktionen bewertet und verurteilt, sondern als „besondere innerdeutsche Beziehungen" faktisch legalisiert werden. Die Formel „besondere innerdeutsche Beziehungen" ist daher die Fortsetzung der permanenten Aggressionsdrohung gegenüber der DDR. Durch die Verweigerung der völkerrechtlichen Anerkennung der DDR will die BRD den Anschein der völkerrechtlichen Legitimität ihrer Ansprüche auf die DDR, das heißt die Alleinvertretungsanmaßung der Hallstein-Doktrin erwecken.

Brandt machte deutlich, dass die Versuche fortgesetzt werden, die DDR in ihren internationalen Beziehungen zu behindern. Er wiederholte die erpresserische Formel, dass es vom „Wohlverhalten" der DDR gegenüber der Bundesrepublik abhänge, ob diese ihre Diskriminierungspolitik zur Behinderung der internationalen Beziehungen der DDR aufgibt. Das ist die Fortsetzung der Hallstein-Doktrin dem Wesen nach, wobei der Name weggelassen wird. Die ständige Berufung Brandts auf die Pariser Verträge unterstreicht deutlich das Bestreben auch der SPD/FDP-

Regierung, an dem Ziel des sogenannten Deutschlandvertrages der Einbeziehung der DDR in das monokapitalistische Gesellschaftssystem Westdeutschlands und in die Nato festzuhalten. Brandt vertrat in Erfurt massiv die Annexionsbestrebungen der BRD gegenüber West-Berlin und versuchte, von der DDR eine Bestätigung oder Hinnahme dieser Bonner Position zu erhalten.

Der Versuch Brandts, die Frage der völkerrechtlichen Beziehungen als „Formelkram“ und „juristische Spitzfindigkeiten“ auszugeben, dient dem Zweck, von der Weiterverfolgung der Revanchepolitik gegenüber der DDR abzulenken und die eigene Position des Störenfrieds der DDR zuzuschieben und sie in Gegensatz zu anderen Staaten zu bringen.

Brandt vermied grobe Angriffe gegen die DDR. Damit versuchte er, Verständigungsbereitschaft vorzutäuschen und eine taktisch günstige Position für sich zu schaffen.

4. Das Erfurter Treffen zeigte die Einordnung der Regierung Brandt in die selektive Globalstrategie der Nixon-Administration speziell in Europa gegen die sozialistischen Länder (wörtliche Aufnahme der Losung des USA-Präsidenten „von der Konfrontation zur Kooperation“ durch Brandt).

Brandt ist hierbei die Rolle eines Vorreiters zugedacht. Die SPD wird als die geeignetste Partei betrachtet, die Erosion der sozialistischen Länder zu organisieren. Die Brandt/Scheel-Regierung genießt bei ihrer Ostpolitik die volle Unterstützung der USA, wobei die USA sorgfältig darauf bedacht sind, dass sich diese Politik in dem durch die Pariser Verträge bestimmten Rahmen bewegt.

Die Übereinstimmung Brandts mit Nixon zeigt sich auch darin, dass die Regierung in Bonn ihre Bereitschaft für eine europäische Sicherheitskonferenz von „Fortschritten bei innerdeutschen Verhandlungen", das heißt von Zugeständnissen an ihre Revanchepolitik abhängig macht. Die Vorbedingung entspricht der erklärten Position der USA, die – wie Außenminister Rogers auf der Brüsseler Nato-Ratstagung im Dezember 1969 dargelegt hat – das Zustandekommen einer Sicherheitskonferenz für Europa verhindern beziehungsweise verzögern möchte. Ganz im Geiste der Brüsseler Nato-Ratstagung wiederholte Brandt in Erfurt die These von „ausgewogener Abrüstung beziehungsweise Truppenverminderung". Das ist pure Demagogie, solange die völkerrechtliche Anerkennung der DDR und der Grenzen zwischen DDR und BRD sowie der Oder-Neiße-Grenze abgelehnt wird.

5. Unter dem Druck der konsequenten und logischen Politik der DDR, aber auch im Bestreben, die sogenannte „neue Ostpolitik" von Kiesinger und Schröder mit größerer Demagogie und Elastizität fortzuführen und bei den sozialistischen Staaten glaubwürdig zu machen, machte Brandt in Erfurt einige verbale Zugeständnisse. Er erklärte:
   - Auch seine Regierung trete dafür ein, dass von deutschem Boden kein Krieg mehr ausgehen dürfe.
   - Eine Wiedervereinigung sei jetzt nicht möglich.
   - Keiner dürfe den anderen bevormunden. Keiner dürfe den anderen vertreten. Die Beziehung dritter Staaten zur DDR lägen im souveränen Ermessen dieser Staaten.
   - West-Berlin sei kein Land der Bundesrepublik im Sinne eines westdeutschen Bundeslandes. West-Berlin habe einen besonderen Status.
   - Die Bundesregierung habe keine territorialen Forderungen.

   Ohne sich irgendwelche Illusionen über den Charakter dieser Äußerungen zu machen, müssen sie aber für die Außenpolitik der DDR entsprechend ausgenutzt werden.

6. Das Treffen hat gezeigt, dass Beziehungen der friedlichen Koexistenz zwischen der DDR und der Bundesrepublik nur in einem langwierigen, harten Kampf durchgesetzt werden können, in dem die revanchistische Politik des westdeutschen

Imperialismus Schritt für Schritt zurückgedrängt werden muss. Der Ausgang dieses Kampfes hängt entscheidend von der weiteren inneren Stärkung der DDR und der Festigung ihrer internationalen Positionen ab.

C. Auswertung für die Politik der DDR

I. Vorteile und Nachteile für die DDR

1. Für die DDR erwachsen aus dieser Strategie der Brandt/Scheel-Regierung folgende Vorteile:
   a) Die Möglichkeiten für das weitere Anwachsen der Anerkennungsbewegung der DDR werden größer in der internationalen Arena, da die Bonner Regierung von zwei Staaten spricht und das Treffen in Erfurt als Treffen der Regierungschefs zweier souveräner Staaten verlief. Es gilt, maximal die Widersprüche in der Politik der Bonner Regierung auszunutzen.
   b) Es ergeben sich Möglichkeiten für die Ausnutzung und Vertiefung bestimmter Differenzen innerhalb des westdeutschen Monopolkapitals. Die CDU/CSU vertritt eine zweigleisige Politik: Sie unterstützt die Regierung Brandt/Scheel in bezug auf das Eindringen in die sozialistischen Länder (Schröder, Majonika). Zugleich fürchtet ein Teil der Großbourgeoisie ein Scheitern der „neuen Ostpolitik" sowie die Verschärfung der inneren Widersprüche in Westdeutschland. Deshalb stellt die Opposition der CDU/CSU und der NPD die Konzentration der reaktionären Kräfte für später dar, da die Enttäuschung in den Massen Westdeutschlands wachsen werden.
   c) Es besteht die Möglichkeit (12. Plenum), dass langsam und in langen Fristen bei Fortbestand der Brandt/Scheel-Regierung der Einfluss der DDR auf die westdeutsche Arbeiterklasse und die anderen demokratischen Kräfte des Landes anwachsen wird. Gegenwärtig jedoch wird die Massenbasis der Brandt/Scheel-Regierung stärker.

2. Für die DDR ergeben sich aus der Politik der Brandt-Regierung folgende Nachteile:
   a) Es wächst die Gefahr des Eindringens des Nationalismus in die DDR.
   b) Es besteht die Gefahr, dass die Illusion über den Charakter des westdeutschen Imperialismus anwachsen und sein Charakter als Hauptstörenfried innerhalb Europas verdeckt wird.
   c) Es besteht die Gefahr, dass in taktischen Fragen eine Differenzierung zwischen einzelnen sozialistischen Ländern erreicht wird. Auf die Dauer werden die Vorteile die Nachteile überwiegen. Insgesamt erfordert die Verwirklichung

der Beschlüsse der 12. Tagung des ZK nach Erfurt einen hartnäckigen und komplizierten Kampf mit dem Klassenfeind.

II. Außenpolitische Aufgaben der DDR

1. Das strategische Hauptziel für die nächste absehbare Periode des Kampfes ist die Durchsetzung der völkerrechtlichen Anerkennung der DDR. Dieses Ziel gegenüber der BRD kann im Zeitraum bis 1975 erreichbar sein. Dafür sind folgende Voraussetzungen notwendig:
   a) Weitere allseitige Stärkung der DDR.
   b) Festigung der Einheit der sozialistischen Staatengemeinschaft und weiteres Anwachsen ihrer Kräfte, feste Einheit ihrer Politik gegenüber der BRD.
   c) Völkerrechtliche Anerkennung der DDR durch weitere namhafte nichtsozialistische Staaten. Mitgliedschaft in einigen internationalen Organisationen.
   d) Erfolgreiche Aktion des Kongresses der Völker Europas und Realisierung der ersten Sicherheitskonferenz.
   e) Scheitern der Taktik Brandts mit den sogenannten innerdeutschen Beziehungen an der festen Haltung der DDR.

   In den Jahren 1970 und 1971 geht es in allererster Linie darum, durch große außenpolitische Aktivitäten der DDR die Position unserer Republik in der Welt zu festigen und auszubauen. Die Festigung des Bündnisses mit der Sowjetunion, den anderen sozialistischen Staaten sowie die weitere Entwicklung der völkerrechtlichen Anerkennung der DDR hat Vorrang vor den Gesprächen mit der BRD. Das erfordert die engste Zusammenarbeit und konkrete Abstimmung und Koordinierung der entsprechenden Pläne und Aktionen vor allem mit der Sowjetunion sowie mit anderen Bruderstaaten des Warschauer Vertrages. Notwendig ist die koordinierte, energische Arbeit für die völkerrechtliche Anerkennung der DDR durch weitere national befreite Staaten und ihre Mitgliedschaft in internationalen Organisationen. Dazu werden in Übereinstimmung mit dem Beschluß des Sekretariats vom 25. März 1970 u. a. folgende Aktivitäten entwickelt:
   a) Reise des Genossen Otto Winzer nach Kairo und einigen Ländern Ostafrikas.
   b) Aktivitäten zur Vorbereitung der Erreichung der Mitgliedschaft der DDR in internationalen Organisationen, so vor allem der ECE* und der WHO, UNO.
   c) Herbeiführung vereinbarter Aktionen der Warschauer Vertragsstaaten zur internationalen Unterstützung der DDR auf der Außenministerkonferenz im Mai.

---

* UNO-Economic Commission for Europe

d) Schaffung neuer Fakten der Behandlung der DDR als Völkerrechtssubjekt durch kapitalistische Staaten, wie z. B. Treffen des Ministerpräsidenten mit seinen Partnern aus einigen kapitalistischen Ländern, Erzwingung der Anerkennung der Pässe der DDR durch die Nato-Staaten. Erhöhung des Status der DDR-Vertretungen in den kapitalistischen Staaten.

Frankfurter Allgemeine Zeitung, 19. 3. 1992

Deutschland – ein Blick zurück

Hätten den Deutschen in der Ostzone vierzig Jahre Teilung erspart bleiben können?

Die Geschichte wiederhole ihre Angebote nicht, warnte Bundesaußenminister Genscher die Deutschen und die Alliierten, man dürfe keine Chancen vertun. Es stellt sich die Frage, ob nicht in der Vergangenheit Chancen vertan wurden, ob es Alternativen zum Verlauf der deutschen Geschichte gegeben hat, die den Menschen in der DDR ihr Schicksal erspart hätten – mit anderen Worten, ob es Möglichkeiten gegeben hat, die Spaltung des Landes nach 1945 zu verhindern oder sie zu überwinden, und dies zu einer Zeit, als es den Deutschen in Ost und West gleichermaßen schlechtging, als es noch keine „Ossis“ mit Trabi und „Wessis“ mit Mercedes gab, als die Welt die Teilung Deutschlands als anomal und nicht als stabilisierendes Element betrachtete, das es zu erhalten galt.

Wie also war das mit der Teilung Deutschlands nach 1945? Oft konnte man in der Vergangenheit hören, die Teilung sei der Preis Deutschlands für den verlorenen Weltkrieg; damit müsse sozusagen eine Schuld abgetragen werden. Nichts ist falscher als dies: Die Teilung war nicht das Ergebnis des Krieges, sondern des nachfolgenden Kalten Krieges (siehe dazu den Aufsatz von Lothar Kettenacker auf Seite 48).

Bei Kriegsende war es erklärter Wille der Sieger (allerdings mit Ausnahme Frankreichs), Deutschland als Einheit zu erhalten. Die sowjetische Politik – die im Westen als aggressiv und expansiv interpretiert wurde – führte dann aber sehr schnell zu einer Wende, an deren Ende die Teilung stand. Als erste waren bereits im Frühjahr 1946 die Briten entschlossen, diesen Weg zu gehen, um den Kommunismus jenseits der Elbe zu halten und – wenn möglich – Westdeutschland zu einem Bollwerk gegen den Kommunismus aufzubauen.

In Washington zögerte man noch, ebenfalls diesen Weg zu gehen. Außenminister James F. Byrnes war damals entschlossen, die deutsche Frage anders zu lösen: Die vier Besatzungsmächte sollten sich verpflichten, Deutschland nach dem Ende der Besatzungszeit noch weitere 25 Jahre entwaffnet und entmilitarisiert zu halten und zu diesem Zweck eine gemeinsame, scharfe Kontrolle auszuüben. Bemerkenswert an diesem Gedanken ist vor allem – besonders auf dem Hintergrund der späteren Entwicklung der frühen fünfziger Jahre –, daß die amerikanischen Staatsmänner eine solche Neutralisierung Deutschlands – darauf wäre die Sache hinausgelaufen – offensichtlich für möglich hielten.

Die Außenministerkonferenz in Paris im Frühjahr/Sommer 1946 bot Gelegenheit, in der entscheidenden Frage, welche Ziele die Sowjets in Deutschland verfolgten, Klarheit zu schaffen. Die Haltung des sowjetischen Außenministers Wjatscheslaw Molotow bestätigte dann sämtliche Befürchtungen der Anglo-Amerikaner. Sein kompromißloses, manchmal geradezu brutales Nein zu allen westlichen Vorschlägen – teilweise ohne, teilweise mit grotesker Begründung – beseitigte vor allen Dingen bei den Briten auch die letzten Zweifel an den wahren Absichten der Sowjets in Deutschland – wenn dies überhaupt noch nötig war.

Aber auch dem Amerikaner Byrnes kamen jetzt ernsthafte Zweifel an der sowjetischen Aufrichtigkeit. Molotow hatte den amerikanischen Neutralisierungsplan abgelehnt, weil er „das Problem der deutschen Entwaffnung in die Zeit nach dem Ende der Besetzung zu vertagen scheine". Genau dies war nicht geplant, aber alle Erläuterungen halfen nichts, Molotow blieb bei seiner Ablehnung, selbst als sich Byrnes in der zweiten Phase der Konferenz bereit erklärte, den Zeitraum der Kontrolle von 25 auf 40 Jahre zu erhöhen.

Der britische Außenminister Ernest Bevin hatte zu diesem Zeitpunkt keine große Hoffnung mehr, daß sich bei den Sowjets etwas bewegen würde, solange dort, wie er einem Freund anvertraute, „die Molotow-Mentalität" herrsche; man könne sich noch so sehr um einen Kompromiß und um den Frieden mit den Sowjets bemühen, es sei alles umsonst: „Es ist eine Diktatur schlimmster Art.“

Seit dem Herbst 1946 mehrten sich – zunächst im Foreign Office – die Stimmen jener, die in einer Teilung Deutschlands die beste aller Lösungen für die deutsche Frage sahen. Im Frühjahr 1947 waren auch die Amerikaner soweit. Im März verkündete Präsident Truman vor dem Kongreß das, was als Truman-Doktrin in die Geschichte des Ost-West-Konfliktes eingegangen ist: das Angebot der Vereinigten Staaten, „die freien Völker zu unterstützen, die sich der Unterwerfung durch bewaffnete Minderheiten oder durch Druck von außen widersetzen“. Außenminister Bevin hat später in seinem Bericht für das Kabinett über die zwei Tage zuvor begonnene Moskauer Deutschlandkonferenz der vier Außenminister hervorgehoben, diese Erklärung Trumans habe definitiv jede Chance einer Übereinkunft für Deutschland mit Moskau zerstört und die Lage völlig verändert.

Die Moskauer Konferenz blieb genauso ohne Ergebnis wie die Londoner Außenministerkonferenz wenige Monate später. Von Molotow kamen damals keine neuen Vorschläge. Vor die Wahl gestellt, den Griff auf die sowjetische Besatzungszone – und damit auch auf die übrigen Satelliten in Osteuropa – zu lockern oder einen westlichen Block zu akzeptieren, hatte sich Moskau für den zweiten Weg entschieden, offensichtlich in der Hoffnung, die Bildung eines solchen Blocks soweit wie möglich stören oder vielleicht doch noch verhindern zu können. Die Positionen in der Deutschlandfrage waren damit endgültig klar. Für Briten und Amerikaner machte die Londoner Konferenz den Weg frei in Richtung pragmatischer Lösungen und neuer politischer Grundsatzentscheidungen, die bisher aus politischer Rücksicht hintangestellt worden waren. Jetzt endlich war man zu jenem – wie es hieß – „kühnen Schritt“ entschlossen, der zur Gründung eines deutschen Weststaates führen würde.

Dieser Weststaat sollte der östlichen Besatzungszone in jeder Beziehung überlegen sein, mit dem Ziel, so Bevin, daß jede Initiative für eine Wiedervereinigung aus dem Westen kommen und nicht zu einer von den Sowjets inspirierten Bewegung aus dem Osten werden würde. Daß dies auf eine zumindest vorübergehende, möglicherweise aber auch endgültige Spaltung Deutschlands hinauslief, ist allen Beteiligten klar gewesen; die Verantwortung dafür war bei der Sowjetunion zu suchen.

Festzuhalten bleibt: Beide Seiten hatten bis zu diesem Zeitpunkt in ihren Besatzungsgebieten Strukturentscheidungen forciert oder geduldet, mit denen die Chance einer einheitlichen Entwicklung Nachkriegsdeutschlands schon sehr früh reduziert wurde. Je deutlicher die Gegensätze zwischen West und Ost aufbrachen, desto unfähiger und unwilliger zeigten sich beide Seiten, einen Kompromiß einzugehen.

Im Sommer 1948 stand fest, daß es den Weststaat und als erste vorbereitende Etappe die Währungsreform geben würde. Die alles entscheidende Frage: Wie würde die Sowjetunion auf diese Entscheidung des Westens reagieren? Gab es nicht doch noch eine Möglichkeit, die deutsche Frage anders als durch Teilung des Landes zu lösen, nämlich in der Zusammenarbeit mit der Sowjetunion?

Diesen zweiten Weg schlug damals kein Geringerer vor als der britische Militärgouverneur in Deutschland, Sir Brian Robertson. Eine fortdauernde Spaltung, davon war Robertson zutiefst überzeugt, würde früher oder später – und seiner Meinung nach eher früher als später – zu einem Krieg mit der Sowjetunion führen, einmal ganz abgesehen von Konflikten in Berlin, wo die Westmächte am verwundbarsten waren. Dies alles galt es zu verhindern. Im Mai 1948 machte der General einen ersten Vorstoß, der dann im Juli in dem im Foreign Office nach ihm benannten Robertson-Plan kulminierte.

Robertson schlug vor, die Sowjets über die Pläne des Westens zu informieren, so daß es erst gar nicht zu den erwarteten Reaktionen kommen und zugleich der Weg vorbereitet würde, um gemeinsam mit den Sowjets eine Lösung der deutschen Frage zu finden, „ohne die es keinen Frieden in der Welt gibt“.

Als die Sowjets als Reaktion auf die Währungsreform mit der Blockade Westberlins begannen, machte sich Robertson in London erneut für die Wiederherstellung der deutschen Einheit stark. Er schlug vor: freie Wahlen in ganz Deutschland, Bildung einer Zentralregierung in Berlin und Abzug der Besatzungstruppen in bestimmte Grenzgebiete. Den Sowjets sollte als Preis für ihre Zustimmung die Teilnahme an der Kontrolle der Ruhrindustrie – was sie seit 1945 gefordert hatten – angeboten werden.

Dieser Plan bedeutete die Abkehr von der bisher verfolgten britischen Deutschlandpolitik. Es verwundert daher nicht, daß er im Foreign Office auf große Skepsis stieß und schließlich als gefährlich abgelehnt wurde, weil sich die Sowjets sicherlich nicht mit einer Beteiligung an der geplanten Ruhrbehörde begnügen würden, in der sie ohne weiteres überstimmt werden konnten. In dieser Frage aber sei der erste Schritt der entscheidende: Öffne man den Sowjets den Weg ins Ruhrgebiet, gäbe man ihnen damit auch die Möglichkeit, kommunistische Zellen in Westdeutschland zu errichten. Genau das aber habe man immer verhindern wollen; man müsse den Anfängen wehren, wolle man nicht alles bisher in den Westzonen Erreichte aufs Spiel setzen.

Robertson konnte die Kritiker seines Planes im Foreign Office nicht überzeugen. Einen Fürsprecher fand er lediglich in Unterstaatssekretär Ivone Kirkpatrick, der später Hoher Kommissar in der Bundesrepublik werden sollte. Kirkpatrick vermißte bei aller Kritik eine klare Alternative zum Robertson-Plan; auch er sah natürlich dessen Risiken, aber, so seine Schlußfolgerung Anfang September 1948: „Die Russen würden ein größeres Risiko übernehmen; sie müßten ihren Zugriff auf Ostdeutschland lockern und so die Ausdehnung ihres Einflußgebietes in Europa insgesamt verringern.“

Unabhängig von Robertson hatte fast zur selben Zeit der Leiter des politischen Planungsstabes im amerikanischen State Department, George F. Kennan, einen ähnlichen Plan entwickelt. Dieser plädierte ebenfalls für den Abzug der Besatzungstruppen und die Wiederherstellung eines unabhängigen gesamtdeutschen Staates. Die Nachteile, die der Planungsstab selber auflistete, ähnelten jenen, die das Foreign Office gegen den Robertson-Plan genannt hatte.

Beide Pläne wurden von der politischen Entwicklung gleichsam überholt: Einerseits war der Kreml nicht bereit, Berlins wegen – und auch nicht wegen der Weststaatsgründung – einen Krieg zu riskieren, anderseits akzeptierten die Westdeutschen die alliierten Pläne zur Bildung des Weststaates und damit zur Teilung des Landes ohne großes Zögern. Sie „warfen alle ihre Zweifel in einem Maße über Bord, daß schon bald mit einer funktionierenden Regierung gerechnet werden kann", kommentierte man in London.

Dies führt zur Frage nach der Rolle der deutschen politischen Eliten, genauer gesagt, der westdeutschen in diesem Prozeß. Sie gingen den Weg zur Teilung bereitwillig mit, ja sie trieben ihn geradezu voran. Schon im Januar 1946 berichtete Christopher Steel, Leiter der politischen Abteilung der britischen Militärregierung und späterer Botschafter in Bonn, nach einer Rundreise durch die Provinz Hannover und nach Gesprächen mit deutschen Spitzenpolitikern: „Mit Ausnahme der Kommunisten blicken alle voller Angst nach Osten – alle fürchten sich vor einer sowjetischen Vorherrschaft." Die Politiker hätten daher gedrängt, zunächst eine Zonenverwaltung aufzubauen „und dann so schnell wie möglich eine Zentralverwaltung für die drei Westzonen. Erst wenn Westdeutschland vereint ist, sollten Schritte zur Bildung einer Reichsregierung unternommen werden. Nur auf diese Weise, glauben sie, könnten die Versuche der Sowjets unterlaufen werden, ganz Deutschland zu beherrschen."

Die Briten machten sich in diesen Wochen auch schon Gedanken über die neue Hauptstadt eines westdeutschen Staates; pikanterweise wurde bereits Bonn genannt. Begründung: wenig zerstört, keine militärische Tradition.

Jener Tenor bei westdeutschen Politikern sollte sich in den folgenden Monaten und Jahren noch verstärken. Ihren Höhepunkt erreichte die Entwicklung auf der Münchner Ministerpräsidentenkonferenz Anfang Juni 1947. Der Versuch, die Regierungschefs aus den Ländern aller vier Besatzungszonen an einen Tisch zu bringen, scheiterte schon vor dem eigentlichen Beginn an der Frage der Tagesordnung. Die Ministerpräsidenten aus der Ostzone wollten über die Einheit Deutschlands sprechen, die westdeutschen verweigerten das Gespräch darüber.

Als die ostzonalen Ministerpräsidenten daraufhin in den frühen Morgenstunden des 6. Juni den Sitzungssaal der bayerischen Staatskanzlei unter Protest verließen, reagierte der bayerische Ministerpräsident Hans Ehard mit dem Satz, daß „dieser Vorfall die Spaltung Deutschlands bedeute". Westdeutsche Bekenntnisse zur Einheit in jenen Junitagen blieben Lippenbekenntnisse, Alibis für die Geschichtsbücher.

Die Ministerpräsidenten aus dem Westen machten ihre ostzonalen Kollegen für das Scheitern der Konferenz verantwortlich, behaupteten, diese seien mit der erklärten Absicht nach München gekommen, die Konferenz zu sprengen. Tatsächlich hatte es auf ostzonaler Seite außerordentliche Anstrengungen gegeben, um überhaupt nach München zu kommen. Die Sowjets wollten nämlich zunächst „ihren" Ministerpräsidenten die Teilnahme an der Konferenz verweigern; eine Mitwirkung, so Marschall Wassilij Sokolowskij warnend zum liberalen Ministerpräsidenten von Sachsen-Anhalt, Erhard Hübener, werde er „als eine in amerikanischem Interesse liegende Handlung ansehen". Für Hübener war, wie dieser vertraulich klarmachte, die Konferenz von ungeheurer Bedeutung: „Schon die Bekundung des unverrückbaren Willens zur Einheit . . . wird eine Tatsache sein, die nicht ohne jeden Eindruck auf die Regierungen der Besatzungsmächte bleiben kann"; er erklärte seinen Rücktritt – und dann gaben die Sowjets nach, die Ostzonalen konnten nach München fahren.

Da sie die Realitäten verkannten, waren viele westdeutsche Politiker damals davon überzeugt, daß der (Um-)Weg zur Einheit über die Teilung führte. Daß dieser Weg langwierig sein, gar bis 1990 dauern würde, als man eigentlich alle Hoffnung auf eine Wiedervereinigung schon hatte fahrenlassen, daran hat damals wohl niemand gedacht. Der christlich-soziale Politiker Jakob Kaiser, rechtschaffen, aber auf der ganzen Linie erfolglos, hat Ende November 1947, kurz vor seiner Absetzung als CDU-Vorsitzender in der Sowjetzone, das Fatale der damaligen Situation mit dem Sinn für die historische Dimension des Augenblicks ausgesprochen: „Deutschland wird nicht dadurch gesunden, daß man der marxistischen Gefahr ein liberales System entgegenstellt und dann zwischen beiden eine Mauer errichtet. Östliche und westliche Besatzungsmächte müssen den Weg freigeben zur eigenen Auseinandersetzung im deutschen Volk."

Die Alliierten verfolgten ihre eigenen Interessen in Deutschland und gaben den von Kaiser angesprochenen Weg bekanntlich nicht frei; aber – und das bleibt mit Nachdruck festzuhalten – die Deutschen haben die Freigabe dieses Weges auch nicht nachhaltig angestrebt. Anfang 1948 wurde dieses Verhalten im Foreign Office einmal so beurteilt: „Die Westdeutschen sind nur allzu bereit, die formelle Teilung ihres Landes anzuerkennen, vorausgesetzt, dies wird ihnen in der richtigen Weise präsentiert."

DIE ZEIT, 15. 6. 1990

Vor 10 Jahren: Erich Honecker angeklagt

Am 12. November 1992 begann vor dem Berliner Landgericht der Prozess gegen den ehemaligen SED-Chef und DDR-Staatsratsvorsitzenden Erich Honecker. Mitangeklagt waren fünf weitere frühere DDR-Spitzenfunktionäre: Erich Mielke, Minister für Staatssicherheit, Willi Stoph, Vorsitzender des Ministerrates, Heinz Keßler, Verteidigungsminister, und sein Stellvertreter Fritz Streletz sowie Hans Albrecht, Erster Sekretär des SED-Bezirks Suhl. Sie waren die noch lebenden Mitglieder des DDR-Verteidigungsrates in der Zusammensetzung von 1974. Die Anklage lautete auf gemeinschaftlichen Totschlag. Grundlage war eine Schießbefehl-ähnliche Notiz des damaligen Sekretärs dieses Gremiums, Streletz vom 3. Mai 1974. Die Staatsanwälte verwiesen auf diese Notiz, in der es hieß, dass bei „Grenzdurchbruchsversuchen von der Schusswaffe rücksichtslos Gebrauch" zu machen sei. Die Angeklagten hätten dadurch „gemeinschaftlich einen Menschen getötet, ohne Mörder zu sein".

Für Kritiker handelte es sich allerdings um einen „politischen Prozess". Bereits am ersten Verhandlungstag wurde der Prozess nach wenigen Minuten unterbrochen. Stoph erschien wegen eines am 10. November erlittenen Herzinfarkts nicht. Das Verfahren wurde wegen dessen schwerer Herzerkrankung vom Hauptprozess abgetrennt und vorläufig eingestellt; er war „auf nicht absehbare Zeit" verhandlungsunfähig. Am zweiten Prozesstag musste das Verfahren nach zwei Stunden wegen eines Schwächeanfalls Honeckers vertagt werden. Am 17. November beschloss das Gericht, auch den Prozess gegen Mielke wegen Verhandlungsunfähigkeit vorläufig einzustellen.

Inzwischen wurde weiter gegen Honecker verhandelt. Der ehemalige SED-Chef war im Januar 1990 kurz verhaftet, aufgrund seines schlechten Gesundheitszustandes aber entlassen worden, und hatte dann Ende Januar 1990 Unterkunft bei einem evangelischen Pfarrer gefunden. Ab April 1990 hatte er im sowjetischen Militärhospital in Beelitz gelebt, von wo aus er am 13. März 1991 nach Moskau geflogen worden war. Im Dezember 1991 hatte er angesichts einer drohenden Ausweisung in der chilenischen Botschaft in Moskau Zuflucht gesucht, war dann aber am 29. Juni 1992 nach Deutschland zurückgekehrt.

Am 3. Dezember 1992 nahm Honecker zu den gegen ihn erhobenen Vorwürfen Stellung. Gleichzeitig referierte er in einer 24 Seiten langen Erklärung über Grundzüge der DDR-Politik in den siebziger und achtziger Jahren und verteidigte den DDR-Staat sowie die Gesellschafts- und Wirtschaftsordnung im Sozialismus. Die Anklage wies er zurück, nannte die Strafkammer ein „Gericht der Sieger über uns Besiegte", den

Prozess eine „Farce“, ein „Polit-Schauspiel“ sowie einen „Nürnberger Prozess gegen Kommunisten“, der die Diskreditierung der DDR und des Sozialismus zum Ziel habe und die „Fortsetzung des Kalten Krieges“ darstelle.

Zum Mauerbau 1961 stellte er klar, dass er diese „Sperrung“ befürwortet und mit verantwortet habe, da andernfalls ein weltweiter atomarer Krieg „mit Tausenden oder Millionen Toten“ gedroht hätte. Im Übrigen sei die Teilung Deutschlands „nicht ein Werk der Kommunisten, sondern das Werk der westlichen Alliierten und Konrad Adenauers“ gewesen. Der deutsch-deutsche Grundlagenvertrag sowie die Einigung Deutschlands wären ohne den Bau der Mauer nicht möglich gewesen. Aus diesem Grund treffe ihn und seine Mitangeklagten „nicht nur keine juristische, sondern auch keine politische und moralische Schuld“. Er schloss mit den Worten: „Die Strafe, die Sie mir offensichtlich zudenken, wird mich nicht mehr erreichen. Tun Sie, was Sie nicht lassen können.“

In den folgenden Wochen sorgten Gutachten und Gegengutachten über das Stadium des Leberkrebses und die Überlebenschancen Honeckers dafür, dass das Verfahren in den Anfängen steckenblieb, nachdem das Gericht am 21. Dezember beschlossen hatte, den Prozess fortzusetzen. Das Berliner Verfassungsgericht stellte schließlich am 12. Januar 1993 fest, dass der Prozess angesichts der Krankheit des Angeklagten gegen die Menschenwürde verstoße. Schon am nächsten Tag wurde Honecker die Ausreise nach Chile ermöglicht, wo seine Frau Margot und seine Tochter lebten. Er starb dort am 29. Mai 1994 im Alter von 81 Jahren an Krebs.

Die Mitangeklagten Keßler und Streletz wurden im September 1993 wegen Anstiftung zum Totschlag zu siebeneinhalb bzw. fünf Jahren, Albrecht wegen Beihilfe zu viereinhalb Jahren Haft verurteilt. Aus Gesundheitsgründen wurde ihnen Haftverschonung gewährt. Ein erstes Kapitel DDR-Geschichte war damit abgeschlossen, weitere sollten noch folgen.

Dolomiten, 12. 11. 2002

Der pragmatische Machtmensch

Helmut Kohl, der Bundeskanzler der deutschen Wiedervereinigung, wird am 3. April 80 Jahre alt – sein politisches Lebenswerk verdient Respekt.

Am 6. Dezember 1989 schickte der britische Botschafter in Bonn eine für die damalige Situation erstaunlich weitsichtige Analyse an das Foreign Office nach London: „Kohl spielt das Spiel seines Lebens, mit hohem Risiko. Wenn er es richtig spielt, wird er die Bundestagswahl im nächsten Jahr gewinnen und dann kann er als Kanzler der Einheit in die Geschichte eingehen. Aber nur ein falscher Tritt, und er kann alles verlieren. Die nächsten Monate – möglicherweise auch nur Wochen – sind entscheidend. Kohl weiß das."

Botschafter Mallabys Chefin, Premierministerin Margaret Thatcher, sah das vollkommen anders. Sie war eine erbitterte Gegnerin der Wiedervereinigung, Helmut Kohl erschien ihr als Nationalist, der auf die Gefühle der übrigen Europäer keinerlei Rücksicht nahm und vergessen zu haben schien, „dass die Teilung Deutschlands die Folge eines Krieges ist, den Deutschland angefangen hat", wie sie Frankreichs Staatspräsident François Mitterrand vertraulich mitteilte.

Mitterand spielte ein Doppelspiel. Scheinbar ein Freund Helmut Kohls, war auch er ein Feind der Wiedervereinigung. In seinen Augen hatte die Aussicht auf Vereinigung die Deutschen „in eine Art mentalen Schock versetzt"; sie seien wieder jene „bösen Deutschen" geworden, die sie einmal gewesen seien, sie würden mit einer gewissen Brutalität vorgehen, nach einer möglichen Wiedervereinigung werde Kohl mehr Einfluss in Europa haben, als Hitler je hatte, wie Mitterand Thatcher anvertraute.

Für Kremlchef Michail Gorbatschow stand noch Anfang Dezember 1989 das Urteil der Geschichte fest: zwei deutsche Staaten. Und Russlands Außenminister Edward Schewardnadse meinte zum Zehn-Punkte-Plan Kohls: „Selbst Hitler hat sich so etwas nicht geleistet", während Gorbatschow ergänzte: „Kanzler Kohl behandelt die Bürger der DDR schon so wie seine Untertanen. Das ist ganz einfach offener Revanchismus."

Der vielzitierte Zehn-Punkte-Plan – eine Art Fahrplan für die Wiedervereinigung – erreichte den amerikanischen Präsidenten George Bush „zeitgleich" mit der Verkündung durch Kohl im Bundestag am 28. November. Das war kein Übermittlungsfehler, wie man bis heute allerorten lesen kann, sondern Absicht: Bush sollte keine Gelegenheit haben, etwas gegen den Plan einwenden zu können. Die Amerikaner waren über dieses Vorgehen denn auch ziemlich konsterniert.

Dies sind nur einige Hinweise darauf, wie kompliziert der Weg zur Einheit war, und dass es jedenfalls nicht so einfach war, wie es heute, 20 Jahre nach Mauerfall und Wiedervereinigung, auf so manchem Veteranengipfel erzählt wird.

In den 329 Tagen vom Mauerfall am 9. November 1989 bis zur Einheit am 3. Oktober 1990 war Helmut Kohl die überragende politische Figur. In den entscheidenden Monaten agierte er „wie so ein Caterpillar“ – so hat ihn Klaus Kinkel, zwischen 1992 und 1998 Nachfolger von Hans-Dietrich Genscher als Außenminister, später treffend charakterisiert. Man sei damals von morgens bis spät abends zusammen gewesen und Helmut Kohl saß „bildlich – da oben in diesem Führerhäuschen des Caterpillar, mit riesigen Rädern, die über alles hinweggehen, und nichts konnte ihn aufhalten. Es gab kein Hindernis, das nicht beseitigt werden konnte. Er war derjenige, der mit ungeheuer zielsicherem Blick gesehen hat, was gemacht werden musste und konnte. Dabei ein Macher, kein Zögerer und kein Zauderer und kein Hinterzimmer-Visionär.“

„Sagenhafte Präsenz“

Kohl beseitigte geschickt die Widerstände gegen die Wiedervereinigung in London, Paris und Moskau – abgesichert durch die Unterstützung der USA mit Präsident Bush an der Spitze. Selbst ein erklärter Gegner Kohls wie der langjährige Generalsekretär der CDU, Heiner Geißler, billigt in der Rückschau zu:

„Und jetzt begegnen wir einem Helmut Kohl, der mit einer sagenhaften Präsenz und auch mit einer politischen Weisheit ausgestattet ist, eine historische Schwellensituation meistert, der die Krise nicht hochkommen lässt, sondern der sich jetzt auf seine größte Zeit zubewegt. Es ist schon bewegend zu sehen, dass ein Politiker, dem einst bei seinem Antritt so wenig zugetraut wurde, jetzt in eine Form kommt und auch mit einer politischen Klugheit zu handeln vermag, die man wirklich nicht oft findet."

Für Kohls Kritiker waren der Sturz Helmut Schmidts und Kohls Wahl zum Bundeskanzler am 1. Oktober 1982 eher ein Versehen gewesen. Viele glaubten an ein kurzes Intermezzo und hofften auf ein Scheitern Kohls. Sie unterstellten dem CDU-Mann Unvermögen und Defizite auf fast allen politischen Feldern. Von ihm erwartete man nicht viel. Von den politischen Gegnern und der Presse wurde er denn auch jahrelang unterschätzt, ja, er gehört wohl zu den am meisten unterschätzten Politikern der Bonner Republik. Die Kritiker machten sich lustig über die „Birne" aus der Pfalz und stellten ihn als „tumben Tor" dar.

Dabei hätten sie besser einen Blick auf die Karriere des Helmut Kohl bis zu diesem Zeitpunkt werfen sollen: Er war von Anfang an ein zielstrebiger Politiker, der, wo immer er antrat, an die Spitze wollte. Und es auch schaffte. Und zwar – worauf er mit Stolz immer wieder verweist – durch demokratische Wahlen. Sich zu profilieren, Flagge zu zeigen, sich bekannt zu machen, gleichzeitig für die CDU zu werben, das machte sein Erfolgsrezept in den fünfziger und sechziger Jahren aus.

Prinzip der Bürgernähe

Kohls taktisches Geschick wurde schon damals vielfach unterschätzt. Dabei war er bei seinem Aufstieg immer und überall der Jüngste: 1959 als Landtagsabgeordneter in Mainz, 1963 als Fraktionschef, 1966 als CDU-Landesvorsitzender, 1969 als Ministerpräsident von Rheinland-Pfalz, 1982 als Bundeskanzler. Er modernisierte Rheinland-Pfalz, umgab sich mit Ministern, die die junge Garde repräsentierten, etwa Kultusminister Bernhard Vogel und Sozialminister Heiner Geißler. Vom ersten Amtstag an versuchte er, das von ihm immer wieder beschworene Prinzip der Bürgernähe in die Tat umzusetzen. Er besaß ein Gespür für Menschen und die Fähigkeit, neue politische Begabungen zu entdecken und sie für sich selber und die eigene Politik nutzbar zu machen: Ein wichtiger Schlüssel für seine erfolgreiche Landespolitik und seinen späteren Erfolg auf Bundesebene. Kohl hat später einmal gesagt, als Landespolitiker habe er die prägende Kraft für seine Zukunft erfahren.

Als CDU-Landesvorsitzender saß er seit 1966 im Bundesvorstand der Partei, wo er die Altherrenriege gewaltig aufmischte. Seine Wortmeldungen sind Legende und sorgten ständig für Aufregung. Aus seiner Sicht befand sich die CDU in einem miserablen

Zustand, sie war keine Partei für eine moderne Industriegesellschaft. Immer wieder wies er auf die Defizite der Partei hin, die er nach seiner Wahl zum Bundesvorsitzenden 1973 zu einer modernen Organisation umstrukturierte – und zu einem Instrument für seine Politik machte. Das blieb so bis 1998.

Kohls Stärke während seiner 16-jährigen Regierungszeit als Kanzler und den 25 Jahren als Bundesvorsitzender der CDU war sein ungebrochenes Verhältnis zu sich selbst, sein Vertrauen in die eigene Person; seine Schwäche bestand in seiner Unfähigkeit, jemanden gleichberechtigt neben sich zu tolerieren. Er nutzte seine Fähigkeit, Menschen für seine Zwecke zu gebrauchen, manchmal bis zur Skrupellosigkeit. Er bediente sich der Fertigkeiten anderer, er setzte auf ihre Fähigkeiten, vermittelte ihnen Vertrauen, auch Geborgenheit. Aber wehe, wenn sie nicht auf seiner Schiene liefen! Dann konnte er unerbittlich nachtragend sein. Dabei scheute er vor Meinungsführerschaft in grundsätzlichen Fragen der Innen- und Außenpolitik nicht zurück.

Viele hielten Kohl für zuverlässig und vertrauenswürdig, für einen der Ihren. Er diente als Identifikationsfigur und vermittelte vielen Bürgern seine unbeirrbaren Überzeugungen, gab das Vertrauen, dass er den Weg kenne, der zum Heil führt. Kohls besondere Stärke waren seine Vitalität, seine Gesundheit. Phänomenal war seine Belastbarkeit, seine Regenerationsfähigkeit nach strapaziösen Stunden, Tagen und Wochen. Kohl ruhte in sich selbst, schien mit sich selbst zutiefst einig zu sein. Er konnte ungeahnte Kräfte freisetzen, wenn er außergewöhnlich belastet wurde. Er besaß eine unkomplizierte, klare Sicht der Dinge, machte unbekümmert das, was er für richtig hielt. Er dachte und handelte nicht intellektuell, sondern organisatorisch-pragmatisch.

Stärken und Schwächen

Zu seinen hervorstechenden Eigenschaften gehörte seine Prinzipientreue. Für die Grundsätze seiner Partei nahm er Schmach und Unbill auf sich. Im kleinen Kreis verbreitete er Wärme, beeindruckte durch einen reichen Schatz an differenzierten politischen Kenntnissen, menschlichen Erfahrungen und generalistischen Vorstellungen. Er konnte hochtrabende Experten in die Enge treiben. Anders war das Erscheinungsbild seines öffentlichen Auftretens: behäbig, glanzlos.

Kohl hielt viel von persönlichen Beziehungen – auch und gerade im politischen Leben. Das galt für die amerikanischen Präsidenten Ronald Reagan – eine Freundschaft, die 1980 in Bonn bei Bratkartoffeln und Spiegelei begann –, für George Bush und Bill Clinton, für Gorbatschow und Jelzin – und auch für Mitterrand.

Nach 16 Jahren Kanzlerschaft kam dann auch ein wenig Überheblichkeit hinzu: Bei der Wahlniederlage 1998 hatte sich der Machtmensch Kohl verschätzt und seine

Popularität überschätzt. Das Instrumentarium des Systems Kohl, das Handwerkszeug des Virtuosen der Macht und seine Spürnase für politische Entwicklungen hatten versagt.

Und da zeigte sich die dunkle Seite des Kanzlers: Als bekannt wurde, dass er für die Partei nicht deklarierte Spenden angenommen hatte und sich weigerte, die Namen der Spender zu nennen, begann eine öffentliche Exekution, die mit zum Selbstmord seiner Frau beitrug. Seinem Ansehen schadeten außerdem angeblich verschwundene Akten und gelöschte Dateien im Bundeskanzleramt. Diese Vorwürfe waren nachweislich falsch.

Seinen achtzigsten Geburtstag am 3. April muss der Altkanzler im Rollstuhl feiern – die Folge eines schweren Sturzes im Jänner 2008. Auch wenn ihm mancher seiner Kritiker auch heute noch – vor allem wegen der Spendenaffäre – keine politische Größe zubilligen mag: Kohls Verdienste stehen bei allen Fehlern, die er gemacht hat, außer Zweifel. In den 16 Jahren seiner Kanzlerschaft stellte er wichtige Weichen für die Zukunft Deutschlands und Europas: Er setzte den NATO-Doppelbeschluss durch, er erreichte die deutsche Einheit und förderte die Einigung Europas mit der Einführung einer gemeinsamen europäischen Währung. Einen herausragenden Platz in der deutschen Geschichte wird man Helmut Kohl nicht streitig machen können – egal, wie man zu ihm steht, und egal, wie lange das vereinte Deutschland noch mit den Folgen der Vereinigung zu kämpfen hat.

Wiener Zeitung, 3. 5. 2010
Dolomiten, 3./4./5. 4. 2010

Israel / Nahostkonflikt

„Wenn ihr wollt, ist es kein Märchen“

Vor 100 Jahren starb Theodor Herzl – Begründer von Zionismus und „Vater“ Israels

Herzl war 1860 in Budapest geboren, mit 18 Jahren nach Wien gegangen und ein vollständig assimilierter Jude geworden. 1884 promovierte er zum Doktor jur. und hatte die Absicht, Schriftsteller zu werden. Er war Kaffeehausliterat und mittelmäßiger Theaterautor. 1891 wurde er für die „Neue Freie Presse“ nach Paris geschickt. Der Aufenthalt dort wurde zur entscheidenden Station in seinem Leben. 1894 erschütterte die Dreyfus-Affäre Frankreich und Herzl.

Seine Antwort auf die antisemitischen Ausbrüche dort war ein kleines, 71 Seiten umfassendes Büchlein: *Der Judenstaat – Versuch einer modernen Lösung der Judenfrage.*

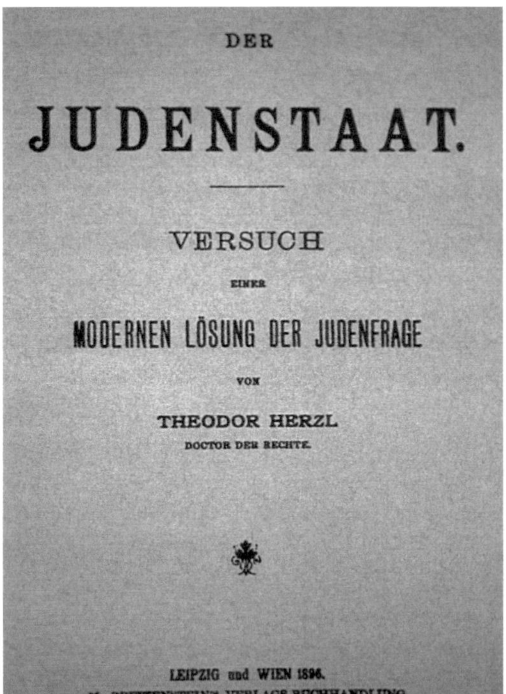

DER

JUDENSTAAT.

VERSUCH

EINER

MODERNEN LÖSUNG DER JUDENFRAGE

VON

THEODOR HERZL

DOCTOR DER RECHTE.

LEIPZIG und WIEN 1896.

M. BREITENSTEIN's VERLAGS-BUCHHANDLUNG

WIEN, IX., WÄHRINGERSTRASSE 5.

Es war eine programmatische Schrift, mit der der moderne Zionismus und damit die Umwälzung in der Geschichte des jüdischen Volkes begann. Der erste Satz macht deutlich, worum es Herzl ging:

„Der Gedanke, den ich in dieser Schrift ausführe, ist ein uralter, es ist die Herstellung des Judenstaates. Ich erfinde weder die geschichtlich gewordenen Zustände der Juden noch die Mittel zur Abhilfe.“

Um einen solchen Staat zu gründen, waren diplomatische Verhandlungen und eine publizistische Aktion im allergrößten Maßstab nötig, wie Herzl schrieb.

Die Reaktionen auf den „Judenstaat“ waren nicht überwältigend. In Großbritannien wurden z. B. nur 160 Exemplare verkauft. Auch sonst sprachen assimilierte Juden von einem

„Hirngespinst“, von einem „Kuckucksei des Nationaljudentums“; die Juden seien keine Nation, sie hätten nur den Glauben an Gott gemeinsam. Tatsächlich hatte Herzl den Zionismus nicht erfunden.

Zion ist Synonym für Jerusalem

Wiener Karikatur

Zion war das Synonym für Jerusalem, für das „Land Israel“. Fromme Juden beteten damals täglich um die Rückkehr in das Gelobte Land. Die Sehnsucht war das Entscheidende, nicht die Verwirklichung der Idee. Der Preis dafür war der Verzicht auf eines der ausgeprägtesten Merkmale jüdischer Identität, auf die direkte Verbundenheit mit dem Land Palästina. Die meisten Juden waren bereit, diesen Preis zu zahlen.

Vor Herzl hatten schon andere einen eigenen Staat in Palästina gefordert, aber erst mit Theodor Herzl wurde der Zionismus eine politische Bewegung. Bis zu seinem frühen Tod im Jahr 1904 arbeitete Herzl rastlos für die Verwirklichung seiner Idee, deren Prophet und Leitfigur er gleichermaßen war.

Es begann mit der Einberufung des ersten Zionistenkongresses in Basel vom 29. bis 31. August 1897. Von den 204 Delegierten kam die Mehrheit aus Osteuropa. Man verabschiedete eine Resolution, in der es hieß:

„Der Zionismus erstrebt für das jüdische Volk die Schaffung einer öffentlich-rechtlich gesicherten Heimstätte in Palästina.“

In Basel wurde der Zionistische Weltkongress gegründet, Mitgliedsjahresbeitrag war ein Schekel, jenes aus der biblischen Zeit stammende Gold- und Silbergewicht (seit 1980 die Währung Israels). Es gab Vorschläge für die Errichtung einer zionistischen Bank, für eine hebräische Universität usw. Vor allen Dingen hatte man ein wichtiges Ziel erreicht: Die öffentliche Diskussion über den Zionismus war wieder in Gang gekommen.

Den Delegierten in Basel rief Herzl zu: „Wenn ihr wollt, ist es kein Märchen.“ In sein Tagebuch notierte er am 3. September 1897 jene Sätze, die später immer wieder zitiert wurden:

„Fasse ich den Basler Congress in ein Wort zusammen – das ich mich hüten werde, öffentlich auszusprechen –, so ist es dieses: in Basel habe ich den Judenstaat gegründet. Wenn ich das heute laut sagte, würde mir ein universelles Gelächter antworten. Vielleicht in fünf Jahren, jedenfalls in fünfzig, wird es jeder einsehen."

Fünfzig Jahre und neun Monate später gab es diesen Staat: Israel. Und im August 1949 wurden die sterblichen Überreste Herzls von Wien dorthin überführt und auf dem nach ihm benannten Herzl-Berg in Jerusalem bestattet.

Dolomiten, 3. 4. 2004

Vor 90 Jahren: Die Balfour-Deklaration

Am 2. November 1917 schickte der britische Außenminister Arthur James Balfour folgenden Brief an den Präsidenten der Zionistischen Föderation in Großbritannien, Lord Lionel Walter Rothschild:

„Lieber Lord Rothschild,

ich habe die große Freude, Ihnen im Namen der Regierung Seiner Majestät die folgende Sympathieerklärung für die jüdisch-zionistischen Bestrebungen zu übermitteln. Sie hat dem Kabinett vorgelegen und wurde von ihm gebilligt.

Die Regierung Seiner Majestät betrachtet die Errichtung einer nationalen Heimstätte für das jüdische Volk in Palästina mit Wohlwollen und wird keine Mühe scheuen, um die Erreichung dieses Zieles zu erleichtern, wobei allerdings von der Voraussetzung ausgegangen wird, dass dabei nichts geschieht, was die bürgerlichen und religiösen Rechte der in Palästina bestehenden nicht-jüdischen Gemeinden oder die Rechte und die politische Stellung der Juden in irgendeinem anderen Lande beeinträchtigen könnte.

Ich wäre Ihnen dankbar, wenn Sie diese Erklärung der Zionistischen Förderation zur Kenntnis bringen würden.

Ihr ergebener Arthur James Balfour.“

Diese so genannte Balfour-Deklaration ist ein Meilenstein in der Geschichte der zionistischen Bewegung und prägte die weitere Entwicklung im Nahen Osten – wenn man so will – bis heute. Sie hat eine interessante Vorgeschichte. Damals wollten die Briten Palästina – nach heutigen Grenzen das südliche Syrien, Israel und das westliche Jordanien – kontrollieren. Eine entsprechende Entscheidung traf das Kriegskabinett am 1. Mai 1917.

Die Zionisten in Großbritannien, angeführt von Chaim Weizmann, nutzten dies für ihre Ziele. Weizmann war eine der überragenden Gestalten des Zionismus, damals zwar ein Staatsmann ohne Staat – er wurde 1948 der erste Präsident Israels –, aber er kann zu den eigentlichen Siegern des Ersten Weltkrieges gezählt werden. Geboren 1874 in Russland als Sohn einer wohlhabenden Familie war er 1892 nach Deutschland gegangen, hatte dort Chemie studiert, bevor er 1897 in die Schweiz ging, wo er 1899 an der Universität Freiburg promovierte. 1901 war er bereits Professor an der Universität Genf, bevor er dann 1904 an die Universität Manchester wechselte.

Der Erste Weltkrieg wurde für ihn zum Triumph. Ab 1916 leitete er das Forschungslaboratorium der Britischen Admiralität und entwickelte ein Verfahren zur künstlichen

Foreign Office,
November 2nd, 1917.

Dear Lord Rothschild,

I have much pleasure in conveying to you, on behalf of His Majesty's Government, the following declaration of sympathy with Jewish Zionist aspirations which has been submitted to, and approved by, the Cabinet.

"His Majesty's Government view with favour the establishment in Palestine of a national home for the Jewish people, and will use their best endeavours to facilitate the achievement of this object, it being clearly understood that nothing shall be done which may prejudice the civil and religious rights of existing non-Jewish communities in Palestine, or the rights and political status enjoyed by Jews in any other country".

I should be grateful if you would bring this declaration to the knowledge of the Zionist Federation.

Yours,

Arthur James Balfour

Herstellung von Azeton, einem wichtigen chemischen Bestandteil von Sprengstoffen. Er war ein glühender Zionist und ein begnadeter Lobbyist – und nutzte seine gesellschaftlichen Kontakte. Ihm gelang es, wichtige Persönlichkeiten in Großbritannien, vor allem den einflussreichen Herausgeber des „Manchester Guardian" für die Idee des Zionismus und die Errichtung eines jüdischen Staates in Palästina zu gewinnen. Außenminister Balfour traf Rothschild und Weizmann am 19. Juni 1917 und bat um den Entwurf einer entsprechenden Resolution.

Die Gründe für diesen Schritt waren vielfältig. Würde man den Zionismus fördern, so die Überlegung auf britischer Seite, könnte es möglicherweise dazu führen, die russischen Juden dazu zu bringen, Russland zum Weiterkämpfen zu veranlassen. Wichtig war auch, die amerikanischen Juden zu gewinnen. Man hoffte, dass jene Juden, die Einfluss auf Präsident Wilson hatten, ihn davon überzeugen könnten, die britische Besatzung Palästinas zu akzeptieren.

An der Ostküste der USA lebten damals etwa 4 Millionen Juden, die zunächst wenig mit dem Zionismus anfangen konnten. Die zionistische Bewegung erhielt erst während des Ersten Weltkrieges größeren Zulauf: Die Mitgliedszahlen stiegen von 5.000 auf 150.000. Einer der führenden Zionisten war Louis Brandeis, der 1917 als erster Jude überhaupt Mitglied des Obersten Gerichts in Washington geworden war. Präsident Wilson hatte schon damals eine Vorliebe für die Selbstbestimmung der Völker geäußert – offiziell dann im Januar 1918 mit seinen berühmten 14 Punkten. Zionismus schien jetzt umso attraktiver, denn dies bedeutete auch jüdische Selbstbestimmung in Palästina. Jüdische Selbstverwaltung in Palästina wäre damit der geeignete Deckmantel für eine britische Kontrolle des Gebiets, die Wilson ansonsten wohl als imperialistische Aktion der Briten nicht akzeptiert hätte. Auch Frankreich befürwortete eine „Wiedergeburt der jüdischen Nation" in Palästina, wie der französische Außenminister Jules Combon klarmachte. Möglicherweise wollte man auch einer deutschen Zusage an die Juden Mittel- und Osteuropas zuvorkommen, dort einen eigenen Staat zu errichten.

Sowohl bei den britischen Zionisten als auch im britischen Kabinett gab es allerdings unterschiedliche Auffassungen, ja sogar Widerstände gegen den geplanten Schritt. Weizmann legte einen Entwurf vor, in dem gefordert wurde, dass Großbritannien „die Wiederherstellung Palästinas als jüdischer Staat und als nationale Heimstätte des jüdischen Volkes" unterstützen solle. Den Arabern sollten alle möglichen Garantien für kulturelle Autonomie gegeben werden, aber „der Staat muss jüdisch sein". Die Londoner Zionisten stimmten dem nicht zu. Sie waren der Meinung, dass mit dieser Formulierung – ganz Palästina als jüdischer Staat – „zu viel zu schnell" gefordert wurde, obwohl ihr Ziel natürlich auch ein jüdischer Staat war. Rothschild legte daher einen neuen Entwurf vor, in dem es hieß, dass Großbritannien Palästina „als nationale Heimstätte des jüdischen Volkes" und die zionistische Organisation in Palästina als autonomes (selbstregierendes) Gremium anerkenne.

In London stellte sich der für Indien zuständige Minister, Edwin Montagu, einziger Jude im Kriegskabinett, gegen eine solche Erklärung. Er fürchtete, dass bei einem möglichen Judenstaat die Auseinandersetzung über die doppelte Loyalität der Juden wieder heraufbeschworen würde und die Stellung der assimilierten Juden gefährdet werden könnte. Für ihn waren die Juden keine Nation, und eine „nationale Heimstätte" würde sie zu Fremden in jenen Ländern machen, in denen sie lebten. Wie solle er, so fragte er, mit den Indern verhandeln, wenn die britische Regierung öffentlich erklären würde, dass seine Heimat irgendwo in der Türkei liege?

Wichtige Änderungen des Entwurfs gingen auf Einwände von Sir Alfred Milner zurück, ebenfalls Mitglied des Kriegskabinetts. Er war für eine Erklärung, dass die britische Regierung die Errichtung einer Heimstätte für das jüdische Volk unterstütze – und zwar in Palästina. Es sollte darin mit Blick auf die Araber und die Sicherheit der eigenen politischen Interessen weder die Rede von Staatsbildung sein noch dass eine solche Heimstätte ganz Palästina umfasse. Er bestand zudem auf Garantien für die in Palästina lebenden Araber. George Curzon, Lordpräsident und wenig später Außenminister, wollte wissen, wie denn die Moslems in Palästina entfernt werden sollten, damit Juden dort einwandern konnten. Seiner Meinung nach hatte das Land nur für wenige Menschen Platz, und die 500.000 Moslems würden sich nicht damit zufrieden geben, „entweder von den jüdischen Einwanderern enteignet zu werden oder als simple Holzhacker und Wasserträger zu dienen". Mark Sykes sah das anders. Für ihn war klar, warum Palästina ein so wenig einladendes Land geworden war: Die Araber, „von Natur aus eine faule und träge Rasse", hätten das Land einfach vernachlässigt. Bei entsprechendem Bemühen könne die Bevölkerung in sieben Jahren verdoppelt werden. Curzon widersprach: Seiner Meinung nach konnte Palästina auf diese Weise nicht weiter entwickelt werden. Es sei notwendig, die heiligen Stätten der Moslems und Christen in Jerusalem und Bethlehem weiter zu kontrollieren. Das würde bedeuten, dass die Juden keine Hauptstadt in Palästina bekommen würden.

Am 31. Oktober genehmigte das Kriegskabinett die oben zitierte Deklaration, die am 2. November an Rothschild geschickt wurde. Der letzte Halbsatz ging auf die Einwände von Montagu zurück, der vorletzte Absatz nahm Rücksicht auf Milners Einwände mit Blick auf die Zukunft der neunzigprozentigen Mehrheit der Araber in Palästina (zu jenem Zeitpunkt etwa 500.000 gegenüber 50.000 Juden); es ging hier nur noch um ihre bürgerlichen und religiösen Rechte, was implizierte, dass die politischen Rechte für die Juden reserviert waren, sobald sie eine Mehrheit erreicht hatten. Dass die neunzigprozentige arabische Mehrheit dabei als „nicht-jüdische Gemeinden" bezeichnet wurde, war bezeichnend.

Die Erwartungen hinsichtlich der Juden in Deutschland und Österreich wurden nicht erfüllt, obwohl über den deutschen und österreichischen Truppen Flugblätter abgeworfen wurden, in denen die Juden aufgefordert wurden, sich den Entente-Mächten zuzuwenden, da diese die jüdische Selbstbestimmung unterstützten. Nichts dergleichen geschah. Und in Russland übernahmen die Bolschewisten am 7. November 1917 die Macht und eröffneten Friedensverhandlungen mit dem Deutschen Reich.

Auf den Kriegsverlauf hatte das Dokument demnach keine Auswirkungen, aber diese 117 Worte banden der britischen Regierung in den Verhandlungen mit den Zionisten in Zukunft die Hände. Es lag nun an den Briten, bei der Schaffung jener „nationalen Heimstätte" in Palästina für das jüdische Volk mitzuhelfen, wobei jeder wusste, was damit gemeint war, nämlich der „Judenstaat".

Dolomiten, 5. 11. 2007

Der schwere Weg zum Judenstaat

Vor 60 Jahren beschloss die UNO die Teilung des britischen Mandatsgebietes Palästina und legte damit die Grundlage für die Gründung des Staates Israel

Der 29. November 1947 ist eines der wichtigsten Daten in der Geschichte des Judentums. An jenem Samstag entschied die Vollversammlung der Vereinten Nationen über die Zukunft Palästinas.

Teddy Kollek, 1911 in Wien geboren, einer der bekanntesten Zionisten und später langjähriger Bürgermeister von Jerusalem, war damals in geheimer Mission in New York und berichtet in seinen Erinnerungen über jenen Tag:

„An dem Schicksalstag, dem 29. November 1947, fuhr ich wieder nach Lake Success, um der Abstimmung der Vereinten Nationen beizuwohnen. Die ungeheure Spannung und Erregung werde ich nie vergessen. Wir hatten eine Liste aller Länder zusammengestellt und daneben geschrieben, wie sie unserer Meinung nach stimmen würden. In den meisten Fällen erwiesen unsere Mutmaßungen sich als richtig, und als die notwendige Zahl der Ja-Stimmen beisammen war, atmeten wir erleichtert auf. Die Vereinten Nationen hatten entschieden, dass Palästina in zwei Staaten aufgeteilt werden sollte, einen jüdischen und einen arabischen. Endlich hatten wir eine offizielle Basis für die Gründung unseres Staates!“

Die Vorgeschichte

In ganz Palästina feierten die jüdischen Bewohner die UNO-Entscheidung. Was Theodor Herzl, der Führer des politischen Zionismus, 50 Jahre zuvor in sein Tagebuch geschrieben hatte, dass es den Judenstaat geben werde, war Realität geworden. Es war aber ein schwerer Weg gewesen. Zu den wichtigen Stationen gehörte zunächst die sogenannte Balfour-Deklaration, jene Zusicherung des britischen Außenministers vom November 1917, in dem er dem Präsidenten der Zionistischen Föderation in Großbritannien mitteilte, dass die britische Regierung „die Errichtung einer nationalen Heimstätte für das jüdische Volk in Palästina mit Wohlwollen" betrachte und keine Mühe scheuen werde, um die Erreichung dieses Ziels zu erleichtern.

Nach dem Ersten Weltkrieg erhielt Großbritannien das Mandat des Völkerbundes über Palästina, mit der Auflage, die von Balfour gegebene Zusicherung durchzuführen. Das ging jedoch nicht ohne Konflikte ab. In den zwanziger und dreißiger Jahren gab es immer wieder schwere Zusammenstöße in Palästina mit Toten sowohl auf arabischer als auch auf jüdischer Seite.

Mit der Übernahme der Macht durch die Nazis in Deutschland 1933 und dem Anschluss Österreichs 1938 stieg die Zahl der jüdischen Flüchtlinge nach Palästina rapide an, die Konflikte ebenfalls. 1937 schlugen die Briten als Lösung die Teilung des Landes vor; die Araber lehnten ab. 1939, am Vorabend des Zweiten Weltkrieges, wollten die Briten die Araber als Verbündete gewinnen und machten deshalb klar, dass es einen jüdischen Staat in Palästina nicht geben würde; die Einwanderung sollte gestoppt und der Landverkauf an Juden verboten werden.

Nach dem Ende des Zweiten Weltkrieges verfolgte die britische Regierung diese Politik weiter. Zu jenem Zeitpunkt befanden sich unter den Millionen von Displaced Persons (DPs) in Deutschland und Österreich auch zahlreiche Juden, zumeist Überlebende der Konzentrationslager. Der jüdischen Lobby gelang es im Juli 1945, den neuen US-Präsidenten Harry S. Truman persönlich für das Schicksal dieser Menschen zu interessieren. Truman verlangte daraufhin von den Briten, dass sie einhunderttausend Juden nach Palästina einreisen lassen sollten. Das Ergebnis war eine anglo-amerikanische Untersuchungskommission, die sich dieser Forderung Anfang 1946 anschloss.

Terroraktionen

Inzwischen forderten jüdische Terroraktionen gegen die Briten in Palästina immer mehr Opfer. Ein trauriger Höhepunkt war der 22. Juli 1946, als die Terrorgruppe Irgun unter Menachem Begin den Südflügel des bekannten King David Hotels in Jerusalem sprengte, worin sich das Hauptquartier der britischen Mandatsverwaltung befand. 91 Menschen wurden getötet. Als Reaktion darauf verschärften die britischen Militärbehörden ihre Gangart, während die jüdischen Organisationen die illegale Einwanderung nach Palästina erfolgreich fortsetzten. Bis Anfang 1948 organisierte die Fluchthilfe-Organisation Bricha (hebräisch „Flucht") diese Aktionen. Etwa zweihunderttausend Juden, mehrheitlich aus Polen und Rumänien, wurden auf zum Teil abenteuerliche Weise zumeist über Österreich und Italien nach Palästina geschafft.

Am 14. Feber 1947 schließlich beschloss das britische Kabinett, das Palästina-Problem der UNO zu übergeben. Die setzte daraufhin am 15. Mai 1947 eine Sonderkommission für Palästina ein (UN-Special Committee on Palestine: UNSCOP). Das geschah zu einem Zeitpunkt, als der Kalte Krieg offen ausbrach. Folglich reagierten Briten und Amerikaner äußerst misstrauisch, als der sowjetische UNO-Vertreter Andrej Gromyko am 14. Mai erklärte, das Streben der Juden nach Gründung ihres Staates wäre „berechtigt" , eine Verweigerung „nicht zu rechtfertigen, besonders unter Berücksichtigung dessen, was sie im Zweiten Weltkrieg erlebt hätten".

Die Sonderkommission hielt sich mehrere Wochen in Palästina auf, doch lehnten die Araber jede Zusammenarbeit mit ihr ab. Die Arbeit der Kommission wurde von zwei gravierenden Ereignissen überschattet. Zum einen erhängte Begins Untergrundorganisation Irgun zwei britische Unteroffiziere, nachdem zuvor drei Irgun-Kämpfer getötet worden waren. Zum anderen gab es das Drama um das Flüchtlingsschiff „Exodus 1947“ mit 4393 Holocaust-Überlebenden an Bord. Das Schiff wurde von den Briten aufgebracht und erreichte am 18. Juli Haifa. Die Flüchtlinge durften nicht an Land. Es spielten sich furchtbare Szenen ab – und dies unter den Augen der UNO-Kommissionsmitglieder, die am Quai standen. Auf britischen Transportschiffen wurden die Juden später nach Hamburg zurückgebracht, wo sie wieder als DPs in diversen Camps landeten.

Am 31. August legte UNSCOP einen Bericht vor. Die Mehrheit – Guatemala, Kanada, Niederlande, Peru, Schweden, Tschechoslowakei und Uruguay – empfahl die Teilung in einen arabischen und einen jüdischen Staat, Jerusalem sollte unter internationale Treuhänderschaft kommen. Die Minderheit – Indien, Iran und Jugoslawien – schlug einen unabhängig-föderalistischen Staat vor, Australien enthielt sich der Stimme.

Die Abstimmung

Am 13. Oktober ließen die Sowjets erkennen, dass sie für die Teilung waren. Am 29. November 1947 sprach sich die UNO-Generalversammlung dann mit 33 Stimmen (unter ihnen die USA, Frankreich und die Sowjetunion) gegen 13 Stimmen (die arabischen Staaten sowie Kuba, Griechenland und Indien) bei zehn Enthaltungen (darunter Großbritannien und China) in der Resolution 181 für die Teilung aus. Damit war die notwendige Zwei-Drittel-Mehrheit erreicht.

US-Präsident Truman hat später in seinen Memoiren geschrieben, dass in keinem anderen Fall so viel Druck und Propaganda auf das Weiße Haus ausgeübt worden seien wie bei dieser Entscheidung. Einige Stimmen wurden tatsächlich mit Druck, Geld und Boykott-Drohungen „erkauft“.

Während die Juden in Palästina auf den Straßen tanzten, gab es in Washington Bedenken gegen die Teilung. Das State Department, die Vereinigten Stabchefs und der Geheimdienst CIA fürchteten den Hass der Araber, möglicherweise eine Sperre der Öllieferungen, Schwierigkeiten mit der Durchführung des Marshall-Plans, sowjetische Penetration des Gebietes und damit eine vollkommene Destabilisierung der gesamten Region.

Die Araber lehnten den Teilungsplan ab. Der österreichische Gesandte in Kairo, Erich Bielka, wurde drei Wochen nach der UNO-Entscheidung vom ägyptischen Außenminister empfangen und berichtete Außenminister Karl Gruber, was Khachaba ihm mitgeteilt hatte. Demnach würden Ägypten und die arabischen Staaten den Beschluss der UNO „niemals anerkennen", da er ihre Freiheit und zukünftige Existenzmöglichkeit schwerstens gefährde. Es bestünde kein Zweifel, dass ein jüdischer Staat, der sich ungehindert entwickeln könnte, dank der ungeheuren finanziellen Unterstützung des internationalen Judentums und der kommerziellen und technischen Überlegenheit der palästinensischen Juden in Kürze eine enorme Macht und Dynamik erhalten würde. Der jüdische Staat müsste dann zweifellos bestrebt sein, sich territorial auf Kosten anderer arabischer Gebiete zu erweitern.

Außerdem würden die Juden durch ihre Übermacht und ihren internationalen Rückhalt, durch ihre Beharrlichkeit und ihre Hartnäckigkeit den Handel und die Industrie des Vorderen Orients an sich reißen und dadurch alle arabischen Staaten wirtschaftlich ausbeuten. Es sei auch zu befürchten, dass die Schaffung eines jüdischen Staates in Palästina leicht als Basis für die Infiltrierung kommunistischer Ideen und kommunistischer Propaganda in den arabischen Ländern und für Zwecke des russischen Imperialismus dienen könnte, wodurch die Existenz der arabischen Staaten gleichfalls im höchsten Maße bedroht werden würden.

Drohende Konflikte

Khachaba Pascha sagte wörtlich: „Bevor wir langsam unsere mühsam erkämpfte Freiheit wieder verlieren und in zwanzig Jahren vielleicht als Sklaven jüdischer Herren enden, ziehen wir lieber jetzt in den Krieg und versuchen, die Entwicklung dieses Staates unmöglich zu machen."

Bielka zog abschließend das Resümee: „Es muss damit gerechnet werden, dass Palästina in wesentlich verstärktem Maße als bisher Schauplatz blutiger Zusammenstöße und Unruhen werden wird, besonders je mehr sich die englischen Truppen zurückziehen, die in wenigen Monaten das Land vollständig geräumt haben wollen."

Und genau so kam es. Terroranschläge häuften sich, Palästina schien im Bürgerkrieg zu versinken. Dennoch rief David Ben Gurion am 14. Mai 1948 in Tel Aviv den Staat Israel aus. Als an jenem Freitag um Mitternacht das britische Mandat in Palästina endete, gab es dann den neuen Staat. Genau elf Minuten später erkannte Präsident Truman in Washington Israel an.

Wiener Zeitung, 24. 11. 2007

Neue alte Heimat

Vor sechzig Jahren wurde gegen den Willen der arabischen Länder der Staat Israel gegründet

Am 29. November 1947 sprach sich die UNO-Vollversammlung mit 33 Stimmen (unter ihnen die USA, Frankreich und die Sowjetunion) gegen 13 Stimmen (die arabischen Staaten sowie Kuba, Griechenland und Indien) bei 10 Enthaltungen (unter ihnen Großbritannien und China) in der Resolution 181 für die Teilung Palästinas in einen jüdischen und einen palästinensischen Staat aus, Jerusalem sollte unter internationale Verwaltung gestellt werden. US-Präsident Harry S. Truman hat später in seinen Memoiren geschrieben, dass in keinem anderen Fall so viel Druck und Propaganda auf das Weiße Haus ausgeübt worden seien wie bei dieser Entscheidung. Einige Stimmen wurden tatsächlich mit Geld und Boykottdrohungen erkauft. Die Araber lehnten den Teilungsplan sofort ab. Der Mufti von Jerusalem, der in Kairo residierte, rief zum „Heiligen Krieg“ – Djihad – auf, die Arabische Liga beschloss am 12. Dezember 1947, die Palästinenser mit Waffen, Munition, Geld und Freiwilligen zu unterstützen.

Wenige Tage später meldete Österreichs Gesandter in Kairo, Erich Bielka, nach Wien, der ägyptische Außenminister habe ihm mitgeteilt: „Bevor wir langsam unsere mühsam erkämpfte Freiheit wieder verlieren und in zwanzig Jahren vielleicht als Sklaven jüdischer Herren enden, ziehen wir lieber jetzt in den Krieg und versuchen, die Entwicklung dieses Staates unmöglich zu machen.“

Terroranschläge

Es begann der von vielen so genannte „Bürgerkrieg“ zwischen Juden und Arabern, der größtenteils aus gezielten Terroranschlägen bestand. Österreichs Gesandter in Ankara, Clemens Wildner, zeichnete Anfang Jänner 1948 ein realistisches Bild der Lage, insbesondere was die militärische Stärke, den Kampfwert und die Politik der Araber betraf: „Den gut vorbereiteten, gut ausgerüsteten und gut gedrillten Juden steht nichts gegenüber.“ Man vermisste bei den Arabern in ihrem Kampf um Palästina „jede einheitliche Linie und überhaupt ein Programm“.

Auf jüdischer Seite war die Gruppe „Irgun“ unter Menachim Begin besonders berüchtigt. Sie war auch verantwortlich für das Massaker im arabischen Dorf Deir Yassin, das zur internationalen Zone von Jerusalem gehören sollte. Das Dorf wurde am 9. April 1948 überfallen, Männer, Frauen und Kinder ermordet, die teils verstümmelten Leichen in Brunnen geworfen, die Überlebenden vertrieben. Die Rede war von 254 Toten. Alle waren an dieser hohen Zahl interessiert: Die Haganah, die Verteidigungstruppe der Juden, um sich von der Terrororganisation Irgun zu distanzieren; die Araber und Briten, um das Ansehen der Juden herabzusetzen; und die Irgun, um durch Angst und Schrecken die Araber zur Flucht zu bewegen. Begin meinte später, Deir Yassin sei sechs Bataillone wert gewesen. Tatsächlich wurde es zu dem Symbol für zionistisches Unrecht. Als Vergeltung für das Massaker wurden sechs Tage später 70 jüdische Ärzte und Krankenschwestern von Arabern ermordet.

Politische Bedenken

In den Wochen und Monaten vor Ausrufung des Staates Israel – und natürlich auch danach – ging es den Juden darum, möglichst viele Städte und Dörfer von Arabern zu „säubern“. Bis Mitte Mai war dieses Ziel großteils erreicht, Jaffa, Haifa, Akka, Safed und Tiberias waren schon erobert, mehr als 300.000 Araber geflüchtet bzw. vertrieben worden.

Angesichts dieser Entwicklung gab es im State Department und bei den US-Militärs Bedenken gegen die Teilung. Man fürchtete den Hass der Araber, möglicherweise Versorgungsprobleme beim Öl, Schwierigkeiten bei der Durchführung des Marshall-Plans, sowjetische Penetration des Gebietes und eine Destabilisierung der gesamten Region.

Ähnlich sah das auch der amerikanische Geheimdienst CIA: Eine Teilung sei nicht möglich, der Fehlschlag schon erkennbar. Am 28. Februar 1948 schlug er eine Treuhandschaft Palästinas durch die USA, Großbritannien und Frankreich vor, die mit amerikanischen Truppen abgesichert werden sollte.

Das war wenige Tage nach dem kommunistischen Umsturz in Prag. Alle Befürchtungen auf westlicher Seite wurden bestätigt, als die Sowjetunion die entsprechende Beratung des amerikanischen Plans in der UNO blockierte. Truman neigte zunächst der Treuhandschaftsidee zu, traf aber am 18. März Chaim Weizmann, den herausragenden Führer der Zionisten – und späteren ersten Staatspräsidenten Israels –, der ihn von der Notwendigkeit des jüdischen Staates überzeugen konnte. Gegen den Widerstand des State Department, und insbesondere des Außenministers George Marshall, war Truman jetzt sogar für eine sofortige Anerkennung des neuen Staates; zum einen, um den Sowjets zuvorzukommen, zum anderen aus innenpolitischen Gründen:

Truman hegte zwar keine besondere Sympathie für die Juden, aber er wollte wiedergewählt werden. Im Herbst standen Präsidentschaftswahlen an. Es galt, die 4,6 Millionen jüdischer Stimmen zu gewinnen.

Wie so oft, bestimmte also auch damals die amerikanische Innenpolitik die Entwicklung im Nahen Osten. Für den britischen Außenminister Ernest Bevin war die amerikanische Israel-Politik folglich auch nur eine „reine Hausküche für die Wahlen", wie er Österreichs Botschafter in London, Heinrich Schmid, im Mai 1948 anvertraute.

In den ersten Wochen des Jahres 1948 glaubte man in London, dass die Juden zu schwach wären und aus Palästina vertrieben würden, falls sie sich nicht mit den Arabern einigten. Für Bevin war der zionistische Traum „ausgeträumt". Er und viele andere sollten sich irren. Die Juden waren nämlich vorbereitet. Der Jishuv – die jüdische Bevölkerung in Palästina – war hoch motiviert, gut durchorganisiert, eine halbindustrielle Gesellschaft; mehr als 200.000 von ihnen waren Überlebende des Holocaust, die in den drei Jahren zuvor zumeist über Österreich und Italien mit Hilfe der Fluchtorganisation Bricha illegal nach Palästina geschleust worden waren – und entschlossen zum Kampf. Sie wurden zudem von der gut organisierten zionistischen Weltorganisation unterstützt.

Golda Meir, eine der einflussreichsten Zionistinnen und spätere Außenministerin und Ministerpräsidentin Israels, konnte allein in den USA von Jänner bis Juni 1948 100 Millionen Dollar für den Ankauf von Waffen lukrieren (nach heutigem Wert etwa 700 Millionen Dollar). In der israelischen Armee dienten mehr als 300 amerikanische und kanadische Soldaten mit Weltkriegs-Erfahrung; israelische Piloten wurden von der tschechoslowakischen Armee ausgebildet; die Tschechoslowakei verkaufte allein von Jänner 1948 bis Februar 1949 84 Jagdflugzeuge an Israel.

Am Freitag, den 14. Mai 1948, um Mitternacht, wäre nach 26 Jahren das britische Mandat über Palästina zu Ende gegangen. Acht Stunden zuvor, um 16.00 Uhr, trat der jüdische Nationalrat unter dem Vorsitz von David Ben Gurion im Stadtmuseum von Tel Aviv zusammen, um die Gründung des Judenstaates zu verkünden. Da am Freitagabend bei Sonnenuntergang der Sabbat beginnt, musste vorher gehandelt werden. Unter einem überlebensgroßen Porträt von Theodor Herzl, links und rechts je eine blau-weiße Fahne mit dem Davidstern – die neue Nationalflagge – verkündete Ben Gurion die Errichtung des Staates Israel, kraft des „natürlichen und historischen Rechts" des jüdischen Volkes auf Grund des Beschlusses der UNO-Vollversammlung vom 29. November 1947.

Anerkennung und Krieg

Der Leiter der Jewish Agency in den USA, Eliau Epstein, informierte US-Präsident Truman von dieser Entscheidung, und darüber, dass die Unabhängigkeit eine Minute nach Mitternacht, d. h. 18.00 Uhr Washingtoner Zeit in Kraft treten werde. Schon um 18.11 Uhr erkannte Harry S. Truman die provisorische Regierung Israels de facto an.

Am nächsten Tag griffen Truppen aus Ägypten, Jordanien, Syrien und dem Irak Israel an. Der Generalsekretär der Arabischen Liga verkündete: „Dies wird ein Ausrottungskrieg und ein Massaker sein, von dem man wie von dem mongolischen Massaker und den Kreuzzügen sprechen wird."

Was folgte, war nicht der in der offiziellen israelischen Geschichtsschreibung über Jahrzehnte verkündete Kampf Davids, nämlich Israels, gegen Goliath. Das war eine Legende, die Realität sah anders aus. Der Kriegsverlauf führte auch bei den Arabern zu der schmerzlichen Einsicht, wie es ein arabischer Diplomat gegenüber Clemens Wildner formulierte: „dass die Juden militärisch machen könnten, was sie wollten". Es gebe niemanden, der die israelische Armee abhalten könne, „bis nach Kairo, Beirut, oder Damaskus zu marschieren".

Am Ende hieß der militärische Sieger des ersten israelisch-arabischen Krieges Israel. Es hatte sein Territorium von 14.100 auf 20.700 Quadratkilometer erweitert. Für die Araber war das die Katastrophe, Al-Nakba, wie sie es nennen. Mehr als 700.000 Palästinenser waren zu Flüchtlingen geworden. Der größte Teil von ihnen war vertrieben worden, doch galt das als eine „existentiell notwendige Vertreibung", wie es später in Israel hieß.

Die Flüchtlingsfrage sollte in den nächsten Jahren und Jahrzehnten das entscheidende Problem werden – neben dem eigentlichen Problem der Existenz Israels. Was der irakische Gesandte in Ankara gegenüber Clemens Wildner im August 1948 sagte, klang wie eine Prophezeiung: Die Errichtung eines jüdischen Staates werde von den Arabern nie anerkannt werden; es werde eben einen latenten Kriegszustand geben, vergleichbar mit den Zeiten während der Kreuzzüge.

Im Sechstagekrieg 1967 wurde Israel quasi zum zweiten Mal geboren, diesmal mit einem schweren Geburtsfehler: Israel wurde Besatzungsmacht, die besetzten Gebiete, die für viele Juden „befreite" Gebiete waren, wurden Siedlungsgebiet. Kurt Waldheim, damals Österreichs Vertreter bei den Vereinten Nationen und später zehn Jahre lang deren Generalsekretär, meinte in einer Analyse: „Israel hat sich durch seinen Sieg militärische Sicherheit auf lange Sicht geschaffen. Von einer politischen Lösung seiner Existenzfrage dürfte es jedoch weiter entfernt sein denn je." Das war keine schlechte Voraussage.

60 Jahre nach Gründung des Staates Israel herrschen große Zweifel und Sorgen, über die man auch in Israel offen redet: Wird der Staat noch weitere 60 Jahre existieren? Und wenn ja, wie?

Oder hat am Ende doch Karl Hartl, der damalige österreichische Generalkonsul in Tel Aviv-Jaffa, recht, der 1954 in einem Schreiben an Außenminister Leopold Figl auf die Konsequenzen des Krieges 1948/49 hinwies, „der zu der Früh- und vielleicht Fehlgeburt des Gebildes führte, dem man den Namen Israel gegeben hat“. Israel sei „ob es will oder nicht, doch ein Spritzer des von Hitler zertrümmerten Europas, der an den Küsten Kleinasiens kleben geblieben ist“. Seiner Meinung nach durfte es „als erwiesen betrachtet werden, dass die Aufpfropfung Europas auf den uralten vorderasiatischen Ast misslungen ist.“

Wiener Zeitung, 10. 5. 2008

„Operation Musketier“

Vor fünfzig Jahren verursachte der Suezkrieg zwischen Ägypten, Israel, Großbritannien und Frankreich eine internationale Krise, in deren Verlauf die Machtverhältnisse im Nahen Osten neu geordnet wurden.

Am 29. Oktober des Jahres 1956 sprangen israelische Fallschirmjäger östlich des Mitlapasses im Sinai, 72 Kilometer vom Suezkanal entfernt, ab; eine Woche später landeten französische und britische Fallschirmjäger in Ägypten. Israelis, Briten und Franzosen hatten ein gemeinsames Ziel: den Sturz von Ägyptens Präsidenten Gamal Abdel Nasser. Drei Monate zuvor, im Juli 1956, hatte Nasser die Suezkanal-Gesellschaft verstaatlicht. Er brauchte Geld für den Bau des Assuan-Staudamms, sein großes politisches Ziel. In London wurde diese Entscheidung so interpretiert, wie sie gemeint war: als Schlag gegen den britischen Imperialismus. Premierminister Anthony Eden stellte deshalb klar, dass der Kanal, durch den zwei Drittel des Öls für Europa transportiert wurden, für Großbritannien und für Europa lebenswichtig sei, und dass man Nasser deshalb nicht erlauben dürfe, „seine Hand an unserer Gurgel zu haben“. Die Konsequenz war: militärische Intervention.

Auch Frankreich hatte ein Interesse an Nassers Beseitigung. Der ägyptische Präsident sah sich als Führer aller Araber und Moslems. Damit bedrohte er Frankreichs Präsenz in Algerien, wo am 1. November 1954 die Moslems zum offenen Aufstand gegen die Kolonialmacht ausgerufen hatten. Das Hauptquartier der Aufständischen befand sich in Kairo, Nasser lieferte Waffen für den Algerienkrieg. Dadurch wurde Frankreich zum neuen Verbündeten und zum größten Waffenlieferanten Israels – inklusive Atomtechnologie.

Die Rolle Israels

Israel war ein willkommener Bündnispartner in der Koalition zwischen Frankreich und Großbritannien. Seit Herbst 1955 hatte die Sowjetunion über den Umweg Tschechoslowakei massiv Waffen an Nasser geliefert: bis zum Sommer 1956 200 MIG-Düsenjäger, 100 Panzer und sechs U-Boote. Gleichzeitig hatte Ägypten den Suezkanal und die Straße von Tiran am Ausgang des Roten Meeres für israelische Schiffe gesperrt, sowie den Luftraum über dem Golf von Akaba abgeriegelt. Die Flüge der israelischen

Airline El-Al nach Südafrika mussten daraufhin eingestellt werden. Gleichzeitig verstärkten sich die Angriffe arabischer Feddajin (arabisch: „Die sich selbst aufopfern“) gegen Israel, dessen Grenze „blutete“: allein 1955 wurden 260 Israelis getötet; die Zahl der Todesopfer seit 1951 erhöhte sich auf insgesamt 1000.

In Israel wurde ein Präventivschlag gegen Ägypten diskutiert – bevor die Sowjets imstande wären, das Land aufzurüsten –, während Radio Kairo bereits eine mögliche Niederlage Israels meldete.

Am 28. September 1956 traf eine hochrangige israelische Delegation – u. a. mit der Außenministerin Golda Meir, dem Generaldirektor des Verteidigungsministeriums Shimon Peres und dem Chef des Generalstabes Moshe Dajan – in Paris mit dem französischen Außenminister Christian Pineau zusammen. Pineau machte klar, dass die militärische Aktion vor den amerikanischen Präsidentschaftswahlen am 6. November stattfinden sollte. In den Gesprächen wurde deutlich, dass Frankreich nicht über genügend Flugzeuge verfügte, um die ägyptische Luftwaffe auszuschalten, die ihrerseits israelische Städte bombardieren konnte. Deshalb war eine britische Beteiligung an den Kampfhandlungen unerlässlich. Die Briten wurden über die Planungen nicht im Detail informiert, allerdings versprach sich London im Falle eines israelischen Angriffs Vorteile im Zusammengehen mit Frankreich.

Am 16. Oktober führten Premier Eden und sein Außenminister Selwyn Lloyd in Paris Gespräche mit dem französischen Ministerpräsidenten Guy Mollet und dem Außenminister Pineau. Eden stimmte einer Militäraktion am Suezkanal zu. Am 18. Oktober gab das britische Kabinett grünes Licht für die „Operation Musketier". Gemeinsam mit den Israelis wurden auf einer Geheimkonferenz, die zwischen dem 22. und dem 24. Oktober in Sèvres bei Paris stattfand, die Operationspläne und Kriegsziele konkretisiert. Der israelische Premierminister David Ben Gurion stellte klar: „Die Aktion kann morgen beginnen, falls Großbritannien mitmacht."

In einem drei Seiten langen Geheimprotokoll wurden die einzelnen Schritte festgeschrieben: Angriff Israels am 29. Oktober, anschließend Ultimatum von Großbritannien und Frankreich an Israel und Ägypten, die Feindseligkeiten einzustellen und sich zehn Meilen vom Kanal zurückzuziehen (der entsprechende Text wurde bereits formuliert). Nach der zu erwartenden Ablehnung durch Nasser würden anglo-französische Truppen eingreifen, um die Kanalzone zu sichern. De facto beschlossen Großbritannien, Frankreich und Israel in Sèvres also den Krieg gegen Ägypten. Eden wollte das Protokoll später vernichten lassen, was Ben Gurion aber ablehnte.

Der Angriff

Moshe Dajan befahl den Angriff für Montag, 29. Oktober, 17 Uhr. Tatsächlich begann der Krieg schon einen Tag vorher mit einer Aktion, die kaum bekannt geworden ist: Ein israelischer Meteor-Jet schoss eine ägyptische Iljuschin-Militärtransportmaschine, die von Syrien nach Ägypten unterwegs war, über dem Mittelmeer ab. An Bord war zwar nicht, wie erhofft, der ägyptische Generalstabschef Amr, aber immerhin wurden 18 Mitglieder des ägyptischen Generalstabes getroffen. Dajans Kommentar dazu: „Das war die erste Hälfte des Krieges. Lasst uns auf die zweite Hälfte anstoßen."

Am Nachmittag des 29. Oktober zerstörten vier israelische Mustang-Jäger mit ihren Tragflächen die wichtigsten Telefonleitungen auf dem Sinai, was zu einem Zusammenbruch der ägyptischen Kommunikationswege führte.

Wie in Sèvres vereinbart, wurden sodann 395 israelische Fallschirmjäger östlich des Mitlapasses abgesetzt. Das war die von Selwyn Lloyd geforderte „wirkliche Kriegshandlung", die den Briten und Franzosen einen Grund für ihr Ultimatum gab. Als Nasser, wie erwartet, am 31. Oktober dieses Ultimatum ablehnte, bombardierten britische und französische Flugzeuge ägyptische Flugplätze. Sie zerstörten innerhalb von 48 Stunden 200 Flugzeuge am Boden.

Am 5. November begann die Invasion: Fallschirmjäger landeten in Port Said am nördlichen Eingang des Suezkanals, am nächsten Tag stießen britische und französische Truppen von dort nach Süden vor. 150 Kilometer vor ihrem Ziel Suez City stoppten sie allerdings am 7. November um zwei Uhr früh ihren Vormarsch, und zwar nicht ganz freiwillig. Paris und London befolgten einen Beschluss des UNO-Sicherheitsrates, den die USA und die Sowjetunion gemeinsam initiiert hatten – diese Allianz war übrigens in der Geschichte der UNO niemals zuvor zustande gekommen.

Moskau hatte Paris und London darüber hinaus ultimativ angedroht, „mit der Anwendung von Gewalt die Aggressoren zu vernichten und den Frieden im Nahen Osten wiederherzustellen". In einem Brief an Ben Gurion machte die sowjetische Regierung außerdem klar, dass Israels Angriff auf Ägypten „unter den Völkern des Nahen Ostens gegen den Staat Israel einen Hass sät, der sich auf die Zukunft Israel auswirken muss und seine staatliche Existenz in Frage stellt". Ben Gurion notierte in sein Tagebuch, dass auch Hitler diesen Brief hätte geschrieben haben können. Die sowjetischen Panzer in Ungarn – wo die Sowjets am 4. November damit begonnen hatten, den Volksaufstand mit brutaler Gewalt niederzuschlagen – stellten unter Beweis, wozu „diese kommunistischen Nazis fähig sind. Das erfüllt mich mit Sorge, weil Syrien sowjetische Waffen erhält und wir annehmen müssen, dass mit diesen Waffen auch ‚Freiwillige' kommen."

Washington greift ein

Es waren aber nicht die sowjetischen Drohungen, sondern Entscheidungen in Washington, die erst Großbritannien und dann Frankreich dazu brachten, die Suez-Aktion abzubrechen. Die Amerikaner kannten das Sèvres-Protokoll; der US-Präsident Dwight D. Eisenhower hatte Eden daraufhin nachdrücklich gebeten, die Operation erst nach der amerikanischen Präsidentschaftswahl zu beginnen. Jetzt war er außer sich, fühlte sich von Eden hintergangen. Washington übte nun massiven wirtschaftlichen Druck auf London aus, das Pfund Sterling fiel ins Bodenlose, Öllieferungen nach Großbritannien wurden blockiert.

Am 22. und 23. Dezember verließen die anglo-französischen Truppen Ägypten. Tags darauf sprengten ägyptische Pioniere in Port Said die Statue von Fernand de Lesseps, dem französischen Erbauer des Suezkanals.

Trotz der UNO-Resolution vom 7. November war Israel zunächst nicht bereit, sich aus dem Sinai zurückzuziehen. Doch übten die USA auch hier massiven Druck aus. Die Wirtschaftshilfe wurde eingestellt, UNO-Sanktionen, ja sogar der Ausschluss Israels aus der UNO wurden angedroht. Am 7. März 1957 verließen die letzten israelischen Soldaten ägyptisches Gebiet. Im Gazastreifen und in Sharm el Sheik an der Südküste des Sinai bezogen Einheiten einer UNO-Friedenstruppe Stellung.

Die USA wurden heftig kritisiert, denn sie hatten im UNO-Weltsicherheitsrat mit Moskau gestimmt, während die Sowjets in Ungarn ein Massaker angerichtet hatten.

Außerdem hatte die Sowjetunion erklärt, sie sei entschlossen, „unter Anwendung von Gewalt die Aggressoren zu vernichten und den Frieden im Nahen Osten wiederherzustellen". Man werde Großbritannien und Frankreich mit Atombomben vernichten. Regierungschef Nikolai Bulganin warnte Eisenhower, die Kämpfe im Nahen Osten könnten zu einem Weltkrieg führen, und schlug vor, gemeinsam mit den USA militärisch einzuschreiten. Diesen Vorschlag hatte Eisenhower verärgert zurückgewiesen. Dennoch warf man ihm vor, Schwäche gegenüber den Sowjets gezeigt zu haben.

Was blieb vom Suezkrieg? Briten und Franzosen zogen unterschiedliche Konsequenzen aus dem Desaster. Für Edens Nachfolger Harold Macmillan war klar, dass in Zukunft nur eine enge Zusammenarbeit mit den USA in Frage kam. In Paris hingegen entwickelte sich vor allem unter dem Einfluss des Präsidenten Charles De Gaulle eine eindeutig anti-amerikanische Haltung.

Der Suezkrieg bedeutete jedenfalls das definitive Ende der britischen Hegemonialstellung im Nahen Osten. An deren Stelle traten nun die USA. Der Krieg bedeutete auch das politische Ende Edens, der im Januar 1957 zurücktrat.

Dagegen führte der Konflikt nicht, wie geplant, den Sturz Gamal Abdel Nassers herbei, sondern dessen politischen Sieg. Das Prestige des ägyptischen Präsidenten wuchs nach dem Suezkrieg in der arabischen Welt stetig an. Das gescheiterte Unternehmen „Regimewechsel in Ägypten" wurde somit zur Geburtsstunde eines neuen arabisch/islamischen Nationalismus. Der nächste Krieg war damit bereits programmiert.

Wiener Zeitung, 28. 10. 2006

„Gut, wir sind zum Krieg bereit“

Der Sechstagekrieg zwischen Israel und seinen arabischen Nachbarstaaten veränderte vor vierzig Jahren die geopolitische Situation im Nahen Osten.

Am 5. Juni 1967, einem Montag, starteten 183 israelische Kampfflugzeuge zu einem Präventivschlag gegen Ägypten. Der Zeitpunkt für den Angriff war in der Erwartung gewählt worden, dass sich die ägyptischen Piloten und Kommandeure in ihren Autos befinden würden – am Rückweg vom morgendlichen Frühstück.

Die Rechnung ging auf, die Überraschung gelang: Innerhalb von 70 Minuten wurden 197 ägyptische Flugzeuge und 16 Radarstationen vernichtet. Die zweite Angriffswelle begann um 9.34 Uhr. Weitere 107 ägyptische Flugzeuge und 14 Luftstützpunkte wurden zerstört. Damit hatte Ägypten drei Viertel seiner Luftstreitkräfte verloren. Der dritte Nahostkrieg – nach 1948/49 und 1956 – war nicht einmal drei Stunden alt, als der Sieger bereits feststand: Israel.

Begonnen hatte alles schon Monate vorher, als Fortsetzung der beiden vorangegangenen Kriege. Das Ziel der arabischen Nachbarn Israels war gleich geblieben: die Vernichtung des jüdischen Staates. Seit dem Suezkrieg hatte es – so wie schon vor 1956 – immer wieder Zwischenfälle an den Grenzen gegeben. Zur bis dahin schwersten Auseinandersetzung kam es dann am 7. April 1967, als israelische Mirage-Flugzeuge sechs syrische MIGs abschossen.

Ägyptens Vorstoß

Am 13. Mai warnte der Kreml die Regierungen in Kairo und Damaskus vor einem israelischen Angriff auf Syrien. Das Prestige von Ägyptens Präsident Nasser in der arabischen Welt stand auf dem Spiel. Am 16. Mai forderte er UN-Generalsekretär U Thant auf, die seit 1957 auf der Sinai-Halbinsel und im Gaza-Streifen stationierten UN-Truppen abzuziehen. Als U Thant sofort bereitwillig auf diese Forderung einging und den Befehl zum Abzug gab, ging Nasser noch einen Schritt weiter und verkündete am 22. Mai die Blockade der Meerenge von Tiran für alle Schiffe mit dem Ziel Eilat. Öffentlich machte er klar, worum es gehen würde: „Die Juden haben mit Krieg gedroht; ich antworte: herzlich willkommen. Gut, wir sind zum Krieg bereit. Das Hauptziel, das wir in dem bevorstehenden umfassenden Krieg verfolgen, ist die Zerstörung Israels.“

Für Israel war das der Casus Belli. Wie immer war auch diesmal die Haltung der USA entscheidend. Präsident Lyndon B. Johnson ließ mitteilen, Israel werde „nicht allein sein, es sei denn, es handelt allein". Daraufhin kam es am 29. Mai im israelischen Kabinett zu einem Patt: Neun Minister waren für, neun gegen einen Präventivschlag. Also kein Krieg.

Das erregte damals den Zorn der israelischen Generäle, der Ruf nach dem „starken Mann" ertönte immer lauter. Schließlich wurde am 1. Juni eine „Regierung der nationalen Einheit" gebildet, in der Moshe Dajan, der Held des Suezkrieges 1956, Verteidigungsminister wurde.

Am 4. Juni beschloss die Regierung einstimmig, nicht länger zu warten. Ausschlaggebend dafür war die Meldung des Chefs des israelischen Geheimdienstes Mossad, Meir Amit, der sich inkognito in Washington aufgehalten hatte und mit dem Eindruck zurückkehrte, dass dort niemand Nein zum Krieg gesagt hatte.

Am Morgen des 5. Juni wurde der Erstschlag geführt, dann stieß die israelische Armee in Richtung Suezkanal vor. Wir wissen erst seit kurzem, welche dramatischen Szenen sich damals im Kreml abspielten. Am 6. Juni erklärte der ägyptische Verteidigungsminister Amr im Auftrag Nassers dem sowjetischen Botschafter, die Lage sei so ernst, dass es „notwendig ist, die Feuereinstellung bis 5.00 Uhr früh zu erreichen". Der sowjetische Parteichef Leonid Breschnew erklärte später in einer Geheimrede vor dem Zentralkomitee der KPdSU, dass damit der „kritischste Augenblick für die VAR [Vereinigte Arabische Republik = Ägypten] im Verlauf der Kampfhandlungen" erreicht war.

Breschnews Bericht machte die verheerende Lage deutlich: „Als wir diese alarmierende, die Dramatik der Situation an der ägyptisch-israelischen Front widerspiegelnde Meldung aus Kairo erhielten, hielten wir, die Mitglieder des Politbüros, um ein Uhr nachts eine Sitzung ab. Wir überlegten mögliche Varianten, wie den eine Niederlage erleidenden Streitkräften der VAR geholfen werden könnte. Es konnte gar keine Rede davon sein, in den verbleibenden wenigen Stunden irgendwie nennenswerte Mengen technischer Kampfmittel, Panzer, Flugzeuge, dorthin zu befördern, um die im Grunde zusammenbrechende ägyptische Front zu stärken, den Vormarsch der israelischen Truppen auf den Suezkanal aufzuhalten und so die Hauptstadt und andere Städte der VAR aus der Luft zu decken. Dabei musste in Rechnung gestellt werden, dass der ägyptischen Militärführung die Leitung der Truppen faktisch aus den Händen geglitten war. Diese befanden sich in einem Zustand des Chaos und der Fassungslosigkeit, viele Flugplätze, auf denen unsere Flugzeuge hätten landen können, waren zerstört. In dieser Situation war es das einzig Richtige, alle politischen und diplomatischen Mittel einzusetzen, um zu versuchen, die VAR dem Schlag zu entziehen."

Kampf um Jerusalem

Ähnlich katastrophal war auch die Lage der jordanischen Armee, obwohl die Kämpfe in Jordanien und besonders um Jerusalem die verlustreichsten der israelischen Armee waren. Am 6. Juni teilte König Hussein dem sowjetischen Botschafter mit: „Das ist der schwerste Tag in meinem Leben. Nur die unverzügliche Feuereinstellung kann Jordanien retten." In der Nacht zum 7. Juni wiederholte Nasser die dringende Bitte, den Vormarsch der israelischen Truppen aufzuhalten und bis 5.00 Uhr morgens eine Feuereinstellung zu erreichen.

In Ost-Jerusalem wurde zu dem Zeitpunkt um jede Straße und jedes Haus gekämpft. Am 7. Juni erreichten israelische Truppen, an ihrer Spitze Moshe Dajan, die Klagemauer, wo der Verteidigungsminister erklärte: „Wir haben das geteilte Jerusalem, die gespaltene Hauptstadt Israels, von neuem vereint; wir sind zu unseren heiligen Stätten zurückgekehrt, um uns nie wieder von ihnen zu trennen."

Am 9. Juni zog Israel seine Streitkräfte im Norden zusammen und eroberte den Golan. Am Abend kündigte Nasser seinen Rücktritt an, was die Sowjetunion unter keinen Umständen zulassen wollte. Das Politbüro der KPdSU sicherte Nasser politische und moralische Unterstützung zu: „Die arabische Welt und alle fortschrittlichen Kräfte in der Welt werden Ihren Rücktritt von der Führung des Landes in diesem verantwortungsvollen Augenblick nicht verstehen und nicht billigen."

Nasser blieb im Amt. In Moskau atmete man auf. Ein wichtiges Ziel war erreicht. Breschnew sagte später vor dem ZK: „Unser Handeln in der für die VAR kritischen Situation war darauf gerichtet, den Aggressor aufzuhalten, solange die arabischen Staaten noch einen bedeutenden Teil ihrer Streitkräfte bewahrt hatten, die Eroberung von Kairo und Damaskus durch die israelischen Truppen nicht zuzulassen und vor allem den Sturz des fortschrittlichen Regimes in der VAR zu verhindern, was – davon sind wir überzeugt – eine Kettenreaktion auch in anderen arabischen Staaten zur Folge gehabt hätte."

Inzwischen setzte die israelische Armee ihren Siegeszug im Norden fort. Die syrischen Absperrungen wurden durchbrochen. Gegen Mittag des 10. Juni fiel Kuneitra, der Hauptstützpunkt der Syrer auf dem Golan. Der Weg nach Damaskus war frei. In dieser dramatischen Situation bat die Regierung Syriens die Sowjetunion geradezu verzweifelt, „beliebige Schritte zu unternehmen, und zwar in den nächsten zwei bis drei Stunden, da es sonst zu spät sein würde". Breschnew vor dem ZK: „Das war der zweite kritische Punkt in der Nahostkrise."

Konflikt der Großmächte

Moskau brach die diplomatischen Beziehungen zu Israel ab und übermittelte US-Präsident Lyndon B. Johnson die Botschaft: Sollte Israel die Kriegshandlungen nicht in den allernächsten Stunden beenden, sähe sich die Sowjetunion „zu selbstständigen Handlungen" gezwungen. Das war die klare Drohung, dass der Kreml auf Seiten der geschlagenen arabischen Staaten eingreifen werde – auch auf das Risiko eines militärischen Konflikts mit den USA hin. „Diese Handlungen", so hieß es nämlich weiter in der Note an Johnson, „können einen Zusammenstoß zwischen uns bewirken und zu einer großen Katastrophe führen. [...] Wir schlagen vor, Israel zu warnen, dass im Falle der Nichterfüllung dieser Forderung die notwendigen Aktionen, einschließlich militärischer Aktionen, eingeleitet werden."

Gleichzeitig wurde dem im Mittelmeer befindlichen Verband sowjetischer Kriegsschiffe, einschließlich eines Raketenkreuzers, der Befehl erteilt, in Begleitung einiger U-Boote Kurs auf die Küste Syriens zu nehmen. Der Krieg drohte zu eskalieren und außer Kontrolle zu geraten.

In Washington erkannte man den Ernst der Situation, im Weißen Haus herrschte höchste Anspannung. Für Verteidigungsminister Robert McNamara war der Inhalt der sowjetischen Botschaft unmissverständlich: „Herr Präsident, wenn Sie Krieg wollen, werden Sie Krieg bekommen." Johnson wollte keinen Krieg – er hatte bereits einen in Vietnam.

Im von den Syrern verlassenen Kuneitra stoppten die Israelis ihren Vormarsch und stimmten am 10. Juni, um 18.30 Uhr, der Forderung der Vereinten Nationen nach Feuereinstellung zu. Der Sechstagekrieg hatte von 5. bis 10. Juni gedauert, eine knappe Woche, die das Leben der Menschen in den beteiligten Staaten vollkommen veränderte. Das von Israel eroberte Gebiet war dreimal so groß wie sein eigenes Territorium und hatte eine Million Einwohner.

Kurt Waldheim, damals Österreichs Vertreter bei den Vereinten Nationen und später zehn Jahre Generalsekretär der UNO, machte sich damals Gedanken über den israelischen Sieg. Am Schluss seiner Analyse meinte er: „Israel hat sich durch seinen Sieg über die arabischen Staaten militärische Sicherheit auf lange Sicht geschaffen. Von einer politischen Lösung seiner Existenzfrage dürfte es jedoch weiter entfernt sein denn je." Das war, rückblickend betrachtend, keine schlechte Voraussage.

Wiener Zeitung, 25. 5. 2007

Palästinenserstaat nur leeres Wort?

Am 13. September 1993: Versöhnliches Händereichen zwischen Arafat und Rabin

Das Bild ging um die Welt: Auf dem Rasen vor dem Weißen Haus in Washington reichten sich Palästinenserführer Jassir Arafat und der israelische Premierminister Jitzhak Rabin die Hände – Arafat wollte gar nicht mehr loslassen. Für viele Beobachter war dies damals ein historischer Moment, der den Anfang vom Ende des israelisch-palästinensischen Konfliktes symbolisierte.

Minuten vorher hatten sie in einer feierlichen Zeremonie die in Oslo ausgehandelte Prinzipienerklärung über die Selbstverwaltung der Palästinenser unterzeichnet.

Dies war kein Vertrag, sondern zunächst nur eine Rahmenvereinbarung. Beide Seiten hatten sich zuvor anerkannt: Arafat mit seiner Befreiungsbewegung PLO die Existenz Israels, Israel die PLO; beide Seiten stimmten jetzt überein, dass es an der Zeit sei, „Jahrzehnte der Konfrontation und des Konfliktes zu beenden", mit dem Ziel, „eine gerechte, dauerhafte und umfassende Friedensregelung sowie eine historische Aussöhnung auf dem Weg des vereinbarten politischen Prozesses zu erreichen".

Rabin sprach den Satz: „Es ist Zeit, dem Frieden eine Chance zu geben."

Umstrittene Fragen wie zukünftige Grenzen, der Status Jerusalems, Flüchtlinge, Siedlungen, Sicherheitsregelungen, Beziehungen zu und Zusammenarbeit mit anderen Nachbarn waren in der Vereinbarung ausgeklammert worden; darüber sollte später verhandelt werden.

Begonnen hatte der Konflikt mehr als hundert Jahre zuvor mit dem Wiener Journalisten Theodor Herzl, der zum Begründer des politischen Zionismus wurde und dessen Ziel die Schaffung eines Judenstaates war. Dieser Staat sollte in Palästina errichtet werden. Die Briten sagten 1917 Unterstützung zu, und sie waren es auch, die als Erste 1937 eine Teilung des Landes in zwei Staaten vorschlugen.

1939 kam der Rückzieher: kein Judenstaat! Die Engländer wollten sich die Araber nicht zu Feinden machen. Nach Holocaust und Zweitem Weltkrieg beschloss dann die UNO im November 1947 die Teilung Palästinas in einen jüdischen und einen arabischen Staat.

Der Staat Israel wurde am 14. Mai 1948 in Tel Aviv ausgerufen; seit jenem Tag befand und befindet sich Israel im Kriegszustand. Seine Grenze blutete, wie der österreichische Generalkonsul in Tel Aviv dies 1952 einmal bezeichnete.

Nach dem ersten Krieg 1948/49 kam 1956 der zweite, dann 1967 der Sechstagekrieg, 1973 der Yom-Kippur-Krieg, dann die Invasion Libanons im Jahr 1982 und 1987 die erste Intifada (arab. „sich erheben“) der Palästinenser gegen die israelischen Besatzer.

Es kam zu blutigen Straßenschlachten, bei denen Hunderte von Menschen ums Leben kamen. Terroranschläge in Israel waren an der Tagesordnung. Damals wuchs die Erkenntnis, dass eine Lösung des Nahostproblems nur auf vertraglichem Wege zu erzielen sei. Rabin tat 1993 diesen Schritt – und wurde zwei Jahre später von einem religiös-fanatischen Juden ermordet. Beim Verhör meinte dieser, sein Ziel sei es gewesen, den Friedensprozess und die Rückgabe besetzter Gebiete zu stoppen. Er habe geschossen, „um das Leben des jüdischen Volkes zu retten“.

Der Tod Rabins signalisierte auch das Ende des Friedensprozesses. Sein Nachfolger Peres verlor die Wahl, der neue, rechtsgerichtete Premierminister hieß Netanjahu; dessen Nachfolger war der Labour-Premier Barak, der vergebens mit Arafat eine Friedensregelung aushandeln wollte. Arafat lehnte ab.

Danach kam Ariel Sharon; er erklärte Arafat den Krieg. Der Palästinenserführer war für ihn kein Gesprächspartner. Seither steht Arafat unter Hausarrest in Ramallah; die zweite Intifada hat inzwischen Hunderte von Menschenleben gekostet; der Versuch des amerikanischen Präsidenten George W. Bush und der Europäer, eine Friedensregelung zu erreichen, ist offensichtlich auch gescheitert.

Dolomiten, 13./14. 9. 2003

Österreich

Anschlusspläne Österreichs und österreichischer Bundesländer nach 1918

Nach der Revolution von 1918 erklärte sich die Republik Deutschösterreich zum Bestandteil des Deutschen Reichs. Ein Anschluss an Deutschland wurde aber 1919 durch die Friedensverträge von Versailles und Saint Germain untersagt. Im Lauf des Jahres 1921 verlagerte sich die Anschlussbewegung auf die Ebene der Länder, als in Tirol und Salzburg Abstimmungen über den Anschluss an Deutschland stattfanden. Obwohl im Oktober 1922 nochmals untersagt, blieb die Frage der Vereinigung Österreichs mit Deutschlands weiterhin als politische Forderung bestehen. Die BVP instrumentalisierte sie in der Debatte um die Stärkung des innerdeutschen Föderalismus.

12. November 1918 – Beschluss zur Vereinigung „Deutschösterreichs" mit der „Deutschen Republik"

Die „Provisorische Nationalversammlung für Deutschösterreich", die sich am 21. Oktober aus den 1911 gewählten Reichsratsabgeordneten des deutschen Siedlungsgebietes der Habsburger Monarchie konstituiert hatte, verabschiedete am 12. November 1918 eine Verfassung für den neuen Staat. Deren Artikel 2 lautete: „Deutschösterreich ist ein Bestandteil der Deutschen Republik". Der sozialdemokratische Staatskanzler Karl Renner (1870-1950) erklärte an jenem Tag im Parlament: „Wir sind ein Stamm und eine Schicksalsgemeinschaft."

Am 12. März 1919 wurde der Beschluss von der konstituierenden Nationalversammlung „feierlich wiederholt, bestätigt und bekräftigt". Außenminister Otto Bauer (1881-1938) bezeichnete in einer programmatischen Rede „die Vereinigung Deutschösterreichs mit der großen Deutschen Republik […] heute wieder als unser Programm".

Gründe für die Anschlussbewegung

Karl Renner sah 1945, als erster Kanzler auch der Zweiten Republik, folgende Ursache für die Anschlussbewegung: Die Angst vor Hunger und Arbeitslosigkeit habe 1918 jeden an den Anschluss als einzig mögliche Lösung denken lassen: „Österreichs wirtschaftliche Lage verstehen, bedeutet, die Bewegung für den Anschluss zu verstehen."

Die Anschlusseuphorie der Sozialdemokraten hatte aber auch andere Gründe: Ihr Ziel war die Bildung einer Einheitsfront mit den deutschen Sozialdemokraten, wie es in einem Wahlaufruf vom 4. Februar 1919 hieß: „Wir wollen uns mit dem roten Deutschland vereinen. Vereinigung mit Deutschland bedeutet jetzt Vereinigung mit dem Sozialismus."

Ähnliche Begeisterung für den Anschluss zeigten neben den Sozialdemokraten die Deutschnationalen. Die Christlich-Sozialen standen dagegen einem von den Sozialdemokraten geförderten „roten Deutschland" skeptisch gegenüber.

Anfängliche Skepsis in Berlin

Die Wiener Entscheidung vom 12. November 1918 stieß in Berlin zunächst auf Skepsis, denn schon am 9. November waren die im Falle eines Anschlusses wesentlich härteren Friedensbedingungen der Entente bekannt geworden.

Dennoch wurde in den folgenden Wochen der Anschlussgedanke in Deutschland immer populärer. Schon das Reichswahlgesetz vom 30. November 1918 sprach vom eventuellen Anschluss Deutschösterreichs. Das am 10. Februar 1919 von der Weimarer Nationalversammlung verabschiedete „Gesetz über die vorläufige Reichsgewalt" sah vor, dass „wenn Deutschösterreich sich dem Deutschen Reich anschließt", es am Staatenausschuss teilnehmen solle.

Der Vereinigungsplan: Das Berliner Protokoll vom 2. März 1919

Bauer und der deutsche Außenminister Ulrich Graf Brockdorff-Rantzau (1869-1928) unterzeichneten am 2. März 1919 in Berlin ein Protokoll, dessen wichtigste Passagen trotz Geheimhaltung zur Kenntnis der Entente gelangten.

Das „Berliner Protokoll", so Bauer im Januar 1922 im Nationalrat, sah vor, „in welcher Weise, wenn der Anschluss an Deutschland vollziehbar wird, er vollzogen werden soll". Beide Seiten waren übereingekommen, in dieser Frage schrittweise vorzugehen und mit Rücksicht auf die Friedensverhandlungen auf ein Fait accompli zu verzichten. Die Entente sollte nicht vor vollzogene Tatsachen gestellt werden. Das „Berliner Protokoll" traf als Absichtserklärung bezeichnenderweise keine Aussage über den Zeitpunkt des Anschlusses. Dennoch nahm im Frühjahr 1919 eine Kommission vorbereitende Beratungen auf.

Anschlussverbot durch die Pariser Vorortverträge 1919

Vor allem angesichts der Gegnerschaft Frankreichs scheiterten die Anschlusspläne. Sowohl der am 28. Juli 1919 von Deutschland unterzeichnete Friedensvertrag von Versailles als auch der Friedensvertrag von Saint Germain vom 10. September 1919 verboten in ihren Artikeln 80 bzw. 88 den Anschluss Österreichs an das Deutsche Reich. Die Siegermächte wollten dem geschlagenen Deutschland eine Gebietserweiterung oder eine Zunahme seiner Bevölkerung um sechseinhalb Millionen Menschen nicht zubilligen.

Reaktion der Österreichischen Nationalversammlung – „Deutschösterreich“ wird die „Republik Österreich“

Die österreichische Nationalversammlung nahm den Vertrag von Saint Germain am 6. September 1919 unter Protest an. Am 21. Oktober 1919 änderte sie dem Vertrag entsprechend den Staatsnamen von „Deutschösterreich“ in „Republik Österreich“ und setzte „in Durchführung des Staatsvertrages von St. Germain die bisherige Bestimmung ‚Deutschösterreich ist ein Bestandteil des Deutschen Reiches‘ außer Kraft“.

Verlagerung der Anschlussbewegung auf die Länderebene 1921

In den Augen weitester Kreise seiner Bevölkerung war Österreich nicht lebensfähig und der Anschluss der einzige Weg aus dem immer größer werdenden Elend. Im Gegensatz zur sozialistisch geprägten Anschlussbewegung von 1918/19 trugen die Entwicklung nun christlich sozial-konservativ geprägte Länder, die sich vom „roten“ Wien lossagen wollten. Dabei spielte eine schon länger vorhandene Abneigung gegen die Zentrale eine wichtige Rolle.

Schwerpunkte der Anschlussbewegung 1921 waren die Länder Tirol, Salzburg und die Steiermark, nachdem schon am 11. Mai 1919 eine Abstimmung in Vorarlberg eine Mehrheit von über 80 % für einen Anschluss an die Schweiz ergeben hatte.

In Tirol stimmten bei einer Volksabstimmung am 24. April 1921 über 98 % für den „Zusammenschluss“ mit dem Deutschen Reich, bei einer inoffiziellen Befragung in Salzburg sogar 99 % – wenngleich in beiden Fällen massive Propaganda, Manipulationen und unklare Zahlen den Wert der Abstimmungsergebnisse schmälerten. Weitere Abstimmungen unterblieben aufgrund des Drucks der Siegermächte und mit Blick auf die bevorstehenden Plebiszite im Burgenland und in Kärnten.

Am Ende dieser Entwicklung musste sich die Republik Österreich bei einer Anleihe des Völkerbundes im Oktober 1922 erneut verpflichten, für die nächsten „zwanzig Jahre" gemäß dem Wortlaut des Artikels 88 des Vertrages von Saint Germain „ihre Unabhängigkeit nicht aufzugeben".

Die Rolle Bayerns

Aufgrund der unmittelbaren Nachbarschaft war die Frage eines möglichen Beitritts Österreichs zum Deutschen Reich von großer Bedeutung für Bayern. Die vor 1918 gegen einen Beitritt Österreich-Ungarns erhobenen, vor allem agrarpolitischen Bedenken spielten dabei keine Rolle mehr.

Sehr weitgehende Überlegungen äußerte der BVP-Politiker Georg Heim (1865-1938), der im November 1918 vorschlug, Bayern solle aus dem Deutschen Reich austreten und mit den stammesverwandten Ländern Österreichs – Tirol, Salzburg und Oberösterreich, eventuell noch Vorarlberg – einen eigenen Staat bilden. Trotz offizieller Distanz der BVP und der von ihr getragenen bayerischen Regierungen zu diesen separatistischen Plänen bildete das Kriterium der „Stammesverwandtschaft" die Grundlage der bayerischen Österreichpolitik während der Weimarer Republik. Angesichts der nach 1918 eindeutig an das Reich übergegangenen außenpolitischen Kompetenz blieb aber der Spielraum bayerischer Politik begrenzt; eigenständige Versuche Bayerns, sich 1920/21 in der Anschlussfrage zu profilieren, führten zu energischen Protesten aus Berlin; Treffen bayerischer und österreichischer Politiker fanden nur im privaten Rahmen statt. Enge Beziehungen unterhielten die bayerischen Regierungen der Zwischenkriegszeit nur mit Tirol. Die spektakulärste Aktion bayerischer Tirolpolitik war dabei die Attacke von Ministerpräsident Heinrich Held (1868-1938) auf das faschistische Italien wegen dessen Südtirolpolitik am 4. Februar 1926.

Die Kontaktpflege mit den anderen österreichischen Ländern blieb weitgehend der lokalen Politik überlassen. Hierzu zählten um 1920/21 die Bemühungen der Bürgermeister schwäbischer Städte, vor allem des Lindauer Oberbürgermeisters und späteren NS-Ministerpräsidenten von Bayern, Ludwig Siebert (1874-1942), den Vorarlberger Anschlussbeschluss an die Schweiz zu revidieren.

Bedeutung des Anschlussgedankens in der Reichsreformdebatte

Der Anschlussgedanke war gleichzeitig auch von hoher innenpolitischer Bedeutung für die Reichsreformdebatte, da ihn die BVP instrumentalisierte, um den innerdeutschen Föderalismus zu stärken.

So formulierte 1930 Alois Hundhammer (1900-1974): „Übrigens würden Österreich und Wien, von deren Anschluß an das Reich man soviel redet, nie einem von Berlin aus beherrschten Einheitsstaat sich einordnen. Wer es wirklich ernst meint mit einem Großdeutschland, in das auch Österreich heimkehren soll, der muß aus nationalen Gründen eintreten für ein föderalistisch gestaltetes Deutsches Reich." (Oliver Braun [Bearb.], Die staatsbürgerlichen Vorträge von Alois Hundhammer aus den Jahren 1930 und 1931, München 2005, 59).

Ausblick: Der Anschluss Österreichs 1938

Im März 1938 führten die Nationalsozialisten den Anschluss unter ganz anderen Vorzeichen gewalttätig herbei. Noch in Linz ließ Adolf Hitler (1889-1945) am 13. März 1938 das Gesetz über die „Wiedervereinigung Österreichs mit dem Deutschen Reich" ausarbeiten, das sofort in Kraft trat. Sein Artikel 1 – „Österreich ist ein Land des Deutschen Reiches" – erinnerte in fataler Weise an 1918, obwohl doch alles ganz anders war.

Hist. Lexikon Bayern, 2006

WIR
WOLLEN!
VOLKSABSTIMMUNG
IN TIROL 1921

Verführung oder Gewalt?

Im März 1938 marschierten deutsche Truppen in Österreich ein und erzwangen den „Anschluss", der von vielen Österreichern herbeigesehnt worden war.

„Als Führer und Kanzler der Deutschen Nation und des Reiches melde ich vor der Geschichte nunmehr den Eintritt meiner Heimat in das Deutsche Reich!" Mit diesen Worten beendete Adolf Hitler am Mittag des 15. März 1938 – einem Dienstag – die „Befreiungskundgebung" auf dem Heldenplatz in Wien, wo sich weit über hunderttausend Menschen eingefunden hatten. Hitlers „Vollzugsmeldung vor der Geschichte" vom Balkon der Neuen Hofburg wurde von der Menge mit nicht enden wollendem Jubel und „Sieg-Heil!"-Rufen beantwortet. Vor aller Welt sichtbar, war Österreich „heim ins Reich" geholt.

Anschlusswünsche

„Heim ins Reich!", „Ein Volk, ein Reich!", „Großdeutschland unsere Zukunft!" – so und so ähnlich lauteten schon 1918/19 die Parolen in Österreich. Am 2. März 1919 wurde in Berlin in einem geheimen Protokoll festgelegt, wie „mit tunlichster Beschleunigung" der Zusammenschluss der beiden Staaten durchzuführen sei: Demnach sollte Österreich als „selbständiger Gliedstaat" mit gewissen Sonderrechten (etwa Wien als gleichberechtigte zweite Hauptstadt, in der sich der Reichspräsident zeitweise aufhalten sollte) Deutschland angeschlossen werden; verschiedene paritätisch besetzte Kommissionen sollten die Angleichung der beiden Rechts-, Handels-, Verkehrs-, Unterrichts- und Sozialordnungen vorbereiten. Die Siegermächte des Ersten Weltkriegs beendeten diese Politik mit den Anschlussverboten in den Verträgen von Versailles (Deutschland) und St. Germain (Österreich).

In den Augen vieler war Österreich damals nicht lebensfähig; und für all jene, die an diesen jungen Staat nicht glauben wollten, schien der Anschluss der einzig mögliche Weg aus dem immer größer werdenden Elend zu sein. Die Anschlussbewegung verlagerte sich weitgehend auf die Länder, vor allem auf Tirol, Salzburg und die Steiermark. Am 24. April 1921 fand in Tirol eine Abstimmung statt, bei der 98,75 % der abgegebenen Stimmen für den „Zusammenschluss" mit dem Deutschen Reich waren. Dabei hegte man die – vergebliche – Hoffnung, dass auf diese Weise Südtirol zurückgewonnen werden könnte.

Der Völkerbund gewährte Österreich im Oktober 1922 eine Anleihe, wobei sich die Republik aber erneut verpflichten musste, für die nächsten 20 Jahre „ihre Unabhängigkeit nicht aufzugeben“. Für die späteren Ereignisse ist besonders interessant, dass sich Großbritannien, Frankreich, Italien und die Tschechoslowakei ihrerseits verpflichteten, „die politische Unabhängigkeit, die territoriale Integrität und die Souveränität Österreichs“ zu achten.

Der Anschlussgedanke war damit allerdings noch nicht tot. In den folgenden Jahren wurden in Deutschland und Österreich „Arbeitsgemeinschaften“ und „Volksbünde“ ins Leben gerufen, die bald mehrere hunderttausend Mitglieder zählten und massive Anschlusspropaganda betrieben. 1931 ergriff Deutschland die Initiative, um mit Österreich eine Zollunion zu gründen. Dem geheim betriebenen Unternehmen sollte dabei ein „paneuropäisches Mäntelchen“ umgehängt werden, wie es Staatssekretär von Bülow im Auswärtigen Amt in Berlin formulierte. Das Projekt scheiterte allerdings und wurde zum Sündenfall der deutschen Außenpolitik. Der Gedanke der internationalen Zusammenarbeit in Europa wurde damals zu Grabe getragen.

Für Hitler war der Anschluss die erste Voraussetzung für die Schaffung „Großdeutschlands“, das wiederum eine der Voraussetzungen für die Realisierung seines außenpolitischen Programms war. 1933/34 unternahm er, in der Hoffnung, die aktuelle Dynamik der NS-Bewegung ausnützen zu können, den Versuch, den Anschluss auf schnellstem Wege herbeizuführen. Er scheiterte jedoch an der Haltung des autoritär regierenden Engelbert Dollfuß, der seit dem Frühjahr 1934 einen Zweifrontenkrieg führte – gegen Nationalsozialisten und Sozialdemokraten. Da im „Ständestaat“ fast zwei Drittel der Bevölkerung von der politischen Mitgestaltung ausgeschlossen waren, war die Überwindung der Anschlussidee zum Scheitern verurteilt.

Hitlers Versuch der „schnellen Lösung“ endete mit dem Putschversuch der österreichischen Nationalsozialisten am 25. Juli 1934. Dollfuß fiel zwar den Putschisten zum Opfer, der Putsch selbst aber brach angesichts der entschlossenen Haltung der Regierung und des Bundesheeres nach wenigen Stunden zusammen. Berlin distanzierte sich von den Putschisten – nicht zuletzt unter dem Eindruck von Mussolinis Entscheidung, fünf Divisionen in Richtung Grenze in Marsch zu setzen.

„Evolutionäre Lösung“

Nun setzte man auf die „geistige Durchdringung“ Österreichs. Das Land sollte von innen heraus unterhöhlt werden, was letztlich auch gelang. Mussolinis Abessinienabenteuer bewirkte im Herbst 1936 die „Achse Berlin-Rom“. Ende 1937 befand sich Österreich innen- und außenpolitisch in einer fast hoffnungslosen Lage: Hitler hatte von Mussolini freie Hand im Hinblick auf Österreich erhalten. Der Nachfolger des ermordeten Dollfuß, Kurt von Schuschnigg, hat den Ernst der Lage wohl unterschätzt, sonst wäre er kaum zu jenem Treffen mit Hitler am 12. Februar 1938 am Obersalzberg in Berchtesgaden bereit gewesen. Falls er gehofft haben sollte, bestehende Differenzen klären zu können, so gab es für ihn ein böses Erwachen. (Die gleiche Befürchtung hatten die Briten 1955, als Bundeskanzler Julius Raab die sowjetische Einladung nach Moskau annahm; mehrfach wurde auf „Berchtesgaden" verwiesen).

Hitler diktierte Schuschnigg ein auf drei Tage befristetes Ultimatum, die österreichische Politik der deutschen anzupassen, der NSDAP Betätigungsfreiheit und Amnestie zu gewähren und einen Nationalsozialisten zum Innenminister mit unbeschränkter Polizeikompetenz zu ernennen. Für den Fall der Ablehnung drohte er mit dem Einmarsch der Wehrmacht.

Anfang März versuchte Schuschnigg, die Initiative zurückzugewinnen und löste damit den letzten Akt des Dramas aus. Mit dem einstigen Kampfruf des Tiroler Freiheitshelden Andreas Hofer, „Mander, es isch Zeit!", kündigte er am 9. März in Innsbruck die Abhaltung einer Volksbefragung für Sonntag, den 13. März, an. Die Parole sollte lauten: „Für ein freies und deutsches, unabhängiges und soziales, für ein christliches und einiges Österreich!"

Hitler und seine Paladine befürchteten wohl zu Recht, dass eine Mehrheit für Österreich stimmen würde. Das musste verhindert werden: Hitler benötigte für die weitere Kriegsvorbereitung Österreichs Arbeitskräfte, Rohstoffe und Devisen. Der 10., 11. und 12. März 1938 waren von Chaos, Kompetenz- und Entscheidungswirrwarr in Wien gekennzeichnet, der 11. März wurde zum entscheidenden Tag.

Die März-Ereignisse

Die Chronologie der wichtigsten Ereignisse stellt sich in Kurzfassung folgendermaßen dar: Am Vormittag des 10. März reagierte Hitler auf Schuschniggs Rede; er befahl, das „Unternehmen Otto", d. h. den Einmarsch in Österreich, für den 12. März vorzubereiten; um 18.30 Uhr wurde der entsprechende Mobilisierungsbefehl erteilt; Edmund Glaise-Horstenau, der sich zufällig in Deutschland aufhielt, wurde beauftragt, sofort nach Wien zurückzukehren und Schuschnigg ultimativ aufzufordern, die Volksbefragung zu verschieben. Ein Erfolg dieser Befragung schien sicher, als am Morgen des 11. März das Zentralkomitee der Revolutionären Sozialisten die Arbeiter aufforderte, mit „Ja" zu stimmen.

Dem folgten an diesem Tag gleich drei Ultimaten der österreichischen Nationalsozialisten in Wien – jeweils nach Rücksprache mit Berlin:

1. Um 10.00 Uhr wurde Schuschnigg von Arthur Seyß-Inquart, seit dem 16. Februar Innen- und Polizeiminister, und Glaise-Horstenau unter Androhung ihres Rücktritts – was den Bruch des Berchtesgadener Abkommens bedeutet und Hitler den offiziellen Grund zum Einschreiten gegeben hätte – aufgefordert, die Volksbefragung abzusetzen; Schuschnigg akzeptierte um 11.30 Uhr. Um 13.00 Uhr unterzeichnete Hitler die Weisung Nr. 1 für den Einmarsch am 12. März. Eventueller Widerstand sollte „mit größter Rücksichtslosigkeit durch Waffengewalt" gebrochen werden.
2. Wenige Minuten nach 13.00 Uhr folgte das bis auf 17.30 Uhr befristete zweite Ultimatum von Seyß-Inquart: Rücktritt des Kabinetts und Neubildung durch ihn. Fast gleichzeitig begann in den Städten und Ländern die Machtübernahme durch die Nationalsozialisten; das alte Regime brach nahezu widerstandslos zusammen. Als diplomatische Anfragen in Paris, London und Rom deutlich machten, dass von dorther keine Hilfe zu erwarten war, trat Schuschnigg um 16.00 Uhr zurück. Wenig später folgte das
3. Ultimatum, diesmal an Bundespräsident Wilhelm Miklas: bis 19.30 Uhr Ernennung von Seyß-Inquart zum neuen Bundeskanzler, andernfalls Einmarsch der deutschen Truppen. Während Miklas sich noch weigerte, kapitulierte Schuschnigg; er verabschiedete sich um 20.00 Uhr über den Rundfunk von seinen Landsleuten und gab Ultimatum und Einmarschdrohung bekannt. Das Bundesheer wurde angewiesen, beim Einmarsch deutscher Truppen sei „kein Schuss abzugeben".

In der Diskussion um einen möglichen militärischen Widerstand Österreichs wird gern übersehen, dass es keinen politischen Willen für einen solchen Schritt gab: Die Nationalsozialisten hatten praktisch schon die Macht im Lande übernommen, es gab keine funktionsfähige Regierung mehr, die Truppen waren von „illegalen Elementen" , sprich Nationalsozialisten, durchsetzt. Eine andere Frage ist, was wohl geschehen wäre, wenn Schuschnigg mit der Regierung ins Exil gegangen wäre und die Alliierten in ihrer Nachkriegsplanung auf diese Regierung hätten zurückgreifen können. Im ersten britischen Memorandum über „Die Zukunft Österreichs" vom April 1943 wurde eben darauf verwiesen.

Am 11. März um 23.00 Uhr wurde Seyß-Inquart von Miklas zum neuen Bundeskanzler ernannt. Obwohl der Sieg der österreichischen Nationalsozialisten damit vollständig war, änderte dies nichts an der von Hitler um 20.45 Uhr unterzeichneten Weisung Nr. 2, am 12. März bei Tagesanbruch mit dem Einmarsch zu beginnen; die letzte Ungewissheit auf Seiten Hitlers wurde am späten Abend beseitigt, als aus Rom mitgeteilt wurde, Mussolini habe nichts gegen die Aktion.

Der Jubel der Österreicher beim Einmarsch der deutschen Truppen am 12. März übertraf alle Erwartungen und trug zu Hitlers Entschluss bei, den Anschluss durchzuführen, ohne die zunächst beabsichtigte Übergangsregelung abzuwarten. Als letzten Akt

seiner zweitägigen Kanzlerschaft unterzeichnete Seyß-Inquart am 13. März in Linz das Gesetz über die „Wiedervereinigung Österreichs mit dem Deutschen Reich". In London fragte man sich später, ob die Österreicher vergewaltigt oder verführt worden seien („rape or seduction").

Die Volksabstimmung

Neben Begeisterung und viel Opportunismus gab es damals allerdings auch Österreicher, die mit dem, was da geschah, nicht einverstanden waren – auch wenn sie weitgehend unbemerkt blieben, denn Himmlers Schergen griffen schnell zu; die Öffentlichkeit sah nur Bilder vom Jubel und von Hitlers Auftritt am

EIN VOLK EIN REICH EIN FÜHRER
JULIUS PASCH

15. März auf dem Heldenplatz in Wien. Wo noch Skepsis herrschte, wurde sie in den Wochen bis zur Volksabstimmung am 10. April von einem bisher nicht dagewesenen Propagandafeldzug erstickt – nicht ohne Zutun der Österreicher selbst.

Die katholischen Bischöfe begrüßten es, „dass durch das Wirken der nationalsozialistischen Bewegung die Gefahr des alles zerstörenden gottlosen Bolschewismus abgewehrt wurde", und wollten „dieses Wirken für die Zukunft mit ihren besten Segenswünschen begleiten"; Kardinal Innitzer unterzeichnete die Botschaft mit „Heil Hitler". Karl Renner erklärte: „Obschon nicht mit jenen Methoden, zu denen ich mich bekenne, errungen, ist der Anschluss nunmehr doch vollzogen, ist geschichtliche Tatsache; und diese betrachte ich als wahrhafte Genugtuung für die Demütigungen von 1918 und 1919 [...] Als Sozialdemokrat und somit als Verfechter des Selbstbestimmungsrechtes der Nationen, als erster Kanzler der Republik Österreich werde ich mit ‚Ja' stimmen."

Wer wollte als Katholik oder Sozialist bei solchen „Vorgaben" noch mit „Nein" stimmen? Entsprechend war denn auch das Ergebnis. Auf die Frage: „Bist Du mit der am 13. März 1938 vollzogenen Wiedervereinigung Österreichs mit dem Deutschen Reich einverstanden und stimmst Du für die Liste unseres Führers Adolf Hitler?" gab es in Österreich 4.453.772 (=99,73 Prozent) Ja-Stimmen, 11.929 Nein-Stimmen und 5.776 ungültige Stimmzettel. Dabei ist davon auszugehen, dass es Wahlfälschungen im großen Stil nicht gab – sie waren unter den gegebenen Umständen auch nicht nötig.

Bei vielen Österreichern trat schon bald Ernüchterung ein. Hitler hatte die österreichischen Nazis nie besonders gemocht, aus diesem Grund übernahmen Nationalsozialisten aus dem „Altreich" führende Positionen in Österreich. Bis Dezember 1938 befanden sich rund 21.000 Österreicher in „Schutzhaft"; etliche von ihnen wurden ins Konzentrationslager Dachau eingeliefert; es gab systematischen Terror und Racheakte und schlimme antisemitische Ausschreitungen mit zahlreichen Selbstmorden – dies war nur möglich, weil der Antisemitismus in Österreich tief verwurzelt war. Von März bis Mai nahmen sich allein in Wien 203 Juden das Leben (im gleichen Zeitraum ein Jahr zuvor waren es nur 19 gewesen). Am 8. Mai wurde auf Weisung Hitlers mit der Errichtung des Konzentrationslagers Mauthausen begonnen.

Aus Österreich wurde erst die „Ostmark", dann „Alpen- und Donaugaue". Von der Höhe einer reichen Kulturnation sank das Land in Provinzialismus ab. Dies wollte von all jenen, die beim Anschluss gejubelt hatten, wohl niemand, genauso wenig wie sie den 1939 beginnenden Krieg wollten. Die meisten Österreicher taten in diesem Krieg zwar ihre „Pflicht", aber für viele galt wohl auch, was der Sozialdemokrat und spätere Bundespräsident Adolf Schärf einem Vertreter des deutschen Widerstandes 1943 gesagt hatte: „Der Anschluss ist tot, die Liebe zum Deutschen Reich ist den Österreichern ausgetrieben worden."

Wiener Zeitung, 8. 3. 2008

Warten auf den Staatsvertrag

Österreich, die deutsche Frage und der Kalte Krieg – Über die Jahre 1945 bis 1955

Die Unterzeichnung des Staatsvertrages war ein Ereignis, auf das die Österreicher zehn Jahre gewartet hatten. Im Rückblick stellt sich die Frage, warum es so lange gedauert hat. Vieles ist bekannt – doch führt ein neuer Blickwinkel zu neuen Erkenntnissen. Schaut man über Österreich hinaus, sieht man Zusammenhänge, die auf den ersten Blick nicht erkennbar sind – und bisher auch nicht immer so gesehen wurden. Es gibt nämlich kaum isolierte, nur auf Österreich bezogene Entscheidungen. Das eröffnet ganz neue Perspektiven: Österreich wurde für die Sowjets zur Trumpfkarte im „Spiel" um Deutschland. In mancher Hinsicht traf das allerdings auch auf die Westmächte zu. Es gilt, diese Verzahnung der österreichischen Frage mit der deutschen Frage im großen Rahmen des Kalten Krieges aufzuzeigen. Manche Entscheidung wird erst mit Blick auf Österreich verständlich.

Nach dem Scheitern der Außenministerkonferenz in Moskau im April 1947 hatte Außenminister Karl Gruber gesagt, „der Schatten der deutschen Frage" sei auf das österreichische Problem gefallen. Dieser Schatten fiel zehn Jahre auf Österreich, wurde aber, wenn man so will, überlagert von dem noch größeren Schatten des Kalten Krieges. Deutschland hatte diesen Kalten Krieg nicht ausgelöst, wurde aber eines der Hauptschlachtfelder.

H. A. T. Hohler, der Leiter des Northern Department im Foreign Office in London, sprach in diesem Zusammenhang einmal von einem Schachspiel. Bei diesem Spiel war für alle klar, wer König und wer Dame war – Washington und Moskau –, aber wer waren die anderen Figuren? Deutschland, so Hohler, „ist ein Pferd oder ein Läufer, Figuren, die von sich aus immer wichtig sind, egal wo sie im Spiel stehen". Österreich dagegen sei nur ein Bauer, ohne große Bedeutung. Wer Schach spielt, weiß allerdings, dass es auch anders sein kann: Ein Bauer kann zu einer wichtigen Figur werden. Genau so war es im Verhältnis Deutschland–Österreich–Kalter Krieg.

Das betrifft sowohl die sowjetische Politik wie auch die Politik der Westmächte. Vergleiche und Zusammenhänge drängen sich geradezu auf: Der Renner-Regierung in Wien stehen zentrale Verwaltungsstellen in der sowjetischen Besatzungszone in Deutschland gegenüber. Die Vereinbarung über die Besatzungszonen in Österreich wird erst an dem Tag unterschrieben, an dem der Rückzug der anglo-amerikanischen Truppen

aus der für die Sowjetunion vorgesehenen Besatzungszone in Deutschland abgeschlossen ist. Nach den Wahlen in Österreich im November 1945 entwickelt sich bei Stalin das „Österreich-Syndrom", was in der sowjetischen Besatzungszone in Deutschland zur forcierten Zwangsfusion von KPD und SPD zur SED führt.

Auf der Außenministerkonferenz in Paris 1946 lehnt der sowjetische Außenminister Molotow jede Regelung mit Hinweis auf die (noch) nicht stattgefundene Entnazifizierung und Entmilitarisierung in den Westzonen Deutschlands und Österreichs ab. Fast gleichzeitig beschlagnahmt die Sowjetunion Industrieanlagen in ihrer österreichischen wie in ihrer deutschen Zone. Als Ende 1947 erkennbar wird, dass die Westmächte mit der Weststaatgründung in Deutschland Ernst machen, reagiert die Sowjetunion erstmals mit überraschenden Konzessionen.

Nach dem kommunistischen Umsturz in Prag im Februar 1948 beendet der Westen zunächst einmal die Staatsvertragsverhandlungen. Das fällt leicht, weil die Sowjets die jugoslawischen Gebietsansprüche weiter unterstützen. Das ändert sich 1949, als die Gründung der Bundesrepublik unmittelbar bevorsteht. Stalin versucht erneut, mit einem überraschenden Angebot an Österreich Einfluss auf die Deutschlandpolitik der Westmächte zu nehmen. Damals wäre beinahe ein Vertrag unterschrieben worden. Die Wiederbewaffnung Österreichs geht der deutschen voran. 1952 versucht Stalin erneut, die Entwicklung in Westdeutschland zu stoppen. Am 10. März lässt er eine Note überreichen, am 13. März reagieren die Westmächte und legen den sogenannten Kurzvertrag für Österreich vor, um die Sowjetunion in die Defensive zu drängen. Schließlich erfolgt im Frühjahr 1955 ein letzter Versuch Moskaus, Einfluss auf die Entwicklung in der Bundesrepublik zu nehmen – Stichwort: „Modellfall Österreich" für Deutschland.

„The Future of Austria"

Im Foreign Office in London begannen im Frühjahr 1943 die Planungen für Deutschland und Österreich. „Chefplaner" war der erst 34-jährige Geoffrey W. Harrison. Er legte am 4. April 1943 die erste Fassung eines 13-Seiten-Memorandums über die Zukunft

Österreichs vor („The Future of Austria“). Oberste Priorität aller Nachkriegsplanungen war demnach die Trennung Österreichs von Deutschland. Aber was dann? Ein unabhängiges Österreich, „standing alone“? Wäre ein solcher Staat überlebensfähig? „Haben die Jahre der Nazityrannei“, so fragte Harrison, „die zarte Pflanze Nationalgefühl gestärkt oder zerstört? Die Frage ist nicht zu beantworten.“ Und wie würde, langfristig betrachtet, das Verhältnis zu Deutschland aussehen? Harrison warnte: „Die Bande von Blut und Sprache sind stark.“ Ein unabhängiges Österreich würde in jedem Fall schwach sein und „von daher ein potentieller Gefahrenherd“.

Eine Konföderation mit Bayern? Dies schloss Harrison aus:

„Bayern und Österreicher mögen beide die Preußen nicht; aber diese gemeinsame negative Haltung ist zu wenig für einen Zusammenschluss. Bayern und Österreicher haben sich im Übrigen nie besonders gemocht. Es sind zwar beides überwiegend katholische Länder, aber der österreichische Katholizismus ist von der Gegenreformation geprägt und stärker mit Rom verbunden als der mehr nationale Katholizismus Bayerns.“

Blieb die Variante: Österreich als Mitglied einer Konföderation mit Polen, der Tschechoslowakei und Ungarn. Auch da gab es Vor- und Nachteile (und schon bald die Ablehnung Stalins). Unterm Strich hielt Harrison die Konföderationsidee für eine unsichere Sache. Daher schien es ihm höchst unklug zu glauben, dass man auf diese Weise das Problem Österreich leicht und schnell lösen könne; darum empfahl er als ersten Schritt die Wiederherstellung eines freien und unabhängigen Österreich. Auf der Basis dieser Überlegungen, die vom Kabinett gebilligt wurden, entstand die sogenannte „Moskauer Deklaration“ vom November 1943, in der Österreich als erstes Opfer der Naziaggression bezeichnet wurde. Darüber hinaus wurde bestimmt, dass es als freier und unabhängiger Staat wiederhergestellt werden solle, wobei das österreichische Volk sich daran erinnern müsse,

„dass es eine Verantwortung trägt, der es nicht entrinnen kann, und dass anlässlich der endgültigen Abrechnung Bedachtnahme darauf, wie viel es dazu beigetragen hat, die deutschen Eindringlinge zu vertreiben, unvermeidlich sein wird“.

Im Juli 1944 wurde im Foreign Office mit Blick auf diesen letzten Satz eine erste Bilanz gezogen.

„Es gibt praktisch keinerlei Hinweise auf eine organisierte Widerstandsbewegung in Österreich. Man mag die Nazis zwar nicht, die Preußen schon gar nicht, aber die überwältigende Mehrheit der Österreicher ist nicht bereit, irgendein persönliches Risiko auf sich zu nehmen.“

Das veranlasste den Leiter der Mitteleuropaabteilung, Frank Roberts, zu folgendem Kommentar:

„In der Moskauer Deklaration ist den Österreichern ganz klar die Unabhängigkeit zugesagt worden. Folglich werden sie nicht viel riskieren, um die Sache zu beschleunigen."

Unterstaatssekretär Oliver Harvey setzte noch hinzu:

„Wäre es aus strategischen Gründen nicht so wichtig, Österreich von Deutschland getrennt zu halten, könnten wir dieses Land ohne Rückgrat im eigenen Saft schmoren lassen. Es ist klar, dass Österreich wenig bis gar nichts für seine eigene Befreiung tut, und wir werden die größten Schwierigkeiten haben, diesem Land nach dem Krieg Leben einzuhauchen. Weder im Lande selbst noch außerhalb gibt es politische Führer, die irgendeine Gefolgschaft haben. Österreich wird sich dem Erstbesten in die Arme werfen."

Wobei Harvey befürchtete, dass das die Russen sein würden.

Was wäre in Österreich anders gelaufen, hätte es stärkeren Widerstand gegen die Nazis gegeben? Wahrscheinlich gar nichts.

Die Amerikaner waren damals einigermaßen naiv; Österreich hatte für sie keinerlei strategische Bedeutung. Erst im Dezember 1944 waren sie überhaupt bereit, sich mit einer eigenen Zone an der Besatzung zu beteiligen. Diese Haltung änderte sich allerdings mit Ausbruch des Kalten Krieges dramatisch. Im Mai 1947 hieß es in einer Richtlinie für den US-Hochkommissar in Wien:

„Österreich ist für diese Regierung auch weiterhin von größter politischer und strategischer Bedeutung. Sie kann nicht zulassen, dass dieses entscheidende Gebiet unter ausschließlich sowjetischen Einfluss gerät, denn das würde nicht nur die sowjetische Herrschaft im Donauraum und auf dem Balkan zementieren, sondern auch unsere Position in Italien, Deutschland und der Tschechoslowakei beeinträchtigen."

Bewegung im Frühjahr '45

Dies blieb der Kurs für die folgenden Jahre. Von nun an wird auch der Zusammenhang zwischen deutscher Frage und Österreich immer deutlicher. Als Ende 1947 erkennbar wurde, dass die Westmächte einen westdeutschen Staat gründen wollten, reagierte die Sowjetunion zum ersten Mal und machte mit Blick auf Österreich finanzielle Zugeständnisse. Der amerikanische Vertreter in der Beratenden Kommission formulierte das in einem Telegramm an Außenminister George C. Marshall folgendermaßen: „Heute hat uns eine fliegende Untertasse getroffen", und er fragte: „Wollen Sie einen Vertrag unter den gegenwärtigen Verhältnissen in Europa?" Marshall wollte nicht, und so bewegte sich in den nächsten Monaten in der Österreichfrage nichts.

Bewegung gab es erst im Frühjahr 1949 – wieder im Zusammenhang mit der deutschen Frage. Mit dem Ende der Berlin-Blockade machte die Sowjetunion auch ein erneutes, überraschendes Angebot. Der Österreichvertrag sollte deutlich machen, dass es auch mit Blick auf Deutschland Fortschritte geben würde. Es gab keinen Fortschritt, weil in Washington Pentagon und State Department vollkommen konträre Ansichten vertraten. Das State Department war für, das Pentagon gegen einen Abschluss. Als Präsident Truman dann schließlich entschied, den Vertrag zu unterzeichnen, kam aus Moskau eine Absage.

„Eine weibische Rasse"

Besonders traurig war man auf westlicher Seite über den Stillstand der Verhandlungen allerdings nicht, war doch die Überzeugung weit verbreitet, dass die Österreicher nach Abzug der Abzugstruppen ihre Selbständigkeit nicht würden bewahren können. Der französische Hochkommissar in Wien, General Emile Béthouart, charakterisierte die Österreicher so: Sie seien

„eine weibische Rasse, drauf und dran, dass ihnen Gewalt angetan wird. Das letzte Mal waren es die Deutschen, nächstes Mal sind es vielleicht die Russen. Sie sind nicht nur weibisch, sondern in vielerlei Hinsicht orientalisch in ihrer Schicksalsergebenheit und Bereitschaft zu akzeptieren, was sie als unwiderstehliche Kraft spüren."

Was, so fragte Béthouart, könne man tun, um es einem Vergewaltiger, also den Russen, schwer zu machen – und gab selbst die Antwort: „Die Frau ständig beobachten und sie niemals mit dem potentiellen Vergewaltiger allein lassen." Die Briten sahen das ähnlich. Weitere Verhandlungen wurden als Zeitverschwendung bezeichnet; es ging jetzt nur noch darum zu überlegen,

„was wir machen können und tun sollen, um die Österreicher daran zu hindern, sich dem sowjetischen Vergewaltiger hinzugeben oder sich den Großdeutschen oder Nazi-Verführern zuzuwenden".

1952 kam wieder Bewegung in die Angelegenheit, wieder im Zusammenhang mit der deutschen Frage. Am 10. März machte Stalin sein bekanntes Angebot – Einheit Deutschlands, dafür militärisch neutral –, am 13. März legten die Westmächte den sogenannten Kurzvertrag für Österreich vor: Abzug der Besatzungstruppen ohne weitere Entschädigungen. Die Westmächte lehnten Verhandlungen über die Stalin-Note ab, die Sowjetunion den Kurzvertrag – und vergab damit womöglich eine Chance, auf die Deutschlandpolitik des Westens Einfluss zu nehmen. „Für die Sowjets", so George F. Kennan, US-Botschafter in Moskau, im Juli 1952, „ist Österreich eine Trumpfkarte, die sie möglicherweise erst ausspielen werden, wenn die Lösung der deutschen Frage definitiv ansteht". Diese Lösung aber ließ auf sich warten.

Das änderte sich auch mit Stalins Tod nicht. Auf der Außenministerkonferenz in Berlin im Frühjahr 1954 war der sowjetische Außenminister Molotow zwar für den Staatsvertrag, forderte aber gleichzeitig bis zum Abschluss eines Friedensvertrages mit Deutschland die weitere Präsenz sowjetischer Truppen in Österreich. Das war unannehmbar. Das österreichische Verhandlungsteam machte dabei einen hervorragenden Eindruck, wie US-Unterstaatssekretär Livingston Merchant später in den USA berichtete: „Sie begegneten Molotow mit ganz außergewöhnlichem Mut. Sie gaben nicht nach; sie gingen nicht in die Falle, mit Molotow hinter den Kulissen bilaterale Gespräche zu führen; sie brachten ihr Anliegen vor und wurden niedergestimmt; sie verließen den Verhandlungssaal mit Würde."

Immerhin sprachen Molotow und sein amerikanischer Kollege Dulles in Berlin hinter verschlossenen Türen erstmals über eine mögliche Neutralität Österreichs. Dieser Gedanke wurde dann im Frühjahr 1955 von den Sowjets aufgegriffen – als es wiederum um Deutschland ging.

Was wollten die Sowjets?

Die Bundesrepublik hatte die Pariser Verträge unterzeichnet, würde also Mitglied der NATO werden. Dies wollte Moskau offensichtlich verhindern und spielte jetzt die Österreich-Karte. Die Frage war: Was wollten die Sowjets wirklich? Der britische Außenminister Eden stellte im März 1955 die Frage, ob die Sowjets „damit das Gespräch über Deutschland neu beginnen und damit versuchen wollen, uns Ärger in Deutschland zu machen?" Mit anderen Worten: Sagten die Sowjets Österreich – und meinten in Wirklichkeit Deutschland?

Dann folgte die sowjetische Einladung an Bundeskanzler Raab, nach Moskau zu kommen. Was wollten die Sowjets? Raab wusste, dass die Sowjets nach den Erfahrungen im Weltkrieg Angst vor einer deutschen Armee hatten. Nach der Ratifizierung der Pariser Verträge gehe es den Sowjets mit ihrer Österreichinitiative, so Raab, letztlich um ein wiedervereintes, neutrales Deutschland. Der erste Schritt dazu sei die Neutralisierung Österreichs. Raab fuhr gegen massive Bedenken des Westens nach Moskau. Die Sowjets wollten jetzt eine Lösung, die dann auch schnell durchgezogen wurde. Für die Briten war klar, dass es den Sowjets vor allem darum ging, „die öffentliche Meinung in Deutschland durch die Aussicht zu beunruhigen, dass die Wiedervereinigung möglich ist, vorausgesetzt, Deutschland ist neutral".

Diese Befürchtungen wurden noch verstärkt, als die Sowjets den westdeutschen Bundeskanzler Adenauer zu einer Reise nach Moskau einluden. Falls die Sowjets gehofft hatten, mit Adenauer ins Geschäft zu kommen, so wurden sie gründlich enttäuscht.

Für den deutschen Staatsmann, der im September Moskau besuchte, waren die Sowjetführer Chruschtschow und Bulganin „ungebildet und primitiv". Für Adenauer gab es kein Ausscheren aus der westlichen Gemeinschaft, keine Österreichlösung für ein vereintes Deutschland. Deutschland blieb geteilt.

Österreich aber war nach zehn Jahren Besatzung endlich frei – frei von den Besatzungsmächten, also in erster Linie von den Sowjets, aber auch frei von Deutschland.

Wiener Zeitung, 7. 10. 2005

Südtirol

Vor 60 Jahren: Als Italien die Fronten wechselte

Am 8. September 1943, Mittwoch, 17.30 Uhr, gab US-General Dwight D. Eisenhower den Waffenstillstand der Alliierten mit Italien bekannt. Am nächsten Tag ließ die Deutsche Wehrmacht die Operation „Achse“ anlaufen:

Italien wurde militärisch besetzt, die italienischen Einheiten entwaffnet und als „Militärinternierte“ in Lager in Deutschland und Polen gebracht. In Südtirol verlief die Entwaffnung rasch und reibungslos; die einrückenden deutschen Truppen wurden von den meisten Südtirolern als Befreier begrüßt. 20 Jahre faschistische Herrschaft waren zu Ende. Es kam in der Folge nicht zu den mancherorts erwarteten oder befürchteten „Racheakten“ der Südtiroler gegen die Italiener: Südtiroler und Deutsche ließen ihre Wut lediglich an den Denkmälern aus; in Bozen wurden die Büsten der Trentiner Irredentisten Cesare Battisti, Fabio Filzi und Damiano Chiesa von den Postamenten gerissen, der „Kapuzinerwastl“ in Bruneck wurde demoliert.

Gleich beim Einmarsch der Deutschen Wehrmacht wurde der „Athesia“-Verlag beschlagnahmt und von den Nazis übernommen, die dann eine eigene Zeitung, das „Bozner Tagblatt“ herausgaben. Die „Dolomiten“, die bis 1943 NS-kritische Kommentare veröffentlicht hatten, wurden verboten und sofort eingestellt. Noch am 9. September verhafteten die Nazis den damaligen Chefredakteur Rudolf Posch in der Redaktion und deportierten ihn nach Dachau; ähnlich erging es dem Redakteur Friedl Volgger, der einige Wochen später verhaftet und ebenfalls in Dachau eingesperrt wurde. Kanonikus Michael Gamper konnte sich der Verhaftung nur durch eine abenteuerliche Flucht entziehen.

Mit Befehl vom 10. September 1943 ordnete Hitler die Errichtung der „Operationszone Adriatisches Küstenland“ und der „Operationszone Alpenvorland“; letztere bestand aus den Provinzen Trient, Bozen und Belluno. Diese Gebiete wurden durch die dafür eingerichtete Zivilverwaltung vom Rest Italiens getrennt. In den Operationszonen wurden den militärischen Befehlshabern zivile Berater beigegeben, die den Titel „Oberster Kommissar“ führten. Für die „Operationszone Alpenvorland“ wurde dies am 24. September der Gauleiter von Tirol und Vorarlberg, Franz Hofer. Hofer verfolgte in den folgenden „deutschen Jahren“ eine Politik, die auf Eingliederung Südtirols in seinen Gau abzielte, d. h. Wiedervereinigung Tirols.

Er konnte sich jedoch nicht durchsetzen. Hitler nahm auf Mussolini, der am 12. September aus dem Berghotel „Campo Imperator“ in den Abruzzen von deutschen Fallschirmjägern unter SS-Hauptsturmbannführer Otto Skorzeny befreit worden war,

Rücksicht: er wollte seinen Verbündeten nicht bloßstellen. Die oberste Reichsleitung verbot daher alle Maßnahmen, die den Eindruck einer offenen Annexion erwecken konnten. Südtirol blieb weiterhin offiziell Teil der von Mussolini gebildeten faschistisch-republikanischen Republik mit Sitz in Salò am Gardasee, auch wenn deren Einfluss fast null war.

Hofer gab sein Ziel in den folgenden Monaten dennoch nicht auf. Am 27. September 1943 erschien erstmals das „Verordnungsblatt für die Operationszone Alpenvorland", das sein Sprachorgan wurde. In der ersten Ausgabe wurde die Ernennung des bisherigen Südtiroler Volksgruppenführers Peter Hofer – nicht zu verwechseln mit Gauleiter Franz Hofer – zum Präfekten der Provinz Bozen bekannt gegeben. Peter Hofer kam am 2. Dezember 1943 bei einem Bombenangriff auf Bozen ums Leben; sein Nachfolger wurde Karl Tinzl.

Mit Verordnung vom 6. November 1943 wurde die allgemeine Wehrpflicht im gesamten Gebiet der Operationszone eingeführt. Wer sich der Einberufung entzog, musste mit der Todesstrafe rechnen, und bei Flucht konnten Angehörige als Geiseln genommen werden. Bei der Einberufung wurde im Prinzip kein Unterschied zwischen Optanten und Dableibern gemacht (tatsächlich wurden allerdings zuerst die Dableiber an die Front geschickt). Das bedeutete, dass Angehörige beider Gruppen zu deutschen Verbänden eingezogen wurden, was eindeutig dem Völkerrecht widersprach. Aber auch darum kümmerte sich damals niemand. Jüngere Männer wurden sogar in Einheiten der Waffen-SS gezwungen. In Südtirol wurden 2000 Mann starke Polizeiregimenter aufgestellt („Bozen“, „Brixen“, „Schlanders“, „Alpenvorland“), die dem SS-Gruppenführer Karl Wolff unterstellt und später in „SS-Polizei“ umbenannt wurden. Sie wurden in Südtirol, im Trentino oder in der Provinz Udine zur Objektsicherung und zur Partisanenbekämpfung eingesetzt; das Polizeiregiment Brixen wurde wegen Eidesverweigerung nach Schlesien strafversetzt.

Die noch im Lande verbleibenden Südtiroler dienten bei der Wehrmacht, der Polizei und dem bereits im September 1943 eingerichteten Südtiroler Ordnungsdienst (SOD), der mit italienischen Beutewaffen ausgerüstet war. Dessen Aufbau ging sehr schnell voran; schon im Oktober 1943 kam man auf fast 9000 Mann. Von Anfang an gab es einen Kampf um den Oberbefehl über den SOD. Wehrmacht und Polizei sowie Hofer verfolgten dabei ihre eigenen Interessen. Hofer konnte sich schließlich durchsetzen: der SOD wurde ihm unterstellt. Der SOD hatte Patrouillen und Wachaufgaben durchzuführen, wurde aber auch zur Partisanenbekämpfung eingesetzt.

Die 11. Kompanie des Polizeiregiments Bozen war nach der Ausbildung nach Rom verlegt worden. Rom war damals zur offenen Stadt erklärt, die deutschen Truppen zum größten Teil abgezogen worden. Auf diese Kompanie wurde am 23. März 1944 in der Via Rasella ein Sprengstoffattentat von kommunistischen Partisanen verübt. 33 Südtiroler wurden getötet.

Als Vergeltung erschossen SS-Männer unter dem Kommando des deutschen Polizeichefs von Rom, Herbert Kappler, am nächsten Tag 335 italienische Geiseln in den Ardeatinischen Höhlen. Anschließend wurde der Höhleneingang gesprengt. Die Geiselexekution hätte nach geltenden Gebräuchen von der betroffenen Einheit, also dem Bozner Regiment, durchgeführt werden sollen, aber deren Kommandant hatte das mit der Begründung verweigert, dass seine Männer katholisch und zudem ältere Jahrgänge seien, die es nicht über sich brächten, auf wehrlose Geiseln zu schießen.

Auch wenn im Operationsgebiet die italienische Gebietshoheit und die Staatsgrenze formell unangetastet blieben und die Lira gesetzliches Zahlungsmittel blieb, hatten die deutschen Behörden praktisch die Macht übernommen und sorgten für entsprechende Erleichterungen für die Südtiroler. Hofer verfügte schon im September 1943 die Gleichstellung der deutschen neben der italienischen Sprache. Von nun an konnte überall wieder legal in der Öffentlichkeit deutsch gesprochen werden; beide Sprachen waren gleichberechtigte Amtssprachen. Auch die deutschen und ladinischen Ortsnamen wurden wieder eingeführt und neben den italienischen Ortsnamen angebracht. Wohl aus Rücksicht auf die Republik von Salò wurden die italienischen Namen beibehalten. Die Podestà wurden durch örtliche Bürgermeister ersetzt; die Kinder der Dableiber konnten nun auch die deutsche Schule besuchen, die jetzt zu einer „normalen“, alle Fächer umfassenden Schule wurde.

Bei seinen gesamttiroler Ambitionen war die „deutsche Kultur" ein besonderes Anliegen von Gauleiter Hofer. Sie wurde jetzt wieder vermehrt vermittelt: Es gab Volkstanztreffen, Schützentreffen usw. Damit sollten Tiroler Traditionen sowie der Wehrwille gestärkt werden. Hofer war „zuerst Tiroler, dann Nationalsozialist", wie er sich selbst charakterisierte. Dies bedeutete für seine Politik in Südtirol, an Alttiroler und im Trentino an alt-österreichische Tradition anzuknüpfen. In vielen Bereichen wurden Kontakte zwischen Nord- und Südtirol intensiviert.

In Nordtirol ansässige Südtiroler übernahmen wichtige Funktionen in der Verwaltung und Justiz Südtirols und des Trentino. Das galt auch für Sonderaufgaben, etwa die Erfassung und Sicherung von Kulturgut, die Ausarbeitung wissenschaftlicher Gutachten im Süden usw. Fallweise gaben auch das Innsbrucker Symphonieorchester und das Innsbrucker Reichsgautheater Gastspiele in Südtirol. Die „Innsbrucker Nachrichten" brachten in einer eigenen Spalte „Aus der Provinz Bozen" Notizen über Ereignisse in Südtirol. Im Medienbereich gab es auch sonst eine enge Zusammenarbeit, im Verlagswesen zwischen dem Bozner Verlag in Bozen (dem früheren Verlagshaus Athesia) und dem NS-Gauverlag in Innsbruck (früher Wagner). Die „Dolomiten", die bei der Athesia erschienen und bis 1943 NS-kritische Kommentare veröffentlicht hatten, mussten ihr Erscheinen einstellen; dafür gab es das neue „Bozner Tagblatt", das auch in Nordtirol erhältlich war.

Um die Zuwanderung von Italienern nach Südtirol zu verhindern – wo sie nicht zum Wehrdienst eingezogen werden konnten –, erließ Hofer strenge Einreise- und Aufenthaltsgesetze für die Operationszone. Bei Borghetto, an der alten Südgrenze Tirols, wurde dafür sogar eine Kontrollstation errichtet. Im Laufe des Jahres 1944 wurden die Ambitionen von Gauleiter Hofer immer offensichtlicher. Da gab es zum einen die Standschützen, die immer wieder zur Ausbildung nach Südtirol abkommandiert wurden; zum anderen war das Landesschießen im Juli 1944 – wie auch schon im Juli 1943 – in Innsbruck wieder ein ganz besonderer Anlass, um die Einheit Tirols zu demonstrieren. 1944 marschierten an der Spitze aller die Salurner und die übrigen Standschützen aus der Provinz Bozen. Die vom Gauleiter herausgegebene Soldatenzeitung „Der Rote Adler" berichtete in einer eigenen Rubrik ausführlich über die Ereignisse südlich des Brenners.

Mit dem Einmarsch der deutschen Truppen im September 1943 war definitiv auch das Ende für Option und Umsiedlung gekommen. Wer noch im Lande war, der blieb auch. Es wurden allerdings nicht alle gleich behandelt. Gerade die aktiven Dableiber waren jetzt viel mehr Repressalien und Schikanen ausgesetzt als die Italiener. Sie wurden von Gestapo und SOD gejagt, verhaftet, verbannt oder mussten fliehen; einige von ihnen wurden ins KZ Dachau verschleppt.

Die deutsche Herrschaft setzte aber auch in Italien die NS-Vernichtungsmaschinerie in Gang. Dies traf vor allem die Juden. Bis 1943 konnten sie im faschistischen

Italien mehr schlecht als recht leben, aber doch überleben. Das änderte sich sofort nach dem Einmarsch der Deutschen. Die einzige organisierte jüdische Gemeinde in der Operationszone gab es in Meran, wo zum Zeitpunkt des deutschen Einmarsches noch 60 Mitglieder lebten. Die übrigen waren vorher schon weggezogen. Bereits am 16. September wurden 24 von ihnen vom SOD unter Führung der Gestapo verhaftet. Sie wurden in das Lager Reichenau bei Innsbruck gebracht. 19 von ihnen wurden in Auschwitz ermordet, vier starben in Reichenau, eine Frau überlebte. Den wenigen Juden in Brixen erging es ähnlich. Darüber hinaus wurden 350 Geisteskranke ermordet, und aus den Südtiroler Dörfern „verschwanden" auch andere geistig und körperlich Behinderte.

1944 wurde vor den Toren Bozens ein so genanntes Polizeidurchgangslager errichtet, das im Volksmund „KZ Sigmundskron" genannt wurde. Bis zum Mai 1945 wurden rund 11.000 Menschen durch dieses Lager auf dem Weg in die großen Konzentrationslager Mauthausen, Dachau und Auschwitz geschleust; im Lager selbst wurden auch Exekutionen durchgeführt, zeitweise wurden dort 4000 Menschen gefangen gehalten.

Die Kirche in Südtirol zeigte sich den neuen Herren durchaus kompromissbereit, aber vorsichtig. Bischof Johannes Geisler bemühte sich, kirchenfeindliche Maßnahmen abzuschwächen und einen modus vivendi mit Gauleiter Hofer zu finden. Zwar wurden vereinzelt Priester verhaftet, die Kirchenverfolgung erreichte aber dennoch nie ein ähnliches Ausmaß wie in Nordtirol, wo Hofer seinen Kirchenhass auslebte und jeder fünfte Priester mindestens einmal in Haft war.

Im Mai 1945 war alles vorbei. Es blieb die Hoffnung, die die neu gegründete Südtiroler Volkspartei in den am 19. Mai erstmals wieder erschienenen „Dolomiten" öffentlich machte: den Südtirolern die Ausübung des Selbstbestimmungsrechtes zu gestatten. Es kam anders.

Dolomiten, 27./28. 9. 2003

14. September 1945: Die Grenze bleibt unverändert

Ursprüngliche Pläne zur Wiederangliederung Südtirols an Österreich fallen geopolitischen Interessen des Kalten Krieges zum Opfer

Am 30. Oktober 1943 verabschiedeten die Außenminister der USA, Großbritanniens und der Sowjetunion die „Moskauer Deklaration“.

Einer der wichtigsten Sätze darin lautete: „Sie erklären, dass sie wünschen, ein freies und unabhängiges Österreich wiederhergestellt zu sehen.“ Aus dieser Feststellung ergab sich zwingend die Frage nach den Grenzen dieses neuen Österreich. Und damit war man bei der Problematik Südtirol und der Frage, ob das Unrecht von 1918 wiedergutgemacht werden sollte. Im Foreign Office in London wurde am 18. Februar 1944 ein umfangreiches Memorandum erstellt, in dem zu dieser Problematik die Vor- und Nachteile von vier möglichen Lösungen ausführlich diskutiert wurden:

1. Beibehaltung der Brennergrenze;
2. Verschiebung der Grenze bis Trient;
3. Verschiebung der Grenze bis nördlich von Bozen;
4. Abhaltung eines Plebiszites.

Rückgabe Südtirols nicht ausgeschlossen

Der Staatsminister im Foreign Office, Richard Law, legte dieses Memorandum dem für die Nachkriegsplanung zuständigen Ministerausschuss am 8. Mai 1944 vor und empfahl, bei der weiteren Behandlung des Themas „Österreich“ zwar von dem Österreich in den Grenzen des Jahres 1937 auszugehen, eine spätere Angliederung Südtirols aber nicht auszuschließen. Der Ministerausschuss schloss sich auf seiner Sitzung am 18. Mai dieser Empfehlung zwar an, die Frage wurde aber in den folgenden Monaten nicht weiter verfolgt. In London kehrte mit Blick auf Österreich Ernüchterung ein, da die mit der Moskauer Deklaration verknüpften Hoffnungen enttäuscht worden waren.

Am 2. Juli 1944 hieß es in einem zusammenfassenden Bericht des britischen Geheimdienstes:

„Es gibt faktisch keinerlei Hinweise auf eine organisierte Widerstandsbewegung in Österreich. Man mag die Nazis zwar nicht, und die Preußen schon gar nicht, aber die überwältigende Mehrheit der Österreicher ist nicht bereit, irgendein persönliches Risiko auf sich zu nehmen."

Unterstaatssekretär Oliver Harvey drückte seine Enttäuschung so aus:

„Wäre es aus strategischen Gründen nicht so wichtig, Österreich von Deutschland getrennt zu halten, könnten wir dieses Land ohne Rückgrat im eigenen Saft schmoren lassen. [...] Wir werden die größten Schwierigkeiten haben, diesem Land nach dem Krieg Leben einzuhauchen."

Österreich und damit Südtirol war auch in den nächsten Wochen und Monaten kein Thema mehr.

Kanonikus Gamper appelliert an Roosevelt

Ähnlich war auch die Situation in Washington. Der geistige Führer des Südtiroler Widerstandes gegen die Entnationalisierungspolitik des faschistischen Italien, Kanonikus Michael Gamper, hatte bereits im März 1943 eine Denkschrift fertiggestellt, die über den Vatikan mit Hilfe des irischen Geistlichen Hugh O'Flaherty an US-Präsident F. D. Roosevelt übermittelt worden war. Roosevelt, der sich als Anti-Kolonialist verstand, hatte sich demnach für die Rückkehr Südtirols zu Österreich ausgesprochen. Am 8. Juni 1944 hatte dann das für Nachkriegsfragen zuständige Planungsgremium im State Department sogar die Rückgabe Südtirols empfohlen und dies damit begründet, dass

1. dieses Gebiet „historisch, kulturell und traditionell" österreichisch sei, und dass dort wahrscheinlich auch noch am Ende des Krieges die Bevölkerung ganz überwiegend österreichisch sein würde,
2. dies dem politischen und wirtschaftlichen Aufbau Österreichs dienen würde, und
3. im Vergleich zu dem, was Österreich gewinnen würde, der Verlust für Italien gering wäre.

Wenig später gab Roosevelt dann allerdings die Devise aus: erst den Krieg gewinnen, dann planen. Von nun an wurden auf westlicher Seite fast alle Planungen mit Blick auf Nachkriegseuropa in London durchgeführt.

Das Thema Südtirol wurde im Foreign Office erst wieder im April 1945 aufgegriffen, als die Vorarbeiten für den mit Italien abzuschließenden Friedensvertrag begannen.

Im ersten Entwurf vom 20. April war die Rückgabe Südtirols vorgesehen. In einem zweiten Entwurf vom 9. Mai wurde diese Rückgabe zumindest noch nicht ausgeschlossen. Noch hieß es:

„Italien verzichtet zugunsten der Vier Mächte auf alle Rechte im Hinblick auf die Provinz Bozen";

GERECHTIGKEIT FÜR TIROL
INNSBRUCK
NORD-TIROL
OST-TIROL
LIENZ
BOZEN

und weiter: „Italien erkennt die Entscheidung der Grenzkommission an, die die Vier Mächte zur Festlegung der Grenze zwischen Italien und Österreich in diesem Gebiet einrichten werden.“

Von dieser Position ging man aber in der Folge ab. Außenminister Anthony Eden legte dem Kabinett am 5. Juli ein Memorandum vor – das bereits am 23. Mai fertiggestellt worden war und in dem es jetzt folgendermaßen hieß:

„Es geht bei dieser Entscheidung in der Tat um eine hochpolitische Angelegenheit, nämlich: Haben wir langfristig mehr zu gewinnen, wenn wir Italien weitere Demütigungen ersparen oder wenn wir die österreichischen Ansprüche befriedigen? Ich neige der ersten Alternative zu. Man kann nicht sagen, dass der Gewinn Bozens absolut notwendig ist für ein ‚freies und unabhängiges Österreich‘ – auf das wir uns festgelegt haben –, es könnte andererseits aber zu einem Gefahrenherd werden, falls Österreich völlig unter russischen Einfluss gerät.“

Von daher sollte in dem Entwurf für den Friedensvertrag mit Italien nichts über Südtirol gesagt und den Amerikanern die britische Haltung erläutert werden. Worum es dabei im Kern ging, machte Eden am 12. Juli im Kabinett deutlich, als über das entsprechende Memorandum beraten wurde. Ziel britischer Politik müsse es u. a. sein, so Eden, Italien zu einem nützlichen Mitglied der europäischen Staatengemeinschaft zu machen und es dazu zu bringen, „dass es sich eher nach Westen als nach Osten orientiert“. Um dies zu erreichen, war es auch notwendig, Italien „politisch und wirtschaftlich zu unterstützen“.

Das Kabinett billigte anschließend die von Eden aufgezeigte Grundlinie. Damit stand auch fest, dass das Thema Südtirol im britischen Entwurf für einen Friedensvertrag mit Italien, der auf der Mitte September in London beginnenden Außenministerkonferenz vorgelegt werden sollte, nicht auftauchen würde.

Westmächte erkennen Renner nicht an

In den Wochen und Monaten im Vorfeld dieser Konferenz war es für Österreich von besonderem Nachteil, dass die Westmächte die von den Sowjets eingesetzte Provisorische Renner-Regierung nicht anerkannten und Wien daher keinen einflussreichen Fürsprecher hatte, die italienische Regierung aber mit dem britischen Botschafter in Rom, Sir Noël Charles, einen engagierten Vertreter ihrer Interessen besaß. Charles warnte mehrmals vor einer kommunistischen Gefahr für Österreich. Aus seiner Sicht sprachen daher

„mehr Gründe dafür, die Brennergrenze bei Italien zu belassen, einem Land, das sich sehr um unsere Freundschaft bemüht. Wenn Italien vor dem Kommunismus bewahrt werden soll, dann braucht es unsere ständige Hilfe und Unterstützung.“

Österreich ist traditioneller Feind Italiens

Die Abtrennung Südtirols werde mit Sicherheit zur Bildung einer Irredenta-Bewegung und zum Aufflammen eines Nationalismus führen, der für die Zukunft nur Schwierigkeiten erwarten lasse. Die Sache würde noch schlimmer, würden die Wasserkraftwerke in Südtirol Italiens traditionellem Feind überlassen, dessen zukünftige Politik möglicherweise weitgehend von den Sowjets bestimmt werde. Es müsse darum gehen, „dies den anderen Mächten klarzumachen, wobei selbstverständlich ist, dass Italien ausreichende Garantien für eine lokale Autonomie geben muss".

Präsident Wilson hatte Fehler bedauert

Der Nachfolger Edens, Ernest Bevin, bestätigte dessen Position ausdrücklich und akzeptierte die Argumente von Botschafter Charles: Demnach würde die britische Regierung in der Südtirolfrage bei den bevorstehenden Außenministerverhandlungen über einen Friedensvertrag mit Italien keine Initiative ergreifen. Es ging darum, Italien im westlichen Lager zu halten und damit die eigenen Mittelmeerinteressen nicht zu gefährden.

Man vermutete allerdings, dass möglicherweise die USA eine Initiative ergreifen würden. Während der Potsdamer Konferenz hieß es, die Amerikaner seien *für* eine Rückgabe Südtirols, da sie seit jenem im Jahr 1919 von Präsident Wilson begangenen – und von ihm später bedauerten – Fehler immer ein schlechtes Gewissen im Hinblick auf Südtirol gehabt hätten.

Diese Befürchtungen waren allerdings überflüssig, denn tatsächlich bestand auch in Washington zu diesem Zeitpunkt keine Neigung mehr, etwas am Status quo zu ändern. So wie in London war man auch hier zur Überzeugung gelangt, dass man alles vermeiden müsse, was die Lage in Italien destabilisieren könnte; auch den USA ging es darum, Italien im westlichen Lager zu halten. Es kam hinzu, dass die italienische Regierung inzwischen nicht untätig geblieben und im Sinne einer Beibehaltung der Brennergrenze aktiv geworden war. Außenminister Alcide De Gasperi wies in einem ausführlichen Schreiben an seinen amerikanischen Kollegen James Byrnes auf mögliche Probleme hin.

De Gasperi warnt vor deutschem Nationalismus

Er warnte vor einer zweifachen Gefahr: einem neuen deutschen Nationalismus und Österreich als Protektorat der Sowjetunion.

„Es ist gesagt worden, dass die konservativen Kräfte in Österreich durch das Hinzufügen der etwa 200.000 Südtiroler zu diesem Land gestärkt würden. Als ehemaliger Abgeordneter des Wiener Parlaments bin ich allerdings zutiefst davon überzeugt, dass es entweder möglich sein wird, einen großen und wirtschaftlich gesunden Donaustaat zu errichten – und dann ist die Annexion einiger weniger Tiroler überflüssig –, oder aber es wird ein kleines und krankes Österreich geben, das nur als Protektorat einer großen Macht existieren kann, die am Donauraum sehr interessiert ist."

Und er stellte die Frage:

„Sollen die italienischen und ladinischen Minderheiten der Provinz Bozen und die wirtschaftlichen Interessen ganz Italiens dieser ungewissen Zukunft geopfert werden? Und ist es darüber hinaus bei diesen düsteren Aussichten vertretbar, die Tore des Brennerpasses einem neuen deutschen ‚Drang nach Süden' weit zu öffnen?"

Zumindest mit dieser Warnung lief De Gasperi in Washington und London offene Türen ein, hatte man doch dort das Problem Südtirol bisher genau unter diesem Aspekt betrachtet, auch wenn Außenminister Byrnes De Gasperi am 4. September nur eine unverbindliche Antwort gab. Er vermied darin jeden Hinweis auf dessen Vorschläge, begrüßte aber ausdrücklich die Bereitschaft Italiens, Südtirol eine lokale Selbstverwaltung zuzugestehen.

Schicksal Tirols in 30 Sekunden besiegelt

Am 11. September begann in Lancaster House in London die erste Sitzung des auf der Potsdamer Konferenz beschlossenen Rates der Außenminister. Das Thema Südtirol stand zwar nicht expressis verbis auf der Tagesordnung, dennoch wurde im Zusammenhang mit dem Friedensvertrag mit Italien in dieser Frage eine Entscheidung getroffen, die das Schicksal Südtirols de facto besiegelte, genau 30 Sekunden dauerte und von historischer Bedeutung war.

Am 14. September wurde der britische Friedensvertragsentwurf, in dem Südtirol nicht mehr vorkam, von den Außenministern als Verhandlungsgrundlage angenommen. Von keiner Seite wurde eine Änderung der Brennergrenze vorgeschlagen. Lediglich Byrnes legte eine Zusatzformel im Hinblick auf territoriale Regelungen vor, die ohne Diskussion angenommen wurde. Dies ist die Genesis jener Bestimmung, die für alle späteren Überlegungen zur Brennergrenze präjudizierend werden sollte; sie lautete: „Die Grenze mit Österreich wird unverändert bleiben, mit Ausnahme, jeden Fall zu hören, den Österreich für kleinere Grenzberichtigungen zu seinen Gunsten vorbringt." Das war nur ein schwacher Trost für die grundlegende Entscheidung, die Brennergrenze nicht zu verändern.

Erstes Opfer des Kalten Krieges

Italien war als erstes Land in den Mittelpunkt des sich abzeichnenden Kalten Krieges gerückt. Dieses Land durfte nicht weiter geschwächt werden, während man sich von dem schwachen Österreich nichts erwartete. Völkerrechtlich und moralisch noch so begründete Ansprüche blieben bei dieser Politik auf der Strecke – und das erste Opfer hieß Südtirol.

Dolomiten, 14. 9. 2005

Vor 60 Jahren besiegelt: Südtirol kehrt nicht zurück

Zurück zum Vaterland Österreich oder bei Italien bleiben? Unmittelbar nach Ende des Zweiten Weltkrieges keimte unter den Südtirolern die Hoffnung auf, nach der faschistischen Unterdrückung wieder zu Österreich zurückzugelangen. Der Ruf nach Selbstbestimmung wurde laut. Das Thema Südtirol befasste auch die internationale Politik.

„Es geht bei dieser Entscheidung in der Tat um eine hochpolitische Angelegenheit, nämlich: haben wir langfristig mehr zu gewinnen, wenn wir Italien weitere Demütigungen ersparen oder wenn wir die österreichischen Ansprüche befriedigen? Ich neige der ersten Alternative zu. Man kann nicht sagen, dass der Gewinn Bozens absolut notwendig ist für ein ‚freies und unabhängiges Österreich' – auf das wir uns festgelegt haben –, es könnte andererseits aber zu einem Gefahrenherd werden, falls Österreich völlig unter russischen Einfluss gerät."

So lautete der entscheidende Satz in einem Memorandum des britischen Außenministers Anthony Eden vom 5. Juli 1945 zum Thema „Rückgabe Südtirols" an Österreich. Das Kabinett billigte wenig später diese von Eden aufgezeigte Grundlinie. Ähnlich dachten auch die Amerikaner. Auch Washington wollte alles vermeiden, was die Lage in Italien destabilisieren konnte; es ging darum, Italien im westlichen Lager zu halten.

Hinzu kam, dass die italienische Regierung nicht untätig geblieben war. Schon am 6. Juli 1945 hatte Botschafter Alberto Tarchiani in Washington Präsident Harry S. Truman ein Memorandum überreicht, in dem es hieß, die Brennergrenze sei

„die natürliche geographische und strategische Grenze zwischen Italienern und Deutschen. Es gab eine deutsche Minderheit innerhalb der Grenzen Italiens: es ist noch nicht lange her, als ihnen Gelegenheit gegeben wurde, zu wählen, ob sie in Italien bleiben oder nach Deutschland auswandern wollten. Tatsächlich entschloss sich ein Teil, das Land zu verlassen und ging ins Nazireich, während ein erheblicher Teil der fremden Bevölkerung aus freien Stücken blieb."

Im gleichen Sinne äußerte sich Alcide De Gasperi in seiner Funktion als Außenminister am 22. August gegenüber seinem amerikanischen Kollegen James Byrnes.

Am 11. September begann im Lancaster House in London die erste Sitzung des auf der Potsdamer Konferenz beschlossenen Rates der Außenminister (Byrnes, Ernest Bevin Großbritannien; Georges Bidault, Frankreich; Molotow, Sowjetunion, und Wang Shih-Ćhieh, China). Es ging um die Friedensverträge mit Italien, Rumänien, Bulgarien, Ungarn und Finnland. Südtirol stand zwar nicht expressis verbis auf der Tagesordnung, dennoch wurde in dieser Frage eine Entscheidung getroffen, die das zukünftige Schicksal des Landes de facto besiegelte.

Am 14. September wurde ein amerikanischer Vorschlag einstimmig und ohne Diskussion angenommen, wonach „die Grenze mit Österreich unverändert bleibt“. Man war lediglich bereit, österreichische Vorschläge für „kleinere Grenzberichtigungen“ zugunsten Österreichs zu prüfen. Das Ganze hatte nicht einmal eine Minute gedauert.

In Österreich fanden zum selben Zeitpunkt Kundgebungen für die Rückgliederung Südtirols statt. Ein erster Höhepunkt war am 3. Oktober eine Großveranstaltung in Wien. Vier Wochen später, am 5. November, überreichte Außenminister Karl Gruber dem Alliierten Rat in Wien ein Memorandum zur Südtirolfrage, in dem auf den Willkürakt des Jahres 1919 mit all den Konsequenzen auch für die Erste Republik verwiesen und argumentiert wurde, dass die Rückgliederung Südtirols für die Österreicher der beste Beweis für den Gerechtigkeitssinn der Alliierten sei und sie in ihrem Wunsch nach Selbsterhaltung und Unabhängigkeit bestärken würde. Es wurde um eine Volksabstimmung und schließlich um die Anhörung einer österreichischen Delegation bei den Friedensverhandlungen mit Italien gebeten.

Am 22. November betonte Bundeskanzler Karl Renner gegenüber William Mack, dem britischen Vertreter in Wien, für Österreich sei Südtirol gegenwärtig „die brennendste Frage“. Wie zuvor schon Gruber so versicherte auch Renner jetzt, dass man bereit sei, Italien in Wirtschaftsfragen „großzügigste Zugeständnisse“ zu machen; bei der weiteren Nutzung der Kraftwerke in Südtirol durch Italien werde es keinerlei Schwierigkeiten geben. Die erste Reaktion im Foreign Office war überaus günstig, und nach den Wahlen in Österreich, in denen die Kommunisten am 25. November 1945 eine vernichtende Niederlage erlitten hatten, dachte man sowohl in Washington als auch in London erneut über Südtirol nach. War Österreich möglicherweise doch nicht so gefährdet, die Gefahr einer von den Sowjets kontrollierten Regierung doch nicht so groß? Und was würde Italien machen, falls Südtirol doch an Österreich zurückgegeben würde?

Dies war in Washington ein wichtiges Argument. Der Leiter der Südeuropaabteilung, Samuel Reber, wies auf die Bedeutung der Provinz für die Stromerzeugung und die Steuereinnahmen Italiens (an zweiter Stelle nach Piemont) und die Haltung der Parteien in Italien hin: Alle, einschließlich der Kommunisten, würden die österreichischen Forderungen ablehnen; wenn die USA sie jetzt unterstützen würden, könnte dies schwerwiegende innenpolitische Folgen in Italien haben. Der Leiter der Mitteleuropaabteilung, James W. Riddleberger, sah das anders; er sprach sich dafür aus, das Thema erneut vor den Rat der Außenminister zu bringen und für die Rückgabe Südtirols zu plädieren. Ein Argument lautete: Die Rückgabe der Provinz werde das österreichische Nationalgefühl stärken und die Westorientierung Österreichs fördern; die Schaffung eines „gesunden" Österreich könne von grundlegender Bedeutung für den Wiederaufbau der kleinen Staaten in Mitteleuropa sein; der Verlust Südtirols für Italien werde andererseits keine ernsthaften wirtschaftlichen Schwierigkeiten für das Land mit sich bringen, die Stromerzeugung müssten Italien und Österreich gemeinsam betreiben.

Schließlich einigte man sich auf einen Kompromiss: Sollte eine der Mächte das Thema auf der Außenministerkonferenz erneut aufwerfen, sollte man die Möglichkeit eines Plebiszits nicht ausschließen.

Eine ähnliche Diskussion wurde auch im Foreign Office geführt. Auch hier standen sich Befürworter und Gegner einer Rückgabe gegenüber. Am Ende war man mehrheitlich *für* eine Rückgabe an Österreich; womit allerdings Italien in seinem Stolz und Prestige verletzt würde. Orme Sargent, der höchste Beamte im Foreign Office, meinte dazu:

„Wenn wir das abmildern wollen, dann wäre es bei weitem besser, wir würden den Italienern eine Kolonie zurückgeben als ihnen diese deutschstämmige Bevölkerung zu überlassen."

Außenminister Bevin notierte an den Rand dieses Memorandums: „Ich muss mir die Sache noch einmal überlegen."

Bereits zu diesem Zeitpunkt wurde die britische Außenpolitik fast ausschließlich von der so genannten „russischen Gefahr" bestimmt. Was sich im Laufe des Jahres 1945 angedeutet hatte, wurde jetzt Realität: Londons Vertreter in Moskau, Frank Roberts, schickte damals Berichte nach London, die alle Befürchtungen mit Blick auf die Sowjetunion bestätigten. Er bezeichnete die Außenpolitik des Kremls als „alarmierend". Sie werde ohne Rücksicht auf die Alliierten und bestehende vertragliche Verpflichtungen betrieben. Und dann zählte er auf: Griechenland, Persien, Türkei, Polen, Jugoslawien, Ungarn, Österreich. Kurz: „Wir werden überall zur gleichen Zeit attackiert." Moskau, so lautete Roberts Interpretation, wolle vom Nachkriegschaos in Europa und der Welt nur profitieren.

Diese Berichte aus der Moskauer Botschaft stießen im Foreign Office auf uneingeschränkte Zustimmung. Der Russlandreferent des Foreign Office sprach sogar von einem „sowjetischen Feldzug" gegen Großbritannien, und am 10. April schrieb Bevin an Premierminister Clement Attlee:

„Die Russen haben sich für eine aggressive Politik entschlossen, die sich auf militanten Kommunismus und russischen Chauvinismus gründet. Sie schrecken offensichtlich vor nichts zurück und gehen bis an den Rand des Krieges, um ihre Ziele zu erreichen."

Angesichts dieser Stimmung ist die Entscheidung zu verstehen, die Bevin mit Blick auf Südtirol vier Wochen zuvor getroffen hatte. Am 4. März hatte er die interne Diskussion um Südtirol beendet und *für* Italien und *gegen* Österreich entschieden. Wie im Fall Deutschland war auch hier die in London diagnostizierte „russische Gefahr" ausschlaggebend gewesen. Unterm Strich, so hatte Bevin betont, hätte Österreich zwar die besseren Argumente, wenn man dem Land aber die Kraftwerke überantworte, „könnte man damit tatsächlich den Russen einen bedeutenden Hebel in die Hände spielen, mit dem sie Italien unliebsam unter Druck setzen können"; man würde auf diese Weise die Ambitionen der Sowjets in Mitteleuropa unterstützen und gegen die eigenen Interessen in Italien handeln. Der Verlust Südtirols könnte die italienische Regierung destabilisieren und „den Weg für die Kommunisten freimachen". Obwohl Großbritannien alles tue, um die österreichische Regierung zu unterstützen, sei man nicht sicher, ob das langfristig gelingen werde, und die große Sorge sei, dass „Österreich durch die Macht der Umstände sich langfristig nach Osten statt nach Westen ausrichten werde".

Das Mittelmeer war jenes Gebiet, von wo die Briten ihren Einfluss auf Südeuropa ausüben wollten. Ohne britische Präsenz dort werde man „wenig ausrichten können bei jenen Staaten – Frankreich, Italien, Jugoslawien, Griechenland, Türkei –, die dann wie Osteuropa unter das totalitäre Joch fallen werden", wie Bevin dem Ministerausschuss für Verteidigung mitteilte: „Falls wir aus dem Mittelmeerraum herausgehen, wird Russland nachstoßen, und das wird für die Mittelmeerländer aus der Sicht von Handel, Wirtschaft und Demokratie das Ende sein." Unter diesen Umständen sollte Italien auf gar keinen Fall durch die Wegnahme Südtirols geschwächt werden.

Mit Bevins Entscheidung war das Schicksal Südtirols besiegelt. Das Thema wurde auf der Außenministerkonferenz nicht mehr angesprochen, und von daher kann man wohl sagen, dass Südtirol das erste Opfer im Kalten Krieg war. Aber nur ansatzweise. Am 1. Mai entschieden die Außenminister in Paris, dass die österreichische Forderung nach Rückgabe Südtirols keine „kleinere Grenzberichtigung" im Sinne ihrer Entscheidung vom September 1945 sei und von daher nicht behandelt werde. Da halfen auch die etwa 156.000 Unterschriften nicht, die in Südtirol für die Rückkehr nach Österreich gesammelt worden waren.

Dass sich die Sowjets ebenfalls gegen eine Rückgabe Südtirols an Österreich ausgesprochen hatten, weckte nämlich das Misstrauen der Briten, das in einem Strategiepapier für Bevin folgendermaßen zusammengefasst wurde:

„Es sieht so aus, als ob die Sowjets mit ihrer ablehnenden Haltung gegenüber jeder Grenzkorrektur zum Nachteil Italiens in Italien Kapital für sich herausschlagen und gleichzeitig Österreichs Willen zu Unabhängigkeit einen Schlag versetzen wollen, in der Hoffnung, dass das Land umso leichter dem Kommunismus zum Opfer fällt."

Von daher kam jetzt in London eine neue Idee auf, um den Österreichern wenigstens teilweise entgegenzukommen und deren Willen zur Unabhängigkeit zu stärken. Daraus entstand der Plan zur Rückgabe des Pustertales, der dann aber bekanntlich nicht realisiert wurde: zum einen wegen der fehlenden Zustimmung Südtirols, zum anderen aber wegen der von Gruber gegenüber den Briten geäußerten Meinung, dass dies nur der Anfang sei. Wenn erst einmal die Brennergrenze weg sei, so Gruber, werde der Rest folgen. Das schien eine unendliche Geschichte zu werden. Genau das aber wollten die Briten nicht.

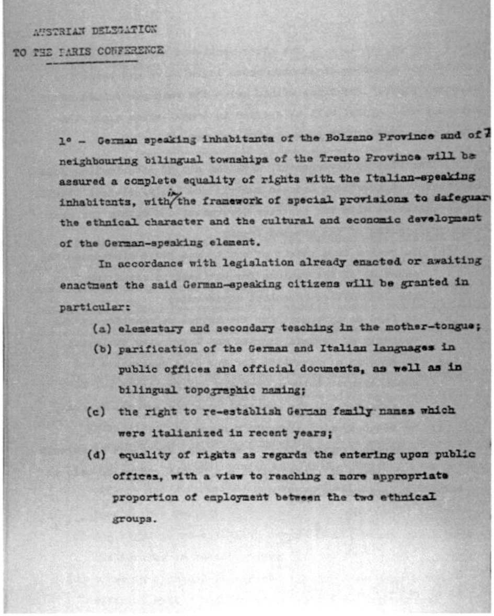

AUSTRIAN DELEGATION
TO THE PARIS CONFERENCE

1° – German speaking inhabitants of the Bolzano Province and of the neighbouring bilingual townships of the Trento Province will be assured a complete equality of rights with the Italian-speaking inhabitants, within the framework of special provisions to safeguard the ethnical character and the cultural and economic development of the German-speaking element.

In accordance with legislation already enacted or awaiting enactment the said German-speaking citizens will be granted in particular:

(a) elementary and secondary teaching in the mother-tongue;

(b) parification of the German and Italian languages in public offices and official documents, as well as in bilingual topographic naming;

(c) the right to re-establish German family names which were italianized in recent years;

(d) equality of rights as regards the entering upon public offices, with a view to reaching a more appropriate proportion of employment between the two ethnical groups.

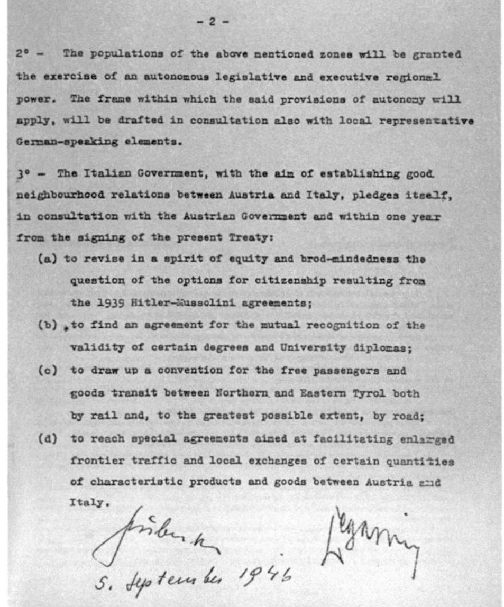

- 2 -

2° – The populations of the above mentioned zones will be granted the exercise of an autonomous legislative and executive regional power. The frame within which the said provisions of autonomy will apply, will be drafted in consultation also with local representative German-speaking elements.

3° – The Italian Government, with the aim of establishing good neighbourhood relations between Austria and Italy, pledges itself, in consultation with the Austrian Government and within one year from the signing of the present Treaty:

(a) to revise in a spirit of equity and brod-mindedness the question of the options for citizenship resulting from the 1939 Hitler-Mussolini agreements;

(b) to find an agreement for the mutual recognition of the validity of certain degrees and University diplomas;

(c) to draw up a convention for the free passengers and goods transit between Northern and Eastern Tyrol both by rail and, to the greatest possible extent, by road;

(d) to reach special agreements aimed at facilitating enlarged frontier traffic and local exchanges of certain quantities of characteristic products and goods between Austria and Italy.

Gruber   Degasperi

5. September 1946

Archivio del Ministero degli Esteri, Roma; Archiv des Außenministeriums, Rom.

Am 24. Juni 1946 lehnten die vier Außenminister die Rückgabe des Pustertales ab. Die Briten stimmten jetzt auch zu; die Stabilisierung Österreichs sah man im Zweiten Kontrollabkommen, das vier Tage später abgeschlossen wurde. Für Südtirol hieß die Lösung jetzt Autonomie. Das entsprechende Abkommen wurde nach massivem britischem Druck auf Italien von Alcide de Gasperi und Karl Gruber am 5. September 1946 in Paris unterzeichnet. Für Südtirol begann ein neues Kapitel seiner Geschichte.

Dolomiten, 24. 5. 2006

Südtirols Magna Charta

Vor 60 Jahren wurde in Paris das „Gruber-De Gasperi-Abkommen" geschlossen, das heute noch Respekt verdient

Am 24. Juni 1946 bekräftigten die Außenminister der vier Siegermächte in Paris ihren Beschluss vom September 1945: keine Rückkehr Südtirols nach Österreich. Die Entscheidung schlug in Wien wie eine Bombe ein. Außenminister Karl Gruber fiel in einen Zustand tiefer Depression. Bundeskanzler Leopold Figl sah die Dinge realistischer. Er war nach wie vor der festen Überzeugung, dass Südtirol eines Tages nach Österreich zurückkehren werde. „20 Jahre sind nichts im Leben einer Nation; die Franzosen haben 50 Jahre gebraucht, um Elsaß-Lothringen zurückzubekommen", vertraute er dem britischen Vertreter in Wien, William Mack, an. Seiner Meinung nach mussten die Großmächte Italien jetzt zwingen, die österreichische Mehrheit in Südtirol anständig zu behandeln.

Gruber hatte auch da seine Zweifel; nach dem Beschluss der Außenminister stehe man mit leeren Händen da, wie er Mack gegenüber meinte, und die Italiener hätten keinen Grund mehr, Österreich entgegenzukommen. Mack berichtete nach London: „Die Österreicher halten es im gegenwärtigen Stadium, wo sie […] nichts in Händen und die Italiener keinerlei Veranlassung zu einer vernünftigen Regelung haben, für sinnlos, den direkten Kontakt mit der italienischen Regierung zu suchen. Es ist im Moment unmöglich, sie von dieser Haltung abzubringen."

In dieser Situation wurden die Briten erneut aktiv: Sie übten in den folgenden Wochen stärksten Druck sowohl auf Italiener als auch Österreicher aus. Der oberste Beamte im Foreign Office, Sir Orme Sargent, war nämlich davon überzeugt, dass, solange man Italiener und Österreicher sich selbst überlasse,

„nichts geschehen wird. Die Österreicher sind zu schwach, um die Dinge voranzutreiben, und für die Italiener als *beati possidentes* besteht eigentlich keinerlei Veranlassung, sich in einem Abkommen eindeutig festzulegen, sosehr sie auch ihren guten Willen bekunden und vage Versprechungen hinsichtlich guter Absichten machen."

„Es ist wichtig", so Sargent wenig später,

„dass wir die Initiative ergreifen und diese beiden, im Grunde genommen westlichen Länder an einen Tisch bringen und etwas nachhelfen, dass sie in ihrem und unserem Interesse so schnell wie möglich eine vernünftige Lösung für dieses unselige Problem finden. Denn, wenn man die Sache langfristig und vom europäischen Blickwinkel aus betrachtet, dann ist es unerlässlich, dass beide Länder, die nun einmal beide so dicht am Eisernen Vorhang liegen, zusammenstehen."

Den Italienern wurde klar gemacht, dass ein freundlich gesinntes Österreich wohl auch in ihrem Interesse liegen müsse; Italien könne nichts dabei gewinnen, wenn Österreich „in die Arme der Russen getrieben wird", wie dem italienischen Botschafter in London, Niccolò Carandini, klargemacht wurde.

Auf Grund der britischen Initiative kam es innerhalb der nächsten Wochen zu einer italienisch-österreichischen Übereinkunft. Am 5. September 1946 unterzeichneten Karl Gruber und der italienische Ministerpräsident Alcide De Gasperi dann in Paris jene in englischer Sprache – Englisch war Konferenzsprache – verfasste Vereinbarung, die als Gruber-De Gasperi-Abkommen (später auch Pariser Abkommen genannt) in die Geschichte eingegangen ist und Bestandteil des italienischen Friedensvertrages wurde. Das Abkommen besteht nur aus drei Paragraphen auf zwei DIN A 4 Seiten und ist dennoch eines der kompliziertesten, interessantesten und umstrittensten Dokumente der Nachkriegszeit überhaupt. Carandini meinte wenig später einmal, es sei „kein normaler Vertrag, der beide Parteien in allen Punkten kategorisch verpflichtet". Es sei ein „Abkommen, das im guten Glauben geschlossen wurde und das […] Beständigkeit und Wert nur dann haben wird, wenn es auch im guten Glauben angewandt wird."

Stärke oder Schwäche?

Als Staatssekretär im Außenamt in Wien nannte Bruno Kreisky das Abkommen einmal ein „einmaliges Dokument österreichischer Schwäche", wobei wohl richtig ist, dass sich Österreich beim Abschluss nicht gerade in einer besonders starken Position befand. Als Außenminister sah er das schon anders. In einer internen Sitzung in New York 1961 beschrieb er es einmal so: „Die Schwäche und gleichzeitig auch die Stärke des Pariser Abkommens besteht darin, dass nirgends konkrete Angaben enthalten sind."

Der erste Satz des ersten Paragraphen und der zweite Paragraph dieses Abkommens sind am wichtigsten. Im ersten Paragraphen heißt es:

„Den deutschsprachigen Einwohnern der Provinz Bozen und der benachbarten zweisprachigen Ortschaften der Provinz Trient wird volle Gleichberechtigung mit den italienischsprachigen Einwohnern im Rahmen besonderer Maßnahmen zum Schutze des Volkscharakters und der kulturellen und wirtschaftlichen Entwicklung des deutschsprachigen Bevölkerungsteils zugesichert."

Noch wichtiger ist Paragraph 2. Dort heißt es:

„Der Bevölkerung der oben erwähnten Gebiete wird die Ausübung einer autonomen regionalen Gesetzgebungs- und Vollzugsgewalt gewährt werden. Der Rahmen („frame") für die Anwendung dieser Autonomiemaßnahmen wird in Beratung auch mit einheimischen deutschsprachigen Repräsentanten festgelegt werden."

Carandini meinte nach der Unterzeichnung auch: „Wenn der gute Wille auf der einen oder andern Seite fehlt, bedeutet das, wir sind gescheitert." Man scheiterte letztlich, weil auf italienischer Seite der gute Wille fehlte, wie schon bald deutlich wurde. Einer der umstrittensten Punkte bei der Auslegung des Abkommens war von Anfang an die territoriale Abgrenzung des Autonomiegebietes, jener berühmt-berüchtigte Rahmen, „frame", wie es im Original heißt. Dies war der Kern des Abkommens; die Einbeziehung des Trentino würde „alles umstoßen", wie es Figl im Ministerrat formulierte. Was unklar schien, war allerdings in Paris zwischen Gruber und De Gasperi klar abgesprochen worden, konnte aber mit Rücksicht auf die öffentliche Meinung sowohl in Österreich wie auch in Italien nicht so deutlich beim Namen genannt werden. Das Zusammengehen mit dem Trentino war demnach möglich, allerdings „nur in Beratung auch" mit den Südtirolern, die so nicht stattfand.

Italien sorgte für ein Fait accompli, indem es im Juli 1947 eine Verfassung beschloss, die die Bildung einer autonomen Region Trentino-Alto Adige (Trentino-Tiroler Etschland) vorsah, und im Jänner 1948 das entsprechende Autonomiestatut verabschiedete. Dies war keine Landesautonomie für Südtirol! Damit wurde der im Paragraph 1 erwähnten Bevölkerung eben *nicht* die Ausübung einer autonomen regionalen Gesetzgebungs- und Vollzugsgewalt gewährt. Und die „Beratung" fand auch nicht im Sinn und Geiste des Abkommens statt. Ganz zum Schluss, im Jänner 1948, unmittelbar bevor das Statut in Kraft trat, konnten die Vertreter Südtirols noch bei den Gesprächen in Rom einige Verbesserungen am Autonomiestatut erreichen, aber sonst nichts. Daraufhin gab es jenen berühmt-berüchtigten Brief an den Kommissions-Vorsitzenden Tomaso Perassi, wonach die Südtiroler in der Errichtung der Region die Verwirklichung des Abkommens sahen. Der Brief wurde später immer wieder von der italienischen Regierung propagandistisch genutzt.

Zum Grundsätzlichen: Die Autonomie war die „letzte Reserve“, wie Bundeskanzler Figl das im Ministerrat formuliert hatte. Österreich war nach der Entscheidung der Sieger, so Figl, in eine Situation der „ohnmächtigen Schwäche“ geraten, in der man akzeptieren musste, was Italien anbot. Freiwillig anbot, auch wenn die Briten Druck ausübten.

Der Trentiner De Gasperi unterschrieb, weil er an der Brennergrenze Ruhe haben und „seinen“ Trentinern eine Autonomie bringen wollte – um damit auch separatistischen Tendenzen entgegenzuwirken. Er war dabei eindeutig in der stärkeren Position gegenüber Gruber. Gruber hat nicht „kapituliert“ in Paris, nur: Gemessen an der zunächst erhobenen Maximalforderung – Rückkehr Südtirols – war das Erreichte nur eine Minimallösung. Gruber wusste, was De Gasperi aus Paris mitnehmen wollte, nutzte dies aus und erreichte sein Ziel: Die Südtirolfrage wurde durch das Abkommen „internationalisiert“, Österreich „Schutzmacht“ Südtirols. Anders als in der Ersten Republik war Südtirol damit keine rein inneritalienische Angelegenheit mehr. Das Pariser Abkommen konnte zum Mühlstein um den Hals jeder italienischen Regierung werden. Unter diesem Gesichtspunkt ist das Abkommen zu würdigen.

Südtirol wurde auch nicht, wie man den Südtiroler Vertretern in Paris aus bestimmten Kreisen später vorwarf, für ein Linsengericht verkauft. Hinter allen Entscheidungen stand das leidenschaftliche Bemühen, in einer außerordentlich schwierigen Situation das Bestmögliche zu erreichen. Das Abkommen war, konnte nach Lage der Dinge nicht ideal sein. Natürlich wäre es möglich gewesen, ohne Abkommen aus Paris abzureisen. Aber was wäre wohl aus Südtirol ohne dieses Abkommen geworden? Eine ziemlich interessante Frage, über die sich trefflich spekulieren lässt.

Mängel der Umsetzung

Die Enttäuschung der Südtiroler in den folgenden Jahren hat weniger mit diesem Abkommen an sich zu tun, als vielmehr mit der Umsetzung durch Italien und dem dann allzu langen Ausbleiben jener „Campagne“ gegen Italien, die Gruber den Südtirolern in Paris zugesichert hatte. Vor allem aber mit den ersten Entscheidungen in Rom und dann mit dem Verhalten der Trentiner, die sich in den fünfziger Jahren zu den eigentlichen Feinden der Südtiroler entwickelten und ihre Majorität im Regionalrat rücksichtslos ausnutzten. Wobei festzuhalten ist, dass Kanonikus Michael Gamper 1953 nicht zu Unrecht auf jenen „Todesmarsch“ verwies, auf dem sich die Südtiroler befanden: Rom betrieb damals die, wie es intern hieß, „51 %“-Politik für Südtirol, d. h. weitere Zuwanderung nach Südtirol, um dort die Mehrheit zu gewinnen.

Das alles ändert nichts an der Tatsache, dass Österreichs Weg zur UNO 1960 ohne dieses Abkommen nicht möglich gewesen wäre. Das fing schon beim Antrag für die

Tagesordnung an, in dem das Abkommen nicht mehr erwähnt wurde. Aber so einfach ging das nicht; das Abkommen verpflichtete beide Seiten. Die Italiener wollten im Übrigen eher aus der UNO austreten, als den österreichischen Antrag akzeptieren. In der von Österreich beantragten Form wäre der Antrag definitiv nicht auf die Tagesordnung der UNO gekommen. Es war ein britischer Vermittlungsvorschlag – der schließlich auch in Rom akzeptiert wurde und der genau der Formulierung im Abkommen entsprach.

Auch auf Tiroler Seite wollten damals einige mehr als nur Landesautonomie, nämlich Selbstbestimmung. Entsprechend wurde im österreichischen Resolutionsantrag in New York das Abkommen erneut nicht erwähnt. Was das bedeutete, machte der Tiroler ÖVP-Landesrat Aloys Oberhammer klar: „Mit dem Einbringen unserer Resolution haben wir unsere Schiffe verbrannt." Nach Ablehnung, so das Kalkül der „Radikalen", wäre man dann mehr denn je berechtigt, die Selbstbestimmung zu fordern. Was folgte, war ein Debakel für die österreichische Delegation; selbst Kreiskys Freunde, die Schweden, ließen ihn im Stich mit dem Argument, es gehe wohl kaum, dass ein Land einen Vertrag verändern wolle, ohne diesen zu erwähnen.

Von daher hätte es ohne das Abkommen auch nicht im Oktober 1960 die einstimmige UNO-Resolution gegeben, in der beide Länder aufgefordert wurden, auf der Basis dieses Abkommens eine Lösung des Problems zu finden. Und die lautete letztlich „Paket" bis hin zur Autonomie von heute, Beweis dafür, dass jenes Abkommen in der Tat zur Magna Charta Südtirols geworden war – und immer noch ist.

Wiener Zeitung, extra, 2. 9. 2006

Katakombenschulen und Todesmarsch

Kanonikus Michael Gamper prägte vor 80 Jahren und vor 50 Jahren bleibende Begriffe

Zwei Begriffe haben das politische Leben Südtirols im 20. Jahrhundert besonders geprägt: Katakombenschule und Todesmarsch. Beide Begriffe wurden von demselben Mann geprägt: Kanonikus Michael Gamper, einer der bedeutendsten Persönlichkeiten Südtirols. Beide Male bediente sich Gamper „seiner" Zeitung, zum einen des „Volksboten", zum anderen der „Dolomiten". Der erste Artikel erschien am 1. November 1923, der zweite wohl nicht ohne Absicht fast auf den Tag genau 30 Jahre später, Ende Oktober 1953.

1922 hatten Mussolinis Faschisten die Macht in Italien übernommen und begonnen, Südtirol mit beinahe allen Mitteln zu italianisieren. Will man einem Volk seine Identität nehmen, so muss man ihm die Sprache nehmen. Das wussten auch die Faschisten. Am 1. Oktober 1923 trat ein Schulgesetz in Kraft, die sogenannte „Lex Gentile" – benannt nach dem Unterrichtsminister Giovanni Gentile. Dieses Gesetz war das schwerwiegendste Entnationalisierungsdekret jener Zeit, das Todesurteil für die deutsche Volksschule in Südtirol. Die deutschen Schulen wurden geschlossen, die deutschen Lehrer vom Dienst suspendiert. Die gesamte deutsche Jugend war von nun an einer grausamen Italianisierung ausgeliefert. Damals wurde zum Widerstand aufgerufen – und zwar von Kanonikus Michael Gamper, seit 1920 Präsident der Tyrolia Verlagsanstalt und zugleich Chefredakteur des „Volksboten". Dort schrieb er am 1. November 1923 jenen berühmten Artikel, der zum Fanal für die Südtiroler wurde: „Was soll nun geschehen? Sollen wir mit dem Verlust der deutschen Schule auch das deutsche Volkstum verlieren? Die heutigen Machthaber möchten es." Und er fuhr fort, „möge es unser Volk zu verhindern wissen!" Und dann gab er die Parole für das weitere Vorgehen aus:

„Nun müssen wir es den ersten Christen nachmachen. Als diese vor den Verfolgern nicht mehr sicher waren, wenn sie in der Öffentlichkeit ihren Gottesdienst hielten, zogen sie sich an den häuslichen Herd zurück. [...] Als sie vor den Verfolgern auch da nicht mehr sicher waren, nahmen sie zu den Toten in den unterirdischen Grabkammern, in den Katakomben ihre Zuflucht."

Michael Gamper wurde zum Spiritus rector der entstehenden Geheimschule, die unter dem Begriff Katakombenschule in die Geschichte Südtirols eingehen sollte. Die Katakombenschule war die Hausschule; schuldienstentlassene Lehrpersonen und

Priester widmeten sich dem Aufbau dieser Geheimschule. Gampers aktivste Mitarbeiter waren Josef Noldin, Eduard Reut-Nicolussi, Maria Nicolussi, Emma von Leurs, Gerd Holzeis, Rudolf Riedl und Rudolf Mali. Am 7. März 1922 war Gamper zum dritten Obmann der Südtiroler Volkspartei bestellt worden; dies ermöglichte es ihm in der Folgezeit, Verbindungen nach Österreich und Deutschland aufzubauen und Hilfe von „draußen" für die Notschule zu sichern.

Die Faschisten reagierten mit Hausdurchsuchungen, Verhören, Misshandlungen, Beschlagnahme der deutschen Schulbücher, Verwarnungen, Mahnungen, Gefängnis und Verbannung. Aber es gelang ihnen nicht, die Katakombenschule zu zerschlagen, auch wenn Mitarbeiter wie Riedl ausgewiesen wurden, Noldin auf die Insel Lipari verbannt wurde und nach seiner Rückkehr starb; ein weiteres Opfer war die Lehrerin Angela Nikoletti, die mehrmals verhaftet, unter Polizeiaufsicht gestellt und dann ausgewiesen wurde und 1930, erst 25-jährig, starb. Der Geheimunterricht war primitiv und unzureichend, aber, und das war entscheidend: die deutsche Sprache überlebte. Entscheidenden Anteil daran hatte Kanonikus Michael Gamper, der 1939 bei der Option zum prominentesten und einflussreichsten „Dableiber" wurde.

Fast auf den Tag genau 30 Jahre nach dem Katakomben-Artikel griff Kanonikus Gamper mit einem weiteren Artikel in die Geschichte Südtirols ein. Am 28. Oktober 1953 erschien in den „Dolomiten" sein inzwischen ebenfalls berühmter Artikel „Es ist ein Todesmarsch". Gamper hatte bis dahin die Entwicklung Südtirols mit scharfem und kritischem Auge beobachtet. Selbstbestimmung und Wiedervereinigung hatte es nach 1945 nicht gegeben, dafür aber im September 1946 das sogenannte Gruber-De Gasperi-Abkommen, das den Südtirolern die Autonomie bringen sollte. Mit Misstrauen hatte er die Umsetzung dieses Abkommens verfolgt. Aus seiner Sicht spielten die Italiener hier ein falsches Spiel, die Südtiroler bekamen keine Autonomie, sondern nur eine Scheinautonomie. Gleichzeitig setzte das nunmehr demokratische Italien beinahe die gleiche Politik fort wie die Faschisten, in erster Linie eine massenhaften Einwanderung. Wir wissen heute, dass dies auf italienischer Seite intern die sogenannte „51-Prozent"-Politik hieß: das Ziel war weiter die Unterwanderung Südtirols; bei einer 51-Prozentigen Mehrheit der Bevölkerung wäre man möglicherweise zu einer Abstimmung bereit gewesen, wenn der außenpolitische Druck entsprechend stark geworden wäre.

Gamper wusste nichts von dieser 51-Prozent-Politik, aber sein Gefühl gab ihm recht und von daher sein warnender Artikel, in dem er auf genau das hinwies, was die Italiener beabsichtigten:

„Fast mit mathematischer Sicherheit können wir den Zeitpunkt berechnen, zu dem wir nicht bloß innerhalb der zu unserer Majorisierung geschaffenen Region, sondern auch innerhalb der engeren Landesgrenzen eine wehrlose Minderheit bilden werden [...] Es ist ein Todesmarsch, auf dem wir Südtiroler seit 1945 uns befinden, wenn nicht noch in letzter Stunde Rettung kommt [...]."

Seiner Meinung nach würde Rom die Autonomie erst geben, wenn die Italiener die Mehrheit hätten, und dann würde man machtlos sein.

Die „Todesmarsch"-Parole beherrschte von nun an die Diskussion. An diesem Thema kam kein Politiker mehr vorbei. Sie führte letztlich in der Führung der Südtiroler Volkspartei zu einer Politik, die zur Demonstration in Sigmundskron im November 1957 aufrief und dann mit Hilfe Österreichs den Weg zur UNO beschritt. Am Ende einer langen Reise stand das Paket im Jahre 1969. Eines kann man mit ziemlicher Sicherheit sagen: Ohne Kanonikus Michael Gamper würde es ein Südtirol, so wie wir es heute kennen, nicht mehr geben.

Es ist ein Todesmarsch

„Nicht genug damit. Wir müssen immer wieder davon reden, weil es unsere tägliche, ja stündliche Not ausmacht – die gewollte Unterwanderung unseres Volkes geht unaufhaltsam weiter. Auch das eine Frucht der unzulänglichen „Lösung"! Zu vielen Zehntausenden sind nach 1945 und nach Abschluss des Pariser Vertrages Italiener aus den südlichen Provinzen in unser Land eingewandert, während zur gleichen Zeit die Rückkehr von einigen Zehntausenden unserer umgesiedelten Landsleute unterbunden wurde. Von Jahr zu Jahr sinkt so der Prozentsatz der einheimischen Bevölkerung steil

ab gegenüber dem unheimlichen Anschwellen der Einwanderer. Fast mit mathematischer Sicherheit können wir den Zeitpunkt errechnen, zu dem wir nicht bloß innerhalb der zu unserer Majorisierung geschaffenen Region, sondern auch innerhalb der engeren Landesgrenzen eine wehrlose Minderheit bilden werden. Dies in einem Raume, in dem noch vor kurzem die Italiener nur drei Prozent der Gesamtbevölkerung ausgemacht hatten. Es ist ein Todesmarsch, auf dem wir Südtiroler seit 1945 uns befinden, wenn nicht noch in letzter Stunde Rettung kommt …

Kanonikus Michael Gamper in den „Dolomiten" vom 28. Oktober 1953

Dolomiten, 8./9.11.2003

„Landsleute! Kommt in Massen!“

Vor 50 Jahren: 35 000 Südtiroler demonstrierten auf Schloss Sigmundskron.

1946 hatten die Alliierten die Rückkehr Südtirols zu Österreich definitiv abgelehnt. Als eine Art Ersatzlösung hatten der österreichische Außenminister Karl Gruber und sein italienischer Kollege und Ministerpräsident Alcide de Gasperi am 5. September 1946 in Paris ein Abkommen geschlossen, das den Südtirolern die Autonomie bringen sollte. Es kam bekanntlich ganz anders. Das Abkommen war nicht ideal, konnte es nach Lage der Dinge auch nicht sein. Der italienische Botschafter in London, der maßgeblich am Abkommen beteiligt war, meinte damals in einem vertraulichen Brief, wenn der gute Wille auf der einen oder anderen Seite fehle, „bedeutet das, wir sind gescheitert.“ Man scheiterte, weil auf italienischer Seite der gute Wille fehlte! Rom kümmerte sich wenig bis gar nicht um die Südtiroler. Im Sommer 1947 errichtete man die Region Trentino-Alto Adige, in der die Italiener in der Mehrheit waren und in den folgenden Jahren eine Politik betrieben, die den Faschisten zur Ehre gereicht hätte. Dies führte bei den Südtirolern schnell zu Zweifeln an der Aufrichtigkeit der italienischen „Autonomie“-Politik. Dieses Misstrauen wurde anfangs im Schulbereich massiv bestätigt. Die „Dolomiten“, die Zeitung der Südtiroler, schrieb damals:

„Die Faschisten, die nach wie vor in den Regierungsstellen sitzen, lässt es nicht ruhen; sie möchten ihr Ziel erreichen, das heute dasselbe ist wie vor 20 Jahren – die stufenweise Italianisierung der Südtiroler Schule. Geändert haben sich nur die Methoden. An die Stelle brutaler Gewalt ist das raffinierte Tausch- und Umgehungsmanöver getreten.“

Es wurden Schulbestimmungen ausgearbeitet, die an die frühesten faschistischen Maßnahmen der 20er Jahre erinnerten, mit Einschränkung des Elternrechts etwa bei der Schulwahl. Die deutsche Sprache wurde in Südtirol nur noch als Hilfssprache betrachtet; es gab keinerlei Durchführungsbestimmungen für den Volkswohnbau. Durch den massiven Bau von Volkswohnungen und die anhaltende Zuwanderung wurde die Entnationalisierungspolitik des Faschismus fortgesetzt. Dies kann man auch in einem Dokument nachlesen, das ich vor einiger Zeit im Archiv des italienischen Außenministeriums gefunden habe. Dort wird offen von der „51 Prozent“-Politik gesprochen, d. h. weitere Zuwanderung von Italienern nach Südtirol, bis man eines Tages die 51 Prozent Mehrheit erreicht hatte. Schon 1953 sprach der bekannte „Dableiber“ Südtirols, Kanonikus

Michael Gamper, vom „Todesmarsch“ der Südtiroler, wenn nicht noch in letzter Stunde Rettung komme. Damals wuchs die Opposition innerhalb der Südtiroler Volkspartei (SVP) und im Mai 1957 kam es zur Wachablösung in der Partei. Silvius Magnago wurde Parteiobmann. Die neue SVP-Führungsspitze war zu einem inneritalienischen Dialog nicht mehr bereit, glaubte vielmehr mit Kompromisslosigkeit und direkter Sprache gegenüber Trient und Rom eine bessere Lösung für die eigene Volksgruppe zu finden, und die hieß, Landesautonomie für Südtirol.

Zur Eskalation kam es, als der italienische Arbeitsminister Giuseppe Togni am 1. Oktober in einem Telegramm an den Bürgermeister von Bozen mitteilte, der Stadt Bozen würden von der Regierung 2,5 Mrd. Lire zur Durchführung eines Wohnungsbauprogramms für 5000 Wohnungen zugewiesen. Die Stimmung wurde in den Schlagzeilen der „Dolomiten“ vom 2., 16. und 18. Oktober deutlich: „Das Deutschtum in Bozen völlig abgewürgt“; „Rom scheut keine Gelder, um neue Italiener anzusiedeln“; „Wohnungsbau darf nicht der Entnationalisierung dienen“; „Randfragen werden uninteressant, wenn die Axt an die Wurzel unseres Volkstums gelegt wird“. Die österreichische Botschaft in Rom sah das ähnlich und berichtete nach Wien: „Die Absicht einer Förderung der Unterwanderung ist zweifellos gegeben, zumal Togni als Nationalist bekannt ist.“ Das konnte man auch noch anders beweisen. In Bozen wurden im Herbst 1957 700 Wohnungen gebaut. Für die italienischen Baracken- und Ruinenbewohner benötigte man nur 350 Wohnungen. Trotzdem sollten jetzt 5000 Wohnungen gebaut werden – fast ausschließlich für neu zuwandernde Italiener. Die Diskussion über den Volkswohnbau zeigte nach Meinung des deutschen Generalkonsuls in Mailand,

„wie sehr die deutsche Volksgruppe mit dem Rücken an der Wand steht und wie hilflos sie im Grunde genommen gegen die unter einer zivilisierten, ‚europäischen‘ Oberfläche geführten systematischen Angriffe gegen ihre Existenz ist.“

So wie bisher konnte es jedenfalls nicht weitergehen. Und so beschloss die SVP-Führung am 27. Oktober, in Bozen eine, wie es hieß, „Volkskundgebung“ als Protest gegen die italienische Wohnungsbaupolitik in Südtirol am 17. November durchzuführen. Die „Dolomiten“ fassten die Stimmung im Land mit folgenden Worten zusammen:

„Das Deutschtum wird sozial erdrosselt. [...] Wir haben es nun einmal satt, dass in Bozen dauernd Hunderte von Wohnungen für Rovigoten, Lombarden, Trentiner, Neapolitaner und Calabresen geschaffen werden und unsere Leute wie Bettler vor den Toren der Stadt bleiben müssen. Wir sind es satt, dass man Industrien aufbaut, die keinem der Landeskinder Brot geben, sondern nur solchen, die aus allen Teilen Italiens zuwandern. Baut Industrien und Wohnungen für die Rovigoten in Rovigo, sie schreien dort danach und werden euch dankbar sein. In Südtirol aber baut solche Industrien und solche Wohnungen, die den Südtirolern zugute kommen. Das wollen wir.“

Die Frage, die mit der Ausschüttung der 2,5 Milliarden Lire wieder aufgerollt worden sei, „ist also nicht die Frage Wohnbau oder nicht, es ist nicht die Frage Industrie oder nicht, sondern es ist die Lebensfrage des Südtiroler Volkes". Der italienische Regierungskommissar der Region verbot die Kundgebung in der Stadt Bozen mit der Begründung, die Aufrechterhaltung von Ruhe und Ordnung sei nicht möglich. Der SVP wurde allerdings zugestanden, die Veranstaltung auf Schloss Sigmundskron durchzuführen, nachdem Magnago sein „deutsches Ehrenwort" gegeben hatte, dass es von Sigmundskron aus keinen „Marsch auf Bozen" geben werde.

Die „Dolomiten" veröffentlichten am 9. November den Aufruf der SVP-Führung zur Teilnahme an der Demonstration:

„Wenn ihr nicht wollt, dass Südtirol in einem Meer italienischer Zuwanderer ertrinke; wenn ihr nicht wollt, dass unsere Jugend aus den Bergen und Tälern keine Stellen mehr erhält, weil alle neuen Stellen nur Italienern vorbehalten werden; wenn ihr nicht wollt, dass die Südtiroler von der Zuteilung der mit staatlichen Geldern gebauten Wohnungen für alle Zukunft ausgeschlossen bleiben; wenn ihr wollt, dass die im Pariser Vertrag garantierte Autonomie Wirklichkeit wird in Form einer echten Selbstverwaltung für das Land Südtirol vom Brenner bis Salurn; wenn ihr wollt, dass unsere deutsche Jugend endlich Arbeit auf dem angestammten Väterboden erhält und zwar auch in den staatlichen Verwaltungsstellen; dann kommt zur Volkskundgebung [...] Landsleute! Kommt in Massen!"

Sie kamen in Massen. Am 17. November versammelten sich etwa 35.000 Südtiroler zu einer einzigartigen Protestdemonstration auf Schloss Sigmundskron. Auf Plakaten und Transparenten hatten sie ihre Forderungen formuliert. „Brüder im Norden helft uns!“, „Mander, es isch Zeit“, „Volksabstimmung für die Kolonie Südtirol“, „Südtirol vor die UNO“, „Tirol den Tirolern“, „Schutz vor 48 Millionen“ und schließlich „Los von Trient!“ Den Ordnerdienst auf dem Gelände hatte die Freiwillige Feuerwehr übernommen, während 5000 Carabinieri außerhalb in Bereitschaft standen. Alles verlief friedlich, es gab keinen „Marsch auf Bozen“. Von den drei auf der Kundgebung gehaltenen Reden war jene von Magnago eine aktuelle Präzisierung des Parteiprogramms der SVP. Sigmundskron wurde für ihn zur Bewährungsprobe, die er glänzend bestand. Damit begann auch sein politischer Aufstieg. In der mit überwältigender Mehrheit angenommenen Resolution hieß es:

„Den Staat aber mahnen wir an die Erfüllung der übernommenen Verpflichtungen. Dazu gehören vor allem: die Gewährung einer echten Autonomie für Südtirol als eigene Region mit der Sicherung des unbedingten Vorrechtes auf Arbeit und Wohnung für die einheimische Bevölkerung, die Durchführung der vollen und wirklichen Gleichberechtigung der deutschen Sprache im öffentlichen Leben und wirksame Maßnahmen, welche die verhältnismäßige Berücksichtigung unserer Volksgruppe bei der Besetzung aller öffentlichen Stellen und der Vertretung in allen öffentlichen Organen sichern.

Das Südtiroler Volk appelliert an Österreich, das im Pariser Vertrag den Schutz der Südtiroler Volksgruppe übernommen hat, sich mit ganzer Kraft und allen Mitteln für die Erfüllung dieser Forderungen einzusetzen. Sollten unmittelbare Verhandlungen zu keinem Ergebnis führen, so fordern wir Österreich schon heute auf, vor den geeigneten internationalen Instanzen Recht und Gerechtigkeit für Südtirol zu verlangen."

Blickt man zurück, lässt sich Folgendes sagen: Sigmundskron hat für Südtirol eine ganz besondere Bedeutung. Es ist *das* zentrale Ereignis in der Nachkriegsgeschichte des Landes. Von nun an blies ein schärferer Wind in der Südtirolpolitik. Im Verein mit Wien und Innsbruck begann die SVP eine neue Phase in ihrem langen Kampf ums Überleben der Volksgruppe. Es dauerte noch 15 Jahre, bis es 1972 ein neues Autonomiestatut gab, das dieses Überleben sicherte.

Wiener Zeitung, 17. 11. 2007

Die Südtirol-Resolution der UNO

Am 30. Oktober 1960 forderte die Generalversammlung der Vereinten Nationen in New York in der einstimmig beschlossenen Resolution 1497 (XV) Italien und Österreich auf, das Südtirolproblem auf dem Verhandlungsweg zu lösen. Wie es dazu kam, beschreibt Univ.-Prof. Rolf Steininger, Leiter des Institutes für Zeitgeschichte der Universität Innsbruck.

Hoffnung auf Vermittlerroller der USA geplatzt

Das Jahr 1959 war für Österreich und Südtirol nicht gut zu Ende gegangen. Die Hoffnungen auf eine Vermittlerrolle der USA hatten sich nach den Sondierungsgesprächen in Washington weitgehend zerschlagen, die bilateralen „Verhandlungen" in Wien waren ohne greifbare Ergebnisse geblieben. Die Italiener hatten darüber hinaus Staatssekretär Franz Gschnitzer als Gesprächsführer auf österreichischer Seite abgelehnt und gleichzeitig gegen ihn, Tirols Landesrat Aloys Oberhammer und Eduard Widmoser vom Tiroler Landesarchiv ein Einreiseverbot nach Italien ausgesprochen, während in Innsbruck und in weiten Kreisen Südtirols die Forderung nach Selbstbestimmung immer lauter erhoben wurde.

Bundeskanzler Julius Raab stand den (Süd-)Tirolern im Wort, das er ihnen im Februar 1959 gegeben hatte, nämlich die Gespräche mit Italien, sollten sie erfolglos bleiben, am Ende des Jahres abzubrechen und die Südtirolfrage zu „internationalisieren". Die Frage war jetzt: Was tun? Wie „internationalisieren"? UNO, Internationaler Gerichtshof? Was fordern? In den folgenden Wochen ging es darum, Antworten auf diese Fragen zu finden. Für die führenden Politiker in Wien war die Antwort klar: Es konnte nur um die Forderung nach Autonomie für Südtirol gehen und nicht etwa um Selbstbestimmung, die womöglich noch mit Attentaten herbeigebombt oder im Partisanenkrieg erkämpft werden sollte. Am 20. Januar 1960 machte Raab in Innsbruck die Wiener Sicht der Dinge klar, als er feststellte:

„Wir sind auch nicht der Meinung, dass das irgendwie nach der Methode Zypern zu lösen ist, weil wir nicht verantworten, dass hier unnützes Blut bei jungen Leuten fließt, die hierin Hoffnungen setzen. Wir sind für die Verhandlungen."

Außenminister Bruno Kreisky sekundierte in derselben Sitzung, als er feststellte:

„Wollen wir eine Chance haben, mit unserer Sache durchzudringen, dann geht es meiner innersten Überzeugung nach nur mit der Autonomie. Mit der anderen Frage, und sie möge noch so sehr motiviert und rechtlich begründet sein, naturrechtlich usw., werden wir aus unseren besten Freunden Feinde schaffen. Das kann sich Österreich nicht leisten."

Am Ende dieser Sitzung hatten sich die Moderaten unter Führung von Kreisky und Raab und SVP-Obmann Silvius Magnago scheinbar durchgesetzt. Die Richtung schien klar: Forderung nach Autonomie – und nicht Selbstbestimmung –, mit Fortsetzung der Verhandlungen mit den Italienern, um zu sehen, ob Italien diese Forderung erfüllen würde. Falls nicht, dann Gang zur UNO.

In Südtirol wuchs der Ruf nach Selbstbestimmung

Und die Südtiroler mussten ihre Leute auf diese Linie einschwören. Wie stark in den SVP-Ortsgruppen und den Anhängern des Befreiungssausschusses Südtirol (BAS) die Stimmung in Richtung Selbstbestimmung tendierte, machte die Landesversammlung Anfang Mai nur allzu deutlich. Nur mit größter Mühe gelang es der Parteiführung, die Partei auf die Forderung nach Autonomie einzuschwören.

Die Italiener wollten offensichtlich weiterverhandeln, um damit einen möglichen Gang Österreichs zur UNO zu verhindern. Der Weg zur UNO wurde im italienischen Außenministerium als „sehr gefährlich" für Italien bezeichnet. Als Gründe dafür wurden genannt: Erstens könnte die UNO über die juristische Seite des Gruber-De Gasperi-Abkommens hinausgehen und sich auch mit der aktuellen politischen Situation in Südtirol befassen. Zweitens müsste Italien vor der UNO um die Gunst der Mitgliedstaaten betteln und dafür möglicherweise politische und wirtschaftliche Gegenleistungen erbringen, die zu einer schweren Belastung führen und Italiens internationale Aktivitäten einschränken könnten. Möglicherweise würde, drittens, die Sache bei der UNO auch viel zu lange dauern und Italiens außenpolitische Handlungsfreiheit damit auf lange Zeit einschränken. Und dann bestand, viertens, die Gefahr, dass vor der UNO nicht nur über Autonomie, sondern auch über Selbstbestimmung diskutiert würde. Der „Mythos der Selbstbestimmung und Autonomie", wie es hieß, sei vor allem in den afro-asiatischen Staaten stark, und von daher müsste man mit einer solchen Diskussion rechnen.

Südtirolproblem als Thema von Geheimgesprächen

Möglicherweise erklären diese Überlegungen das Angebot des italienischen Ministerpräsidenten Fernando Tambroni an Bundeskanzler Julius Raab vom Mai 1960, in Geheimgesprächen das Südtirolproblem zu lösen. Der entsprechende Beschluss bedeutete nicht mehr und nicht weniger, als dass ein letzter Versuch unternommen werden sollte, doch noch zu einer Einigung mit Italien zu kommen, also kein Abbruch der Gespräche und möglicherweise auch kein Gang zur UNO, ganz zu schweigen vom Internationalen Gerichtshof.

Alles war für Geheimgespräche in Genf vorbereitet. Die (Süd-)Tiroler waren dagegen und torpedierten das Unternehmen durch eine gezielte Indiskretion in Wien. Wie gehofft und erwartet, gab es diese Gespräche dann nicht und stattdessen den Beschluss des Ministerrats, die Südtirolfrage vor die UNO zu bringen.

In New York stellte die Bundesregierung den Antrag, „das Problem der österreichischen Minderheit in Italien" auf die Tagesordnung der UNO-Generalversammlung zu setzen. Mit dieser Entscheidung, die gegen massive Intervention von Briten, Amerikanern und Franzosen getroffen worden war, begann ein neues Kapitel in der Südtirolfrage. Österreich ging ein hohes Risiko ein, einige sprachen sogar von Abenteuer. Kreisky war selbst Politiker genug, um die Chancen für das Vorgehen bei der UNO realistisch einzuschätzen. Klar war, wie er am 12. Juli im Ministerrat betonte, dass die UNO-Entscheidung „Österreichs außenpolitisches Handeln vermutlich für längere Zeit entscheidend beeinflussen wird". Damit hatte er in der Tat Recht – nicht umsonst hätte er am liebsten den Gang zur UNO vermieden.

Schon im Vorfeld wurde ein heftiger Kampf um die Aufnahme des österreichischen Antrages in die Tagesordnung geführt. Es gab ein zähes diplomatisches Ringen hinter den Kulissen, wobei Österreich eindeutig in der schwächeren Position war. Die nunmehr zugänglichen Dokumente zeigen auch die hohen Erwartungen – und Illusionen –, mit denen vor allem die Tiroler nach New York gegangen waren. Staatssekretär Franz Gschnitzer etwa hatte noch in Innsbruck betont, eine mögliche Aufforderung der UNO zu Verhandlungen ohne Basis der Landesautonomie sei „unannehmbar". Genau das aber musste man am Ende akzeptieren – und war noch froh darüber, dass es nicht noch schlimmer gekommen war.

In New York kam alles anders

Es war nämlich in New York so ziemlich alles anders gekommen, als sich einige in (Süd-)Tirol und in der österreichischen Delegation so schön vorgestellt hatten. Die Dinge waren nicht so einfach, wie sich schon sehr bald herausstellte. Die Italiener lehnten die Bezeichnung „österreichische Minderheit" – so erstmals im österreichischen Antrag für die Tagesordnung – ab und wollten ihrerseits die Bezeichnung „deutschsprachiges Element" unter Hinweis auf das Gruber-De Gasperi-Abkommen. Dabei schreckten sie auch vor Erpressung nicht zurück und drohten bei einem vollen Erfolg des österreichischen Antrags sogar mit Austritt aus den Vereinten Nationen. In der NATO-Ministerratssitzung am 21. September forderte der italienische Vertreter Solidarität von den Verbündeten Italiens. Dies alles blieb nicht ohne Wirkung in New York. Die Besprechungsprotokolle der österreichischen Delegation in New York lassen erkennen, wie schwierig und gespannt die Lage war, auch innerhalb der Delegation. Kreisky warnte davor, sich zu „zerfleischen".

Wie kam das Thema „Südtirol" auf die Tagesordnung?

Um überhaupt mit dem Thema „Südtirol" auf die Tagesordnung zu kommen, akzeptierte Österreich am Ende folgende Kompromisslösung: „Der Status des deutschsprechenden Elements in der Provinz Bolzano (Bozen). Die Erfüllung des Pariser Abkommens vom 5. September 1946." Damit wurde die Bedeutung des Gruber-De Gasperi-Abkommens (Pariser Abkommen) vom September 1946 endlich auch für jene erkennbar, die von diesem Abkommen bislang wenig gehalten hatten: Ohne dieses Abkommen wäre das Thema Südtirol nicht einmal auf die Tagesordnung der UNO gekommen. Im österreichischen Resolutionsentwurf war wieder von „österreichischer Minderheit in Italien" die Rede, während das Pariser Abkommen erneut nicht erwähnt wurde. Auch darüber hatte es erneut heftige Diskussionen in der Delegation gegeben.

Rudolf Kirchschläger, Leiter der Völkerrechtsabteilung im Außenministerium und Kreiskys Kabinettschef, hatte argumentiert, dass die Errichtung einer autonomen Provinz Südtirol nur möglich sei, wenn es dafür eine Rechtsgrundlage gäbe: „Daher soll der Vertrag genannt werden." Botschafter Kurt Waldheim hatte scharfsinnig erkannt, was passieren könnte, wenn das Pariser Abkommen nicht erwähnt würde: „Stimmungsmäßig" könnte das „negativ auf die evtl. Sponsoren wirken". Es wurde nicht erwähnt. Für Aloys Oberhammer war klar: „Mit dem Einbringen unserer Resolution haben wir unsere Schiffe verbrannt." Er und seine Mitstreiter hofften auf Ablehnung, um dann mit umso größerer Berechtigung die Forderung nach Selbstbestimmung stellen zu können – eine Rechnung, die nicht aufging. Die Realität in New York sah anders aus.

Die ersten Tage wurden für Österreich zum Debakel

Es kam, wie es kommen musste. Die ersten Tage der Debatte entwickelten sich für Österreich zu einem „Debakel", wie die Briten intern formulierten. An dieser Debatte beteiligten sich schließlich 35 Delegationen. Neben den Vereinigten Staaten sprachen sich vor allen Dingen Argentinien und Brasilien in eindeutiger Weise gegen den österreichischen Antrag aus, in erster Linie deshalb, weil dort jeder Hinweis auf das Gruber-De Gasperi-Abkommen fehlte. Das wurde von den meisten Delegationen denn auch mit größter Verwunderung registriert und so interpretiert, als ob Österreich diesen Vertrag ignorieren wollte, wie in der Wortmeldung des schwedischen Vertreters Sture Petrén, Leiter der Völkerrechtsabteilung des schwedischen Außenministeriums, besonders deutlich wurde. Petrén sprach das aus, was auch die übrigen Delegationen Österreich vorwarfen, dass man nämlich vom politischen Standpunkt aus einer seltsamen Situation gegenüberstehe:

„1946 regelten zwei Staaten ihre Streitigkeiten durch die Unterzeichnung eines Vertrages, und nun versucht eine der Vertragsparteien eine Änderung der Bestimmungen, auf die man sich geeinigt hatte, herbeizuführen, ohne auch nur den bestehenden Vertrag im Empfehlungsentwurf, den sie hier eingebracht hat, zu erwähnen."

Von daher bedaure es die schwedische Delegation, den österreichischen Entwurf in der vorliegenden Form nicht unterstützen zu können. Über die Haltung Schwedens war Kreisky besonders enttäuscht: „Schweden ging dem Minister besonders nahe", wie Oberhammer und Rupert Zechtl wenige Tage später an Landeshauptmann Hans Tschiggfrey schrieben. Klar war aber auch, dass, wenn schon die Schweden so dachten, auf deren Unterstützung Österreich in anderen Fragen fast immer rechnen konnte, die eingebrachte Resolution keinerlei Chance auf Annahme hatte.

In dieser Situation wurde erneut deutlich, wie wichtig jenes Abkommen war, das der österreichische Außenminister Karl Gruber und der italienische Ministerpräsident Alcide De Gasperi im September 1946 in Paris geschlossen hatten: Dieses Gruber-De Gasperi-Abkommen war in der Tat die Magna Charta Südtirols, die jene Resolution der

Vereinten Nationen erst ermöglichte, auf die sich die Generalversammlung Ende Oktober 1960 einigte und beide Streitparteien aufforderte, wieder Verhandlungen aufzunehmen, um eine Lösung aller Differenzen hinsichtlich der Durchführung dieses Vertrages zu finden. Diese Resolution brachte zwar keine meritorische Lösung des Problems, aber, wie Kreisky im Ministerrat betonte, sie schuf vollständig neue Voraussetzungen für die Verhandlungen mit Italien.

New Yorker Debatte stärkte Kreiskys Lage in Österreich

Die Debatte in New York war aber auch noch aus einem anderen Grund wichtig. Sie hatte jene innenpolitischen Kräfte in Österreich, die Kreisky bisher für die Führung von Südtirolverhandlungen als zu nachgiebig disqualifiziert hatten, vom Gegenteil überzeugt; zum anderen aber schien etwas anderes noch wichtiger:

„Ich bin sehr befriedigt darüber, dass der Anschauungsunterricht, der gewissen Nord- und Südtiroler Kreisen in New York geboten worden sei, dazu geführt habe, dass man beginne, die Dinge in den richtigen Proportionen zu sehen, nachdem in den genannten Kreisen zunächst die Meinung geherrscht habe, als drehe sich sozusagen die ganze Welt um Südtirol".

In jedem Fall aber würde sich Italien in der Folge der Aufforderung der UNO nicht mehr entziehen können und ernsthafte Verhandlungen mit Österreich führen müssen, während Österreich sich jederzeit darauf berufen und das Thema Südtirol zum Missfallen Italiens auch vor der UNO am Leben erhalten konnte. Insofern war die Resolution eine ideale Ergänzung des Pariser Abkommens, mit der man in Zukunft operieren konnte. Auf die anstehenden „Verhandlungen" und die weitere Entwicklung konnte man gespannt sein, zumal auch die Forderung nach Selbstbestimmung noch längst nicht vom Tisch war, auch wenn dies für Wien zu keinem Zeitpunkt ein Thema war.

Dolomiten, 5./6. 11. 2005

Die Feuernacht – Mythos und Realität

Vor 45 Jahren, in der Nacht auf den 12. Juni 1961, wurden in ganz Südtirol 37 Strommasten sowie andere Einrichtungen in die Luft gesprengt.

Die Nacht vom 11. auf den 12. Juni 1961 ist als „Feuernacht“ in die Geschichte Südtirols eingegangen. Der „Befreiungsausschuss Südtirol“ (BAS) – unterstützt von einer größeren Abordnung der Innsbrucker BAS-Gruppe – führte damals seinen lange vorbereiteten großen Schlag durch: In Südtirol wurden 37 Hochspannungsmasten, acht Eisenbahnmasten und zwei Hochdruckleitungen gesprengt. Auf Flugblättern hieß es: „Wir fordern für Südtirol das Selbstbestimmungsrecht!“

Rom nahm die Sache sehr ernst und demonstrierte seine Macht. In wenigen Wochen waren die Attentäter gefasst. Sie wurden gefoltert, was eines demokratischen Staates unwürdig war. Aber es kam noch schlimmer: Während die Folterer 1963 freigesprochen wurden, wurden die Attentäter 1964 zu mehrjährigen Haftstrafen verurteilt. Sie litten im Gefängnis – ihr Führer Sepp Kerschbaumer starb dort im Dezember 1964 –, genauso wie ihre Familien zu Hause. (Politische) Unterstützung von außen gab es kaum.

In der Folgezeit rückte das menschliche Leid mehr und mehr in den Vordergrund der Diskussion, bis hin zu der von ehemaligen Attentätern immer wieder geradezu ritualmäßig vertretenen These, dass sie die Autonomie erreicht hätten, das Leid und die Toten also nicht umsonst gewesen seien. Ein Mythos war geboren.

Im Jahre 1999 habe ich eine dreibändige Darstellung über „Südtirol zwischen Diplomatie und Terror 1947–1969“ vorgelegt; insgesamt 2.540 Seiten auf breitester Quellenbasis. Nur etwa 250 Seiten waren dem Thema „Feuernacht“ und Attentate im weitesten Sinne gewidmet. Auf die stürzten sich allerdings dann Ex- und andere Täter, die mit meinen diesbezüglichen Forschungen nichts anfangen wollten oder konnten. Was von jenen an Kritik kam, die offensichtlich für sich in Anspruch nahmen und nehmen, sie allein hätten den Patriotismus gepachtet, war billige Polemik bis hin zu schlichter Verleumdung.

Unkritische Fernsehserie

Später griffen einige von ihnen erneut zur Feder, um den Heldenmythos wieder aufleben zu lassen. Für die einen „blieb kein anderer Weg“, Töchter schrieben über ihre

Väter (Klotz über Klotz), Attentäter über Mitstreiter (Fontana über Kerschbaumer). Vorläufiger Höhepunkt war Anfang 2006 eine vollkommen unkritische Fernsehserie über die „Bombenjahre“, in der die „Freiheitskämpfer“ von damals in gutmütigem Altherrenstil ihre Geschichten vor der Kamera ausbreiten konnten. Diese Serie war denn auch sehr populär, aber sie ist nicht das, wofür sie sich im Untertitel ausgab: „Die Geschichte der Südtirol-Attentate“.

Erzählungen der Zeitzeugen hat H. K. Peterlini in sein Buch „Tiroler Bombenjahre“ übernommen, für das er im Übrigen, da, wo es um aktengestützte Fakten geht, meine Bände ausgeschlachtet hat – ergänzt um untergriffige Bemerkungen.

Mir ging es um eine objektive Darstellung dessen, was geschehen war, nicht um einen „Anschlag“ auf den Mythos Feuernacht, wie es damals reißerisch im Titel der „FF“ hieß (mit Chefredakteur H. K. Peterlini). Ich habe gewisses Verständnis für die Motivation und auch Mitgefühl für das Leid der Südtiroler Attentäter, die jahrelang im Gefängnis saßen und natürlich ihrem Leid einen Sinn geben wollten.

Wie sehen die Fakten aus?

Ich unterscheide in der Tat zwischen den „Feuernacht“-Attentätern und jenen, die später aktiv waren, bewusst den Tod von Menschen in Kauf nahmen und beim Bombenlegen mit Hitler-Gruß salutierten.

Alle wollten eines: Selbstbestimmung, keine Autonomie! Im Sommer 1961 hieß das: Abbruch der österreichisch-italienischen Verhandlungen, auf der SVP-Landesversammlung eine Resolution bezüglich Selbstbestimmung und unter Hinweis auf die gescheiterten Verhandlungen mit dieser Forderung dann vor die UNO.

Es kam alles anders

Ich habe geschrieben, die Attentate seien kontraproduktiv gewesen. Sie waren es zunächst mit Blick auf die Selbstbestimmung. Selbstbestimmung war ein großes Thema auf den SVP-Landesversammlungen 1959 und 1960. Die Ortsobleute wollten sie! Nur mit Mühe wurde 1960 eine entsprechende Resolution von der Parteileitung verhindert. War die Forderung nach Selbstbestimmung unrealistisch? Aus Wiener Sicht – allen voran Außenminister Bruno Kreisky – ja. In Nordtirol (u. a. Bergisel-Bund) gab es starke Stimmen, die sie forderten. In Südtirol war die SVP-Spitze, allen voran Silvius Magnago, massiv dagegen. Es gab aber auch dort andere Stimmen; so meinte etwa der einflussreiche Peter Brugger Ende 1959 einmal, man solle allmählich auf die Selbstbestimmung „umstecken“.

Ohne Bomben wäre das vielleicht etwas geworden, mit den Bomben war die Selbstbestimmung politisch definitiv erledigt.

Mit dem Mailänder Prozess haben die Attentäter – und das will ich gerne zugestehen – möglicherweise mehr erreicht, (allerdings ungewollt) als mit den Bomben: Erstmals erhielten nämlich jene Italiener so etwas wie Nachhilfeunterricht über die Südtiroler, die für sie bis dahin nur „allogeni" und „alloglotti" waren, jene „valligiani dalle calze bianche", wie sie von etlichen Italienern abfällig genannt wurden.

Zur Neunzehner-Kommission. Sie wird direkt mit der Feuernacht in Verbindung gebracht, nach dem Motto: „Ohne Anschläge keine Neunzehner-Kommission, ohne Neunzehner-Kommission kein Paket?" (J. Fontana) Die Frage lautet: Hätte es ohne Feuernacht keine Kommission gegeben? Oder anders ausgedrückt: Hat Rom die Kommission auf Grund der Feuernacht eingesetzt? Und war das ernst gemeint oder nur ein taktischer Schachzug?

Tatsache ist, dass die Feuernacht und die anschließenden Anschläge im Juli 1961 kontraproduktiv für die Haltung etlicher Mitglieder der italienischen Regierung waren. Tatsache ist auch: Schon vor der Feuernacht hatte Innenminister Mario Scelba (sogar der!) den Südtirolern Vorschläge für ein inneritalienisches Gespräch gemacht, die gerade wegen der Attentate beinahe nicht realisiert worden wären, weil Mitglieder des italienischen Ministerkomitees den Eindruck der Schwäche in der Öffentlichkeit vermeiden wollten. Außenminister Antonio Segni hatte das auf der Außenministerkonferenz in Zürich am 26. Juni gegenüber Kreisky sehr deutlich gesagt: „Mit Gewalt wird gar nichts erreicht."

Bei den in freundschaftlichster Atmosphäre geführten österreichisch-italienischen Expertengesprächen im Vorfeld von Zürich hatten die Bomben im Übrigen überhaupt keine Rolle gespielt. Sie waren nicht einmal erwähnt worden. Scelba setzte sich im Ministerrat durch. Er wollte trotz der Attentate die Kommission – als Zeichen der Stärke! Mit einem Satz: Neunzehner-Kommission nicht *wegen* sondern *trotz* der Feuernacht. Im Ministerrat war Scelba zuvor mit seinem Vorschlag auf „harten Widerstand" gestoßen. „Ein anderer", so Scelba Monate später zum österreichischen Botschafter in Rom, Löwenthal, „hätte sich nicht durchgesetzt." Dabei ist festzuhalten: die Attentäter wollten alles, nur keine Neunzehner-Kommission!

Südtirol erneut vor der UNO

Dabei war etwas anderes auch mitentscheidend: der Beschluss der österreichischen Bundesregierung, die Südtirolfrage erneut vor die UNO zu bringen. Eine ähnliche Debatte wie ein Jahr zuvor vor der UNO wäre für Italien besonders unangenehm gewesen. Würde eine Debatte kommen, so wollte man jetzt auf eigene Großzügigkeit verweisen können – und das war diese Kommission. Italiens UN-Botschafter Martino hatte genau das am 19. Juli empfohlen, einen Tag nach dem österreichischen UNO-Antrag. Er hatte da von „unserer entschlossenen Absicht, direkt mit den Südtirolern zu verhandeln" gesprochen, um damit die Diskussion in der UNO „zu unseren Gunsten zu beeinflussen".

So kam es dann auch. Am 24. Juli machte Scelba sein Angebot gegenüber der SVP. Es war – parallel zu den Maßnahmen seines Polizeichefs in Südtirol – natürlich an eine Bedingung gebunden: Die Südtiroler sollten eine Erklärung abgeben, wonach für die Dauer der Kommissionsarbeit (fünf SVP-Parlamentarier, fünf Parlamentarier der Regierungsparteien) keinerlei internationale Aktion betreffend Südtirol unternommen würde. Daraus wurde dann die Neunzehner-Kommission.

War unter diesen Umständen diese Kommission ein Erfolg – gar ein Erfolg der Feuernacht? Die scharfsinnige Leiterin des Referates „Südtirol" der Tiroler Landesregierung in Innsbruck, Viktoria Stadlmayer, beantwortete diese Frage Anfang 1962 in einem streng vertraulichen Memorandum so: „Die Neunzehner-Kommission und ihre positive Aufnahme in Südtirol ist kein Erfolg der Bombenpolitik, sondern ist ein Sieg Italiens." Ein Sieg, der in Innsbruck als „Niederlage" bezeichnet wurde. Die Kommission sollte ihre Arbeit nach drei Monaten beendet haben. Sie verkam zu einer „rein internen italienischen Angelegenheit", zu einer „Studienkommission, die ein Problem des italienischen Staates zu prüfen habe", Südtirol sei „kein österreichisch-

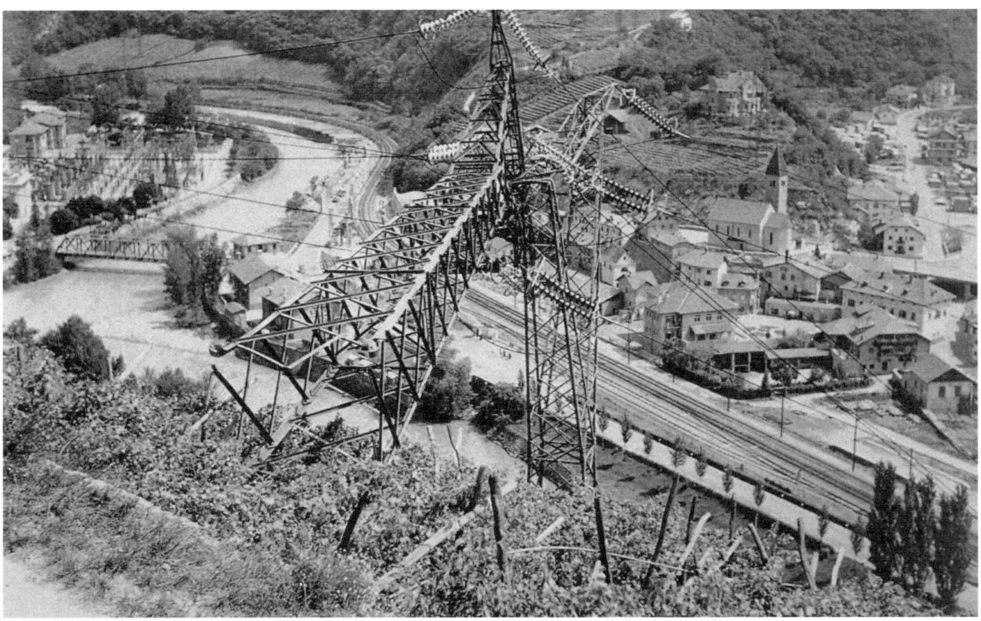

italienisches Condominium“, wie der italienische Botschafter in Wien Ende 1961 klarmachte.

Haben die Attentate die Qualität der Gespräche zwischen Österreich und Italien verbessert, wie einige meinen? Auch hier ein klares Nein! Das Gegenteil war der Fall. Es gab überhaupt keine Gespräche mehr. Die Italiener verwiesen stets auf das inneritalienische Gespräch, sprich: Neunzehner-Kommission, die sich Monat für Monat dahinschleppte, immer am Rande der Auflösung. Wirkliche Erfolge gab es auch da erst mit der Mitte-links-Regierung unter Aldo Moro und Giuseppe Saragat. Ende 1964 war sich Saragat mit Kreisky einig. Saragat stand den Anliegen der Südtiroler positiv gegenüber – und das schon vor den Attentaten!

Ein weiteres Argument lautet: Mit der Feuernacht sei die Zuwanderung gestoppt worden. Was nun wirklich zu beweisen wäre! Da gibt es nämlich ganz andere Aussagen. Und dass die SVP durch die Attentate in die größte Krise ihrer Geschichte geriet, sei hier auch noch einmal ausdrücklich erwähnt.

Bleibt ein letztes, immer wieder vorgetragenes Argument: die Feuernacht habe die Welt auf das Südtirolproblem aufmerksam gemacht. Dies ist das schwächste aller Argumente. Seit der mehrwöchigen Debatte in der UNO im Herbst 1960 kannte die Welt das Südtirolproblem. Es gab denn auch nur ein paar Artikel in einigen Zeitungen, nicht mehr. Im Sommer 1961 hatte die Welt mit der Berlinkrise andere Sorgen. Der einflussreiche US-Botschafter bei der UNO, Adlai Stevenson, meinte damals, die Anschläge hätten in den USA wie bei der UNO „keinerlei Eindruck“ gemacht. „Die sind stärkeren Tobak gewohnt.“ Der aber war damals weder in Nord- noch in Südtirol zu haben.

„Wir haben es verhackt“

Ein ehemaliger Südtiroler Attentäter, Siegfried Carli, dem 1961 die Flucht nach Nordtirol gelang und der in Mailand dann zu 18 Jahren Haft verurteilt wurde, bekannte Jahre später: „Wir haben es verhackt.“

Dolomiten, 12. 6. 2006

Langer Weg zur Autonomie

Das Südtirol-Paket wurde zwischen Österreich und Italien in zähen Verhandlungen beschlossen – Kurt Waldheim trug maßgeblich zur Lösung der Frage bei

Nach dem Tod von Kurt Waldheim am 14. Juni 2007 ging es in den diversen Nachrufen fast ausschließlich um dessen Tätigkeit während des Zweiten Weltkrieges und seinen späteren Umgang damit, der zum Auslöser der sogenannten „Waldheim-Affäre" wurde. Nicht erwähnt wurde Waldheims maßgeblicher Beitrag im Zusammenhang mit der Lösung der Südtirolfrage.

Kurt Waldheim kannte das Südtirol-Problem von Anfang an, war er doch Sekretär von Außenminister Karl Gruber, der im September 1946 das Abkommen mit Alcide De Gasperi geschlossen hatte. Waldheim war allerdings nicht in die Einzelheiten eingeweiht worden, da für Gruber die Südtirolfrage „Chefsache" war. Aktiv beteiligt war Waldheim erst wieder im Herbst 1960, nachdem die Bundesregierung in Wien das Thema vor die UNO gebracht hatte. Waldheim war damals Botschafter in Toronto und von Außenminister Bruno Kreisky zur Verstärkung der österreichischen Delegation nach New York beordert worden. Hier leistete Waldheim unschätzbare Dienste – und das gleich in zweierlei Hinsicht.

UNO-Resolution

Zum einen gegenüber den „Radikalen", die das Gruber-De Gasperi-Abkommen in allen österreichischen Resolutionen überhaupt nicht erwähnen wollten. Er warnte bereits frühzeitig, dass das „stimmungsmäßig negativ auf die evtl. Sponsoren wirken könnte". Er kannte die Sponsoren, die Österreich unterstützen würden, und führte die entscheidenden Gespräche mit zahlreichen diplomatischen Vertretern. Am 19. Oktober teilte er der österreichischen Delegation mit, dass die Neuseeländer die Meinung vertreten würden, „gerade bei den Kleinstaaten müsse die These gelten: Man muss sich an bestehende Verträge halten". Die „Radikalen" setzten sich durch; das Abkommen wurde nicht erwähnt; das Ergebnis war ein „Desaster" für Österreich, wie die Briten das bezeichneten.

Waldheim spielte dann eine entscheidende Rolle bei der Vorbereitung jener Resolution, die schließlich am 31. Oktober von der UN-Generalversammlung einstimmig verabschiedet wurde. Am 24. Oktober hieß es: Waldheim, „von Besprechungen zurückkehrend“ , teilte mit, dass Irland bereit sei, eine Kompromiss-Resolution einzubringen. Genauso kam es auch.

Die Art und Weise, wie Waldheim Kontakte zu den verschiedenen Delegationen in New York pflegte, überzeugte Außenminister Kreisky dermaßen, dass er ihn nach Wien holte und zum Politischen Direktor im Außenministerium ernannte. Auch hier spielte Waldheim beim Thema Südtirol eine entscheidende Rolle, als es 1961 darum ging, die UNO-Resolution in die Tat umzusetzen – und zwar in Verhandlungen mit den Italienern. In mehreren Sitzungen sowohl in Wien wie auch in Innsbruck bereiteten sich die (Süd-) Tiroler und Wiener auf diese Verhandlungen vor und versuchten abzuklären, was man eigentlich wollte. Für die „Moderaten“ oder Realisten gab SVP-Obmann Silvius Magnago am 23. Jänner 1961 in Innsbruck die Marschroute vor: „Uns geht es nicht darum, ob die Provinz Bozen jetzt morgen Region heißt, sondern darum, dass diese Provinz Bozen auch innerhalb einer Region alle Zuständigkeiten hat, die sie braucht.“ Andere sahen das anders. Sie wollten die Selbstbestimmung – allerdings ohne Bomben, so etwa Viktoria Stadlmayer, die Leiterin des Referats „S“ der Tiroler Landesregierung. Die „Moderaten“ hatten damals ein 32 Punkte-Autonomie-Programm ausgearbeitet – das aber, so Stadlmayer, „interessiert uns gar nicht. Wir wollen noch weiter gehen und dann das Selbstbestimmungsrecht verlangen“. Sie hoffte, dass die SVP-Landesversammlung eine entsprechende Resolution verabschieden würde. Daneben gab es jene, die die Selbstbestimmung wollten – und mit Bomben „nachhalfen“.

Nach den Ministergesprächen mit den Italienern in Klagenfurt im Mai 1961 hatte der neue Staatssekretär im Außenministerium, Ludwig Steiner, den Eindruck, „als ob in merito verhandelt werden könnte“; Bruno Kreisky machte klar, dass bei den Verhandlungen „eine Auflockerung eingetreten“ sei. Einigen (Süd-)Tirolern gefiel diese Entwicklung überhaupt nicht. Der Tiroler Landesrat Oberhammer – ein vehementer Selbstbestimmungsbefürworter – meinte, er habe bei den Worten des italienischen Außenministers Segni und des Staatssekretärs Russo das Gefühl gehabt, einem „humoristischen Vortrag“ beizuwohnen. Die Überlegung, dass die Südtiroler direkt mit den Italienern verhandeln sollten, bezeichnete er gar als „Zumutung“.

Aktion „Feuernacht“

Und dann kam die Feuernacht. Die Absicht war klar. Der Generalsekretär im Außenministerium in Wien, Martin Fuchs, notierte in sein Tagebuch:

„Jedenfalls dürften jetzt alle Aussichten geschwunden sein, auf dem Verhandlungsweg irgendeinen Kompromiss zu erzielen. [...] Er [Kreisky] verurteilt diese Anschläge schärfstens“ und dränge darauf, dass sich der Ministerrat „sehr entschieden von dieser neuen Terrorwelle distanziert“. „Hauptziel der Terroristen“, so Fuchs, sei es wohl, „dass die Italiener die Verhandlungen abbrechen würden“. Genau das geschah aber nicht.

In Klagenfurt war auch vereinbart worden, dass eine österreichische Experten-Delegation die neue Ministerrunde in Zürich vorbereiten sollte. In Zürich geschah dann etwas ganz Ungewöhnliches, was Waldheim Fuchs vertraulich mitteilte und dieser in seinem Tagebuch festhielt: Die „radikalen Tiroler“ Franz Gschnitzer – ehemals Staatssekretär –, Prof. Felix Ermacora und Johannes Dengler vom Außenministerium übergaben Waldheim einen vorbereiteten Ministerratsantrag für Kreisky, den Waldheim unterschreiben sollte und in dem die italienischen Angebote als „völlig unzureichend und unannehmbar“ bezeichnet wurden, noch bevor die Gespräche überhaupt begonnen hatten! Waldheim verweigerte die Unterschrift mit der Bemerkung, das Mandat der Experten sei nur Klarstellung, nicht Stellungnahme und Schlussfolgerung.

Die Italiener selbst erwähnten in den Expertengesprächen die Bombenanschläge mit keinem Wort. Fuchs notierte: „Es wird immer deutlicher, dass die Nordtiroler und Südtiroler Radikalen alles tun, um ein Scheitern der zweiseitigen Verhandlungen zu beschleunigen und um wieder auf die internationale Ebene zu kommen.“ Unter diesen Umständen war klar, dass die anschließende Ministerbesprechung zwischen Kreisky und seinem italienischen Kollegen Segni in Zürich scheitern musste. Fuchs notierte, was Waldheim ihm erzählte: „Nord- und Südtiroler seien vollkommen unnachgiebig gewesen und hätten Kreisky unter Druck gesetzt.“

Eine neue Phase in der Südtirolfrage begann mit der Einrichtung der 19er Kommission, die in vielfacher Hinsicht auch das Ende der österreichisch-italienischen Gespräche bedeutete. Die „Zumutung“ war Realität geworden. Waldheim spielte erst als Außenminister wieder eine entscheidende Rolle in der Südtirolfrage. Er wurde im Jänner 1968 Nachfolger von Lujo Tončić-Sorinj und führte dessen Vorleistung zu Ende. Die ÖVP-Alleinregierung in Wien wollte das Südtirol-Thema unbedingt vom Tisch haben, nachdem Italien wegen der Terroranschläge Österreichs EWG-Verhandlungen durch ein Veto blockiert hatte.

Tončić-Sorinj führte dabei eine Methode ein, die den Tirolern überhaupt nicht gefiel: Er übte Druck aus, während gleichzeitig nach den diversen Attentaten die österreichisch-italienischen Beziehungen auf dem „tiefsten Punkt seit dem Jahr 1945“ waren, wie Tončić im Juli 1967 im Ministerrat feststellte. Bundeskanzler Klaus entließ Tončić-Sorinj, den „Erfinder“ des Operationskalenders. Der erste konkrete Entwurf dazu stammte allerdings von den Italienern, die ursprüngliche Idee für diese Art von Verankerung des „Pakets“ vom österreichischen Botschafter in Rom, Max Löwenthal.

Mit Kurt Waldheim als neuem Außenminister schien alles besser zu gehen; nicht umsonst hatte Tirols Landeshauptmann Wallnöfer bei dessen Ernennung „mitgeholfen". Am 27. Jänner 1968 führte sich Waldheim bei den Tirolern gut ein, als er in Innsbruck klarmachte, dass er die Dinge anders als Tončić angehen wolle: „Jede Lösung muss die volle Zustimmung der Nord- und Südtiroler finden."

Das änderte allerdings nichts daran, dass eine Lösung kommen musste.

„Die Wahl", so Waldheim im Ministerrat, „ist zweifellos schwierig. Sicher ist jedenfalls, dass wir nicht nur die Annahme der gegenwärtig möglichen und nach meiner Auffassung einzig realistischen und zweckmäßigen Lösung, sondern auch deren Ablehnung politisch und ethisch verantworten müssen."

Schließlich stimmte die SVP-Landesversammlung am 22. November 1969 mit knapper Mehrheit für die Annahme von Paket und Operationskalender. Am 30. November 1969 trafen einander Waldheim und der neue italienische Außenminister Aldo Moro in Kopenhagen, um den Zeitplan für Paket und Operationskalender konkret festzulegen. Dann brachten beide Minister spezielle Probleme ihrer Regierung vor, Moro die Terroristenfrage, Waldheim das italienische EWG-Veto. Als nicht minder schwierig erwies sich die Frage der Übergabe des Paketes an die Österreicher.

Heikle Paketübergabe

Die Italiener hatten an eine Übergabe an der Grenze gedacht: ein Carabinieri überreicht das Paket einem österreichischen Zollbeamten, um dem ganzen Unternehmen ja keinen internationalen Charakter zu geben. Das hatten die Österreicher als lächerlich zurückgewiesen. Irgendwann musste das Paket aber offiziell übergeben werden. Das geschah in Kopenhagen. Moro wollte die Aktion nebensächlich behandelt wissen: „Ich würde anregen, sie heute Abend nach dem Kaffee vorzunehmen", wie es im Protokoll heißt.

Waldheim drängte zu Recht auf eine frühere Übergabe. Moro stimmte dem schließlich zu. Internationalität erhielt das Paket dadurch allerdings nicht. Im Gegenteil – die Italiener blieben sich bis zuletzt treu: Zwei ihrer Diplomaten übergaben das Paket zwei österreichischen Diplomaten in Kopenhagen außerhalb der Verhandlungen; im Protokoll wurde die Übergabe nicht vermerkt.

Waldheim sprach auch noch die Frage der Gnadenmaßnahmen zu Gunsten der Südtirol-Häftlinge an, „Probleme, die außerordentliches psychologisches Gewicht haben". Er übergab Moro eine Liste mit Namen und bat ihn, „wohlwollend die Möglichkeit einer Gnadenaktion zu prüfen" (Nur einer wurde schließlich begnadigt).

Die Parlamente in Wien und Rom setzten Anfang Dezember 1969 die entsprechenden Schritte im Sinne von Paket und Operationskalender. Waldheim hat die weitere Entwicklung nicht mehr mit begleitet: 1970 bildete Bruno Kreisky ein Minderheiten-Kabinett, Waldheim wurde ein Jahr später zum Generalsekretär der Vereinten Nationen gewählt.

Wiener Zeitung, 25. 8. 2007

Minderheitenstreit vorbildlich gelöst

Die Streitbeilegung vor zehn Jahren: ein Blick zurück

Am 19. Juni 1992 kam es im UNO-Hauptgebäude in New York zu einer denkwürdigen Szene: Die UN-Botschafter Österreichs und Italiens übergaben UN-Generalsekretär Boutros Boutros-Ghali ein Dokument, in dem beide Länder ihren Streit wegen der Südtirolfrage für beendet erklärten. Als Boutros-Ghali die Note entgegennahm, unterstrich er die Bedeutung dieses Schrittes und nannte die Art, wie ein Minderheitenkonflikt zwischen zwei Staaten gelöst wurde, vorbildlich. Begonnen hatte es 12 Jahre zuvor, als die UNO-Generalversammlung beide Länder einstimmig aufgefordert hatte, ihren Streit beizulegen. Das wiederum hatte eine Vorgeschichte, die bis ins Jahr 1945 zurückreichte, oder – wenn man so will – bis in die Zeit nach dem Ersten Weltkrieg.

„Kriegsbeute“ Südtirol

1918 wurde Tirol geteilt, Südtirol als Kriegsbeute Italien zugeschlagen. Was folgte, war eine erbarmungslose Italianisierungs- und dann Majorisierungspolitik der italienischen Faschisten. Der „Höhepunkt“ wurde im Zusammenspiel zwischen Hitler und Mussolini 1939 erreicht, als es in der „Option“ darum ging, zu bleiben oder zu gehen. Damals wollten 86 Prozent der Südtiroler gehen, etwa 75.000 verließen tatsächlich das Land, das unter den Faschisten „unwirtlich“ geworden war. Es gab „Optanten“ und „Dableiber“.

Erbarmungslose Majorisierungspolitik

Führende Dableiber gründeten im Mai 1945 die Südtiroler Volkspartei; im Gründungsaufruf wurde das Selbstbestimmungsrecht für Südtirol gefordert, was indirekt nichts anderes als die Forderung nach Rückkehr Südtirols zu Österreich und Wiedergutmachung des nach dem Ersten Weltkrieg erlittenen Unrechts bedeutete.

Daraus wurde nichts: Die Sieger entschieden anders, und Österreich konnte nicht helfen: Es war ein besetztes Land, das auf dem internationalen Parkett nichts mitzureden hatte.

Zwischen den Mühlsteinen des Kalten Krieges

Südtirol selbst geriet damals in die Mühlsteine des Kalten Krieges. Würde Südtirol zu Österreich kommen, so der britische Außenminister Ernest Bevin im März 1946, „könnte man damit tatsächlich den Russen einen bedeutenden Hebel in die Hände spielen, mit dem sie Italien unliebsam unter Druck setzen könnten". Da half auch kein Generalstreik in Tirol: Der Brenner blieb die Grenze. Nachdem die Briten massiv Druck auf Italien ausübten, kam es zu einer „Ersatzlösung": statt Selbstbestimmung Autonomie. Am 5. September 1946 unterzeichneten der italienische Ministerpräsident Alcide de Gasperi und der österreichische Außenminister Karl Gruber in Paris ein entsprechendes Abkommen, in dem der Grundstein für das Überleben der Südtiroler in einem fremden Staat gelegt wurde, auch wenn das damals so nicht sofort gesehen wurde. Aber: Dieses „Pariser Abkommen" wurde die „Magna Charta" Südtirols und – noch wichtiger – integraler Bestandteil des im Februar 1947 unterzeichneten Friedensvertrages zwischen Italien und den Siegermächten. Damit war Südtirol nicht mehr wie in den zwanziger Jahren eine inneritalienische, sondern eine internationale Angelegenheit, mit Österreich als „Schutzmacht". Ohne dieses Abkommen wäre ein erfolgreicher Gang zur UNO, wie 1960 geschehen, nicht möglich gewesen.

Pariser Vertrag als „Magna Charta" Südtirols

In der Folgezeit legten die Italiener diese Abkommen jedoch sehr restriktiv aus: Es gab keine unabhängige autonome Provinz Südtirol, sondern ab 1948 die im ersten Autonomiestatut errichtete „Region Trentino-Alto Adige" – auf Deutsch „Trentino-Tiroler Etschland", nicht etwa „Südtirol". Die Südtiroler waren dort gegenüber den Italienern hoffnungslos in der Minderheit.

Die Italiener – in erster Linie in Trient, aber auch in Rom – spielten diese Position gegenüber den Südtirolern rücksichtslos aus. Rom verfolgte insgeheim jene inzwischen bekanntgewordene „51 Prozent-Politik", das hieß Majorisierung der Südtiroler.

Todesmarsch und „Los von Trient"

Kanonikus Michael Gamper – 1923 Begründer der „Katakombenschule" und der wohl prominenteste und einflussreichste „Dableiber" – schrieb 1953 in dieser Zeitung vom „Todesmarsch, auf dem wir Südtiroler uns seit 1945 befinden". 1957 kam es dann zur größten Massendemonstration in der Geschichte Südtirols: Am 17. November versammelten sich 35.000 auf Sigmundskron. Die Forderung lautete: „Los von Trient!"

Von nun an blies ein schärferer Wind. Im Bündnis mit Innsbruck und Wien, das 1955 seinen Staatsvertrag bekommen hatte, begann eine neue Phase in der Südtirolpolitik. Sigmundskron wurde gleichzeitig zur Bewährungsprobe für den neuen Obmann der SVP, Silvius Magnago, der in den folgenden Jahrzehnten die Geschicke Südtirols erfolgreich leitete.

1960 brachte Österreich – gegen den entschiedenen Widerspruch der Amerikaner, Briten und Franzosen – die Südtirolfrage vor die UNO. Italien drohte damals sogar mit dem Austritt aus den Vereinten Nationen. Nach einer erbitterten Diskussion wurden beide Länder einstimmig von der UN-Generalversammlung aufgefordert, ihren Streit in Verhandlungen beizulegen.

Bomben in „Feuernacht“

Als diese Verhandlungen ergebnislos verliefen, glaubten einige, mit Bombenattentaten ihr Ziel, nämlich die Selbstbestimmung für Südtirol, zu erreichen. Stichwort dafür ist die sog. „Feuernacht“ im Juni 1961. Ihre Hoffnungen erfüllten sich nicht. Die meisten von ihnen wurden verhaftet, gefoltert und später zu hohen Gefängnisstrafen verurteilt.

Italiens Regierung bietet die 19er-Kommission an

Die italienische Regierung selbst bot im Sommer 1961 der SVP die Mitwirkung in der sogenannten Neunzehner-Kommission an. Diese Neunzehner-Kommission war in erster Linie für die erneute Behandlung der Südtirolfrage vor der UNO 1961 gedacht, wo man auf die Bereitschaft zu Gesprächen mit der Minderheit verwies. Fortschritte wurden in den folgenden Jahren nicht erzielt.

Erst mit der Bildung der Mitte-Links-Regierung in Rom im Dezember 1963 (Moro/Saragat) begann ein neuer, positiver Abschnitt in der Südtirolpolitik. Moro und Saragat hatten ein grundsätzlich anderes Verhältnis zu Südtirol als ihre Vorgänger. Das wurde bereits deutlich bei der Umsetzung der Ergebnisse der Neunzehner-Kommission, die im April 1964 vorgelegt wurden.

Moro-Saragat-Abkommen wird von Tirol abgelehnt

Nach intensiven Beratungen wurde am 16. Dezember 1964 auf einer Geheimkonferenz der beiden Außenminister Bruno Kreisky und Giuseppe Saragat in Paris eine Einigung erzielt. Am 8. Januar erstattete Kreisky den Vertretern von Nordtirol und Südtirol in

Innsbruck Bericht über das erzielte Verhandlungsergebnis und empfahl die Annahme. Diese wurde verweigert, weil die SVP auf weiteren Zugeständnissen in den Bereichen Wirtschaft, Industrie, Finanz- und Arbeitswesen bestand. Weiters sah die Einigung eine befristete Internationalisierung vor, die allerdings den Nachteil hatte, dass die Durchführung des „Pakets" nach der österreichischen Anerkennung zu einer inneritalienischen Angelegenheit geworden wäre. Dies war den Nordtirolern zu wenig.

Kreiskys Enttäuschung

Nach dem Nein der Tiroler in Innsbruck verging Kreisky die Lust an der Südtirolfrage weitgehend. Die Enttäuschung war zu groß. Er lehnte gleichzeitig auch jede andere Lösung ab und ging, nachdem die ÖVP seit Frühjahr 1966 die Alleinregierung stellte, mit der SPÖ auf Totalopposition gegen die Lösung seiner Nachfolger.

Anfang 1966 legte Italien ein neues „Gesamtangebot" vor. Am 1. September wurden die Verhandlungsergebnisse vom Parteiausschuss der SVP gutgeheißen und der Landesversammlung zur Annahme empfohlen – nach „Klärungen", die Magnago bei Ministerpräsident Aldo Moro erreichen sollte.

Wirksame Verankerung als großes Problem

Offen blieb das Problem der „wirksamen internationalen Verankerung" des „Pakets", die der SVP-Parteiausschuss im März 1967 mit Nachdruck forderte. Die Verhandlungen darüber zogen sich drei Jahre hin und wurden streng geheim geführt. Sie müssen im Zeichen der unruhigen politischen Lage von 1967 und 1968 gesehen werden – Sprengstoffanschläge, die extrem geheime Zusammenarbeit italienischer und österreichischer Exekutivorgane, in der Folge 1967 das Veto gegen weitere EWG-Beitrittsverhandlungen Österreichs, Parlamentswahlen und Regierungskrisen in Italien.

Was die internationale Verankerung betraf, hatte Italien 1964 ein Schiedsgericht vorgeschlagen. Nun zog es diesen Vorschlag wieder zurück und lehnte jede vertragliche Vereinbarung im Zusammenhang mit dem „Paket" ab. Es blieb also nur eine politische Verankerung; und die nannte man dann „Operationskalender". Dieser sollte ein Zeitplan mit Terminen zur Durchführung des „Pakets" sein, an dessen Ende Österreich den Streit für beendet erklären sollte. Die SVP-Landesversammlung sprach sich in den frühen Morgenstunden des 23. November 1969 mit einer knappen Mehrheit für die Annahme des Pakets aus. In den folgenden Jahren ging es um die Umsetzung der darin enthaltenen „Maßnahmen". Das zog sich bis 1992 hin.

Euro und Schengen

Grundsätzlich hat sich die Lage seither weiter verbessert. Rom hat mehr und mehr Kompetenzen abgetreten, was Jahre zuvor noch unvorstellbar gewesen wäre: Staatsstraßen, Flussläufe, Energieversorgung etc. sind in die Zuständigkeit des Landes übergegangen; ein Südtiroler wurde Postdirektor, die Südtiroler Schützen dürfen nach Jahrzehnten wieder mit Gewehr und Säbel auftreten. Mit dem Ende der Kontrollen hat die Grenze am Brenner endgültig ihre Schrecken verloren, und mit der Einführung des Euro mit Beginn dieses Jahres gab es so etwas wie eine „Wiedervereinigung". Südtirol ist wieder lebenswert geworden, nicht zuletzt dank einer Partei, die die Geschicke des Landes seit 1945 – einmalig in Europa – erfolgreich und ohne Skandale lenkt.

Starkes Selbstbewusstsein

Das Selbstbewusstsein der Südtiroler ist mächtig gewachsen. Man hat sich gegenüber den Italienern im Lande emanzipiert, zu einem geregelten Nebeneinander, wenn auch nicht Miteinander gefunden. Und für den Ernstfall ist Österreich immer noch „Schutzmacht".

Dolomiten, 8./9. 6.2002

Silvius Magnagos Weg
zum „Vater der Autonomie“: eine Würdigung

Am 25. Mai 2010 verstarb 96jährig Silvius Magnago in Bozen. In allen Gedenk- und Trauerreden wurde der Altlandeshauptmann als einer der ganz großen Südtiroler gewürdigt und immer wieder als „Vater der Autonomie“ für Südtirol bezeichnet. Was so einfach klang und klingt und zumeist – aus welchen Gründen auch immer – nicht erwähnt wurde, ist die Tatsache, dass der Weg hin zu dieser „Vaterschaft“ extrem mühsam und steinig war. Wie Magnago sein Ziel mit Taktik und Strategie, Zähigkeit und Ausdauer am Ende erreichte – und die Geschichte ihm letztlich recht gab – soll im Folgenden an einigen Wegmarken gezeigt werden.

Magnagos eigentliche politische Karriere begann mit seinem legendären Auftreten bei der Protestversammlung der 35.000 Südtiroler auf Sigmundskron im November 1957. Bis zu diesem Zeitpunkt war er als Politiker nicht besonders aufgefallen. 1945 war er als Kriegsversehrter in seine Heimat Südtirol zurückgekehrt. Faschismus, Nationalsozialismus, Option und Krieg hatten ihn geprägt. Wie so viele in seiner Generation war er entschlossen, dafür zu sorgen, dass sich so etwas nie wiederholen würde. In Bozen fand er die im Mai 1945 von einigen mutigen Männern gegründete Südtiroler Volkspartei vor, der er sich anschloss. Die Alliierten verhinderten 1946 die Rückkehr Südtirols zu Österreich; als „Ersatz“ wurde im September 1946 auf Druck Großbritanniens von Österreichs Außenminister Karl Gruber und Italiens Ministerpräsident Alcide de Gasperi in Paris ein Autonomieabkommen (Pariser Vertrag) unterzeichnet, das in den folgenden Wochen und Monaten umgesetzt werden sollte.

Schon bald zeigte sich, dass Italien wenig Interesse daran hatte, Südtirol eine eigene Autonomie zu geben. Im Juni 1947 wurde das Land mit dem Trentino zur Region Trentino-Alto Adige zusammengelegt. Dort hatten die Italiener die Mehrheit. Als Ende 1947 deutlich wurde, dass Rom sogar die im Vertrag vorgesehenen Konsultationen mit Vertretern des Landes ablehnte, führte dies in Südtirol zu ersten Protesten. Empörung und Unruhe erreichten einen Höhepunkt am 16. Dezember, als mehrere Hundert Demonstranten die Bozner Präfektur stürmten und den Präfekten bedrängten, sich unter allen Umständen in Rom für Konsultationen mit den Südtirolern einzusetzen. Unter den Teilnehmern dieses sogenannten „Sturmes auf die Präfektur“ war auch Silvius Magnago, seit einiger Zeit Bozner Gemeinderat. Als im nächsten Jahr der Gemeinderat erstmals frei gewählt wurde, erhielt Magnago die meisten Vorzugsstimmen und wurde zum Vizebürgermeister ernannt. Im November 1948 gab es die ersten Landtagswahlen in Südtirol und im Trentino. Silvius Magnago hatte kandidiert und die meisten Vorzugsstimmen auf der Liste der SVP bekommen, anschließend wurde er mit 14 von 15 Stimmen zum Landtagspräsidenten gewählt. Dies alles zu einem Zeitpunkt, als schon bald deutlich wurde, dass das Autonomiestatut für die Region für Südtirol nur sehr wenig wert war, die zugesagte Autonomie sich zu einer Scheinautonomie entwickelte und das Misstrauen der Südtiroler gegenüber der italienischen Politik in fast allen Bereichen rechtfertigte, wobei sich zunächst die Italiener in Südtirol, dann immer mehr die Trentiner – mehr noch als die Zentralregierung in Rom – zum eigentlichen Feind der Südtiroler Autonomie entwickelten.

Das demokratische Italien machte in vielen Bereichen da weiter, wo das faschistische aufgehört hatte. Das betraf in erster Linie die Zuwanderung. In einem im italienischen Außenministerium in Rom gefundenen Dokument wurde diese Politik damals als die „51 %“ Politik bezeichnet: Soviel Zuwanderung nach Südtirol, bis es dort eine italienische Mehrheit gab. Im Oktober 1953 machte Kanonikus Michael Gamper in einem aufsehenerregenden Artikel auf dieses Problem aufmerksam. In den „Dolomiten“ warnte er: „Es ist ein Todesmarsch, auf dem wir Südtiroler uns seit 1945 befinden, wenn nicht noch in letzter Stunde Rettung kommt.“ Wie recht er hatte, zeigte eine Äußerung von Verteidigungsminister Giulio Andreotti, die er noch 1960 im kleinen Kreis machte, nämlich: „Man muss etwas Geduld üben – in einer Generation wird sich die Lage zugunsten der Italiener gewandelt haben.“

Österreich konnte in diesen Jahren nicht helfen. Es hatte sein eigenes großes Problem, nämlich wie man die Russen aus dem Land bekommen konnte. Mit dem Staatsvertrag 1955 erhielt es endlich seine Unabhängigkeit und damit auch seine außenpolitische Handlungsfreiheit zurück. Erstmals seit 1945/46 wurde Südtirol in den folgenden Jahren wieder zu einem zentralen Thema der österreichischen Außenpolitik – nach massivem Druck aus Innsbruck. Der Tiroler Franz Gschnitzer, einer der vehementesten Vertreter der Interessen Südtirols, wurde 1956 Staatssekretär im österreichischen Außenministerium. Er sorgte dafür, dass Wien die Gangart gegenüber Rom verschärfte. Im Juli 1956 beschuldigte Bundeskanzler Julius Raab Italien, wesentliche Punkte des Pariser Abkommens nicht erfüllt zu haben. Innenpolitisch zeichnete sich in Südtirol wenig später eine Wende ab: Im Mai 1957 kam es zur Wachablösung in der SVP; die Moderaten in der Parteiführung wurden entmachtet, die „Alten“ hatten ausgedient. Vorbereitet worden war diese Aktion in gemeinsamen, streng vertraulichen Gesprächen in Innsbruck. Auf der 10. Landesversammlung der SVP wurden 14 Parteiausschussmitglieder neu gewählt, nur sechs in ihren Funktionen bestätigt. Das Wort „Putsch“ machte die Runde. Um diesen Putsch nicht zur Revolution werden zu lassen, wurde Landtagspräsident Silvius Magnago Parteiobmann. Magnago war ein Kompromisskandidat, er gehörte nicht zu den sogenannten „duri“, den „Harten“. Vom „L'Adige“ wurde er damals wegen des Vordringens der jüngeren, radikalen Elemente im

Parteivorstand als „Daniel in der Löwengrube“ bezeichnet. Im Bündnis mit Innsbruck und Wien begann nun eine neue Phase in der Südtirolpolitik.

Wenig später schlug die große Stunde von Silvius Magnago. Stichwort: Sigmundskron. Mit Sigmundskron begann Magnagos politischer Aufstieg. Es ist inzwischen schon Legende, was er den 35.000 entgegenrief, dass er sein „deutsches Wort“ gegeben habe, und sie bat, dieses „deutsche Wort“ einzuhalten. Jedenfalls verhinderte er den Marsch der Massen auf Bozen. In Sigmundskron lautete die entscheidende Forderung: „Los von Trient!“

Schon bald wurden die Forderungen lauter und drängender: Selbstbestimmung hieß das neue Wort. Im Zuge der Andreas-Hofer-Feiern 1959 stieg die Gewaltbereitschaft in Nord- und Südtirol. Vom Partisanenkrieg wie in Zypern war die Rede. Als der Pressezar Fritz Molden den Staatssekretär im Außenministerium in Wien über entsprechende Absichten informierte, schrieb der in sein Tagebuch: „Die Frage sei die, wie viele Menschenleben müsste man opfern, um etwas zu erreichen, was auf anderem Weg unter keinen Umständen zu erreichen wäre?“ Und SVP-Vorstandsmitglied Peter Brugger stellte in einer vertraulichen Sitzung in Innsbruck Ende 1959 fest, „dass wir jetzt innerhalb unseres Gremiums langsam auf Selbstbestimmung umstecken“. Dazu hätte man Unterstützung aus Wien benötigt, die aber nicht zu haben war. Für die führenden Politiker dort ging es immer nur um Autonomie, zu keinem Zeitpunkt um Selbstbestimmung, die womöglich auch noch mit Attentaten herbeigebombt oder im Partisanenkrieg erkämpft werden sollte. Anfang 1960 machte das Bundeskanzler Julius Raab in Innsbruck absolut klar, als er feststellte: „Wir sind auch nicht der Meinung, dass das irgendwie nach der Methode Zypern zu lösen ist, weil wir nicht verantworten, dass hier unnützes Blut bei jungen Leuten fließt, die hierin Hoffnungen setzen. Wir sind für die Verhandlungen." Genau dies war auch und blieb die Position von Silvius Magnago in den folgenden Jahren.

Der Weg führte zunächst zur UNO, die Österreich und Italien im Herbst 1960 aufforderte, in Verhandlungen eine Lösung aller Differenzen hinsichtlich der Durchführung des Pariser Vertrages zu finden. Es war eine Resolution, die Franz Gschnitzer noch wenige Wochen zuvor in Innsbruck als eine mögliche Lösung für „unannehmbar" bezeichnet hatte. Daraus war in New York annehmbar geworden. New York war halt nicht Innsbruck, der East River weder Inn noch Eisack. Außenminister Bruno Kreisky war jedenfalls „sehr befriedigt", wie er dem deutschen Botschafter Anfang November mitteilte, „dass der Anschauungsunterricht, der gewissen Nord- und Südtiroler Kreisen in New York geboten worden sei, dazu geführt habe, dass man beginne, die Dinge in den richtigen Proportionen zu sehen, nachdem in den genannten Kreisen zunächst die Meinung geherrscht habe, als drehe sich sozusagen die ganze Welt um Südtirol". Dazu passte, was Kreisky den drei Südtiroler Vertretern Alfons Benedikter, Luis Sand und Friedl Volgger noch in New York mit auf den Weg gegeben hatte. Er hatte ihnen zunächst dafür gedankt, dass sie „naturgemäß wesentlichen Anteil an der Arbeit der Delegation" gehabt hätten, und sie dann darum gebeten, bei ihrer Berichterstattung in Südtirol auch die negativen Aspekte der New Yorker Debatte zu erwähnen, „vor allem, dass eine Forderung nach dem Selbstbestimmungsrecht hier zu einer wirklichen Katastrophe geführt hätte"; man hätte, so meinte er später, „eine grausame Niederlage erlitten, es hätte sich daraus kein Ausweg gefunden, und die besten Freunde Österreichs wären ernstlich verstimmt gewesen." Die UNO-Resolution hatte zwar keine meritorische Lösung des Problems gebracht, wie Kreisky im Ministerrat betonte, aber sie hatte vollständig neue Voraussetzungen für die Verhandlungen mit Italien geschaffen. Um diese Verhandlungen ging es in der ersten Hälfte des Jahres 1961.

Die ganze Problematik mit Blick auf die weitere Entwicklung in Südtirol wird deutlich in der Vorbereitung auf die nun anstehenden Verhandlungen. In Wien bereitete man ein 32-Punkte-Programm vor – das entsprach genau jenen 32 Punkten, mit denen Ettore Tolomei 1923 in Bozen das Italienisierungsprogramm für Südtirol verkündet hatte. Die Zustimmung Italiens zu den 32 Punkten wurde geradezu als selbstverständlich betrachtet; Magnago meinte einmal: „Eine Rückgabe dessen, was uns der Faschismus genommen hat, kann von uns nicht als besonderes Geschenk empfunden werden." Aber einige in Nordtirol wollten dies auch gar nicht. Stellvertretend für sie stand die Leiterin des Referates „S“ der Tiroler Landesregierung, Viktoria Stadlmayer, die in einer internen Besprechung in Innsbruck klarmachte, „das Programm interessiert uns gar nicht. Wir wollen noch weiter gehen und dann das Selbstbestimmungsrecht verlangen.“ Für sie natürlich nur mit friedlichen Mitteln – als Forderung auf der Landesversammlung und mit passivem Widerstand. Andere waren bereit, dafür Bomben zu werfen.

Die Realisten und Moderaten in der SVP-Führung sahen das vollkommen anders. Selbst die de jure-Trennung der Region stand nicht im Vordergrund. Silvius Magnago machte Anfang 1961 seine grundsätzliche Position klar, nämlich: „Uns geht es nicht darum, ob die Provinz Bozen jetzt morgen Region heißt, sondern darum, dass diese Provinz Bozen auch innerhalb einer Region alle Zuständigkeiten hat, die sie braucht.“ Und weiter: „Ich betone noch einmal: Wenn morgen noch eine Region bestünde, die nur eine Kompetenz hat, und wir aber alles Wesentliche haben, dann kommt es mir nicht auf den Namen an.“ Das blieb sein Ziel auch in den folgenden Jahren. Er lehnte dabei Gewalt absolut ab, aus ethischen, religiösen und demokratischen Überzeugungen. An einer Stelle meinte er einmal: „Wer glaubt, zu Gewalt greifen zu müssen, verstößt gegen die Richtlinien der SVP.“ Und die Partei durfte auf keinen Fall in Gefahr gebracht werden. Im Protokoll der SVP-Parteileitungssitzung am 12. Juni 1961, einen Tag nach der „Feuernacht“, heißt es: „Dr. Magnago hält die Vermischung mit den Höhenfeuern am Herz-Jesu-Sonntag für geschmacklos.“

Die folgenden Wochen und Monate des Jahres 1961 wurden zu einer weiteren Bewährungsprobe für Magnago. Mit Peter Brugger fuhr er Ende Juli nach Zürich zu Außenminister Bruno Kreisky. Der sollte Bruggers Fragen zur Selbstbestimmung beantworten. Die Antwort war klar: ein unmissverständliches Nein. Und Magnago stellte in dem Zusammenhang fest, dass die Attentatswelle auch den Südtirolern „großen Schaden verursacht habe, und zwar sowohl wirtschaftlichen als auch politischen. Insofern nämlich, als die Existenz der Partei in Gefahr gebracht wurde.“ Kreisky war bei der Gelegenheit für eine Annahme des Angebotes von Innenminister Mario Scelba, eine Kommission aus Italienern und Südtirolern einzurichten, auch wenn die Gefahr bestand, so Kreisky, dass Italien damit Österreich als Gesprächspartner ausschalten wolle. Mit der dann sogenannten 19er-Kommission führten die Italiener in der Tat ein „Doppelspiel“, wie Kreisky das genannt hatte. Es war eine Kommission, die nur für die Diskussion vor der UNO im Herbst 1961 dienen sollte. Dort „schlachteten“ die Italiener dann diese Kommission aus, wie Magnago das im November formulierte. Seine Erwartung auf Hilfe von der UNO hatte sich nicht erfüllt, „weil die 19er-Kommission da war“, wie er meinte. Seine ganze Hoffnung hängte er trotzdem an diese Kommission, denn, so meinte er Ende 1961, wenn keine Einigung in der 19er-Kommission erzielt werde, „stehen wir vor dem Nichts“.

Von den Attentaten des Jahres 1961 hat Magnago nachweislich nichts gewusst, anders als zwei oder drei Mitglieder im Parteivorstand. Dass die Gefahr einer Spaltung der Partei 1961 bestand, wird im Zusammenhang mit dem „Aufbau“ deutlich. Die damit verbundene Krise innerhalb der Partei lenkte dann allerdings die SVP in einer schwierigen Phase der durch Magnago geleisteten „Versöhnung“ in eine Richtung, in der auch die wirtschaftlichen und sozialen Probleme in Südtirol mehr als zuvor beachtet wurden.

Die 19er-Kommission schleppte sich in den folgenden Wochen und Monaten jedenfalls mehr schlecht als recht dahin, wurde nur mit Mühe am Leben erhalten, und zwar in erster Linie durch ihren Vorsitzenden Paolo Rossi und Silvius Magnago: mit Konsequenzen für die Partei. Franz Widmann, einflussreiches Mitglied der Parteileitung und 1957 einer der „Königsmacher“ bei der Wahl Magnagos zum Obmann der SVP, meldete schon 1962 massive Kritik an dessen Führungsstil an. Die Entwicklung in der Partei schien ihm „bedenklich und der wirksamen Vertretung“ der gemeinsamen Sache „nur schädlich“ zu sein. Das war eben auch Magnago: Eine Sammelpartei mit den unterschiedlichsten Interessen zusammenzuhalten, bedurfte nicht nur Taktik und Strategie, sondern manchmal auch autoritäre Entscheidungen. Das gelang ihm, wenn auch nicht immer ohne Widerspruch. Dennoch: In all seinen Funktionen ist er immer wieder, und darauf legte er besonderen Wert, mit überwältigender Mehrheit gewählt worden.

Seit 1961 verweigerte Italien das Gespräch mit Österreich. Ende September 1963 meinte Bruno Kreisky genervt, es „stellt sich die Frage, wie lange können sich die Österreicher dies gefallen lassen“. Die Dinge änderten sich erst ab Dezember 1963 mit der Bildung der Mitte-links-Regierung in Rom unter Aldo Moro und Giuseppe Saragat. Die 19er-Kommission arbeitete nun unter Hochdruck und im Sommer 1964 lag das vor, was damals schon als Paket bezeichnet wurde. Von offizieller österreichischer Seite hieß es damals in einer internen Analyse über Magnago, er habe „größte Sympathien und Autorität in der Bevölkerung wegen seiner untadeligen und ehrenhaften Gesinnung und seiner persönlichen Ambitionslosigkeit. Er entwickelte sich in den letzten Jahren zu einem guten Praktiker; hat viele, vielleicht allzu viele Hoffnungen verloren und sieht deshalb vielleicht nur den Spatz in der Hand.“

Der Spatz in der Hand war aber in jedem Fall besser als die nicht erreichbare Taube auf dem Dach, die auch mit Gewalt und Terror nicht zu haben war. Anfang 1965 glaubte Außenminister Kreisky, er habe die Verhandlungen mit Saragat erfolgreich abgeschlossen. Die Tiroler machten ihm Anfang 1965 dann aber in einer ganztägigen Sitzung in Innsbruck einen Strich durch die Rechnung. Den Nordtirolern ging die internationale Absicherung nicht weit genug, den Südtirolern fehlte es an innerer Substanz. Kreisky hat dies den Tirolern nie wieder vergessen und das Interesse an der Südtirolfrage verloren.

Damals hielt Silvius Magnago unbeirrt Kurs. Er war der Meinung, wie er es einmal formulierte, „dass der Strick so lange gezogen werden sollte, dass er eben gerade nicht reißt“. Mehrfach unternahm er in Rom die viel zitierten Missionen „Bodenlockerung“, wie er das nannte. Immer wieder hatte er das Gefühl, „dass man den Strick noch etwas ziehen könne“. Der entgegenkommendste Gesprächspartner in Rom war Aldo Moro. Anfang 1967 ging es um die viel zitierten „chiarimenti“ zum Paket. Die waren dann so geheim, dass Magnago sie auf neun Seiten zusammenfasste, aber auch innerhalb der SVP keine Abschriften verteilte. Über alle Verhandlungen berichtete Magnago damals auch den Nordtirolern, vornehmlich traf man sich in Gries am Brenner. Als er dort über die „chiarimenti“ berichtete, machte er klar, dass er dem Herrn Landeshauptmann Wallnöfer keine Abschrift geben könne, weil er auch keinem Mitglied der Parteileitung eine Abschrift gegeben habe. Das wurde mit einer gewissen „Indignation“ zur Kenntnis genommen.

Magnago war ein gewiefter Taktiker und Pragmatiker. Er kannte die Stimmung in der Bevölkerung und in der Partei genau, und von daher wusste er auch, dass es nicht einfach sein würde, seine Vorstellung von der Zukunft Südtirols, sprich Autonomie, durchzusetzen. Die einen Gegner einer solchen Lösung warfen Bomben und wurden so zu Terroristen. Die anderen konzentrierten sich auf die internationale Verankerung dessen, was die Italiener bereit waren, im Paket zuzugestehen. Die Emotionen gingen damals hoch, wie auch die Äußerung von Hans Dietl gegenüber Österreichs Außenminister Tončić deutlich macht: „Wir hassen Sie, weil Sie das Südtiroler Volk in das Faulbett der Autonomie pressen wollen.“

So wie Hans Dietl blieb auch Peter Brugger ein Gegner der Autonomie. Er war nicht davon überzeugt, wie er Ende 1968 deutlich machte, „dass wir etwa, wenn wir das Paket bekommen, wie vorgesehen, gesichert sind. Mit dem Paket allein sind wir als Südtiroler nicht gesichert, auch wenn wir alles tun, um Südtiroler zu bleiben.“ Und dann kam ein geradezu klassischer Vorschlag: „Wenn wir die Frage Südtirol so lösen, dass sie für alle Zeiten offen gehalten ist, dann wäre ich einverstanden.“ Eine solche Lösung aber gab es nicht. Der neue österreichische Außenminister Kurt Waldheim machte 1968 klar, was der Abschluss mit Italien bedeuten werde: Den Südtirolern würden neue Wege und Möglichkeiten eröffnet, das Pariser Abkommen zu verwirklichen, Südtirol würde ein Modellfall für alle vernünftigen Minderheitenlösungen, das Verhältnis zu Österreichs Nachbarn Italien werde entlastet, und es würden neue Grundlagen für Freundschaft und Zusammenarbeit geschaffen. Er wäre eine Bestätigung der Verlässlichkeit und Glaubwürdigkeit der österreichischen Außenpolitik und würde möglicherweise zu einem Ende des Terrorismus führen. Was den Terror betraf, so war auch für Magnago klar, dass die Terroristen sich ohnehin mit keiner denkbaren und vernünftigen Kompromisslösung abfinden würden und deshalb mit Terrorakten so oder so wenigstens für eine gewisse Zeit noch gerechnet werden müsse. Und am Ende einer der vielen Südtirolbesprechungen stellte er die Frage, ob man es verantworten könne, ein nicht voll befriedigendes, aber immerhin positives Paket „davonschwimmen“ zu lassen. Und er gab selbst die Antwort:

„Eines ist sicher, dass wir mit einer besseren Autonomie besser gesichert sind als mit einer schlechteren. Ob sie eine Garantie für unser Weiterleben ist, das hängt weitgehend von uns ab. Man kann natürlich auch sagen, wenn es uns zu gut geht, werden wir lax. Das sage ich auch meinen Wählern immer wieder. Ich möchte aber nicht, dass wir so lange diskutieren, bis wir eine Minderheit sind und keinen Einfluss mehr haben. Denn die Möglichkeit, Einfluss zu nehmen, ist eben gegeben durch verschiedene Paketpunkte. Ich möchte sagen, eine perfekte Lösung gibt es nicht. Es gibt nur Lösungen, die nach menschlichem Ermessen zum Ziel führen. Ich möchte nicht, dass wir in zehn Jahren noch einmal da sind und zehn Jahre für unsere Volksgruppe verloren haben. Ich bin der Meinung, dass wir den Weg jetzt weitergehen, und dass dann die Vertretung des Südtiroler Volkes entscheiden und alle Verantwortung übernehmen muss.“

Das geschah im November 1969 in Meran, in jener „Nacht der Nächte“, wenn auch nur ganz knapp.

Inzwischen sind mehr als vierzig Jahre vergangen. Magnagos o. g. Worte können an der Realität gemessen werden. Die Autonomie war der richtige Weg, ein Weg, der von seinem Nachfolger Luis Durnwalder zur „dynamischen“ Autonomie weiterentwickelt worden ist. Auch wenn immer wieder von Nordtiroler und Südtiroler Politikern „gezündelt“ wird: Eine realistische Alternative zu Magnagos Weg der Autonomie hat es zu keinem Zeitpunkt gegeben.

Dolomiten, 18./19. 6. 2010

Schilda in Südtirol? Ein Zwischenruf

In diesen Tagen gilt in Südtirol mehr denn je der etwas abgewandelte Spruch „Ettore Tolomei ist tot! Es lebe Ettore Tolomei." Da macht Italiens Regionenminister Raffaele Fitto regelmäßig Urlaub in Südtirol und stellt plötzlich fest, dass die meisten Hinweistafeln auf den Wanderwegen nur einsprachig deutsch sind.

Minister Fitto ist in der Vergangenheit zwar nicht vom Weg abgekommen, verlangt aber nun vom Südtiroler Landeshauptmann, sämtliche 36.000 Hinweisschilder innerhalb von 60 Tagen auszutauschen und zweisprachig wieder aufstellen zu lassen und dabei alle Flurnamen sowie die topografischen Objekte wie „Weg", „Alm" oder „Bach" auf italienisch zu übersetzen.

Das war denn doch zu viel für den Landeshauptmann: „Niemand kann von mir verlangen, die Begriffe, die Ettore Tolomei erfunden hat, jetzt offiziell zu verwenden." Daraufhin die Drohung Fittos mit Beschluss der Regierung in Rom, notfalls die Armee zur Entfernung der Schilder einzusetzen.

Schilda ließe grüßen, möchte man meinen, wenn es dem 39-jährigen Fitto nicht um etwas ganz anderes als die Sicherheit italienischer Wanderer gehen würde, nämlich, wie er offen formulierte: „In der Provinz Bozen scheint es gar einige zu geben, denen der Umstand entgangen zu sein scheint, dass Südtirol Italien ist – qui siamo in Italia." Na also! Und das seit über 90 Jahren – oder? Das sei Podestà-Mentalität, meinte der SVP-Abgeordnete Karl Zeller.

Es geht noch immer um die Italianisierung Südtirols

Vielleicht zur Erinnerung, um was es geht: Um die Italianisierung Südtirols. Dafür stehen Ettore Tolomei, Jahrgang 1865, und sein Erbe. Dieser fanatische Nationalist war davon überzeugt, dass Südtirol uritalienisches Land sei und daher zu Italien gehöre. Dafür kämpfte er sein Leben lang.

1915 verbreitete er bereits ausführlich seine Vorstellungen über eine mögliche Annexion Südtirols und über die in diesem Falle zu treffenden Maßnahmen: Für die deutsche Bevölkerung war die Assimilierung vorgesehen, auch der Gedanke einer eventuellen Aussiedlung tauchte bereits auf.

1916 veröffentlichte er dann seinen ersten „Prontuario dei nomi locali dell'Alto Adige" mit der Übersetzung von ca. 10.000 Orts- und Flurnamen.

Bei einigen Namen hatte er dabei keine Schwierigkeiten, italienische Übersetzungen zu finden, weil italienische Bezeichnungen bereits gebräuchlich waren. In anderen Fällen ging er von urkundlich erwähnten lateinischen und spätlateinischen Bezeichnungen aus und italianisierte diese. In anderen Fällen übersetzte er die deutschen Ortsnamen einfach wörtlich ins Italienische. Viele Namen sind auch einfache lautliche Veränderungen des deutschen Namens, damit er leichter ausgesprochen werden konnte, oftmals aber pure Erfindungen, etwa Colle Isarco für Gossensass: weil die Kirche auf einem Hügel liegt, an dem der Eisack vorbeifließt.

Nach den Namen der Orte wurden Vornamen und Familiennamen italianisiert

Nach der Machtübernahme durch die Faschisten konnte Tolomei 1923 sein Italianisierungsprogramm quasi als faschistisches Regierungsprogramm verkünden, das bekanntlich in den folgenden Jahren Schritt für Schritt realisiert wurde. Parallel dazu folgten weitere „Prontuari" mit ungefähr 30.000 Ortsnamen, dann auch die Italianisierung von Südtiroler Personen- und Familiennamen.

Ettore Tolomei wäre ohne Faschismus mit Sicherheit nur eine kleine Randfigur der Geschichte Südtirols geblieben, so aber wurde er eine Art Totengräber für Südtirol, auch wenn man dabei bedenken muss, dass den Faschisten die Ideen Tolomeis lediglich als willkommene Legitimierung unpopulärer Maßnahmen oder zur Kaschierung rein machtpolitischer eigener Interessen dienten.

Für die Südtiroler wurde ihr Land jedenfalls mehr und mehr „unwirtlich". Das war schon schlimm genug, aber mit der Option 1939 sollte es noch schlimmer kommen: Das Zusammenspiel der Diktatoren Hitler und Mussolini führte zu einer Art ethnischen Flurbereinigung.

1945 war der Faschistenspuk offiziell vorbei. Die im Mai 1945 gegründete Südtiroler Volkspartei forderte Selbstbestimmung für Südtirol. Das hieß damals eindeutig: Rückkehr zu Österreich. Daraus wurde bekanntlich nichts, die Alliierten sagten nein. Die Italiener waren die „beati possidentes". In dieser Situation unterzeichnete Österreichs Außenminister Karl Gruber mit seinem italienischen Kollegen Alcide De Gasperi im September 1946 das nach ihnen benannte Abkommen, das für Südtirol eine Autonomie vorsah.

Das Abkommen war nicht ideal, sicherte aber das Überleben der Südtiroler in einem fremden Staat, internationalisierte das Thema und wurde in gewisser Weise zur Magna Charta Südtirols, indem es auch den Gang Österreichs zur UNO 1960 erst ermöglichte. Es machte Österreich darüber hinaus zur „Schutzmacht" für Südtirol.

Die Tolomei'schen Wortschöpfungen, die seit der Faschistenzeit allerdings offiziell waren und einige Gemüter in Südtirol heute so erregen, waren damals kein Thema, auch wenn in Art. 1b des Abkommens die „Gleichstellung der deutschen und italienischen Sprachart bei den zweisprachigen Ortsbezeichnungen" gewährt werden sollte. Für den einzelnen Südtiroler war Art. 1c wichtiger, nämlich das Recht, die „italianisierten Familiennamen" wiederherzustellen: Aus „Giuseppe" konnte wieder „Josef" werden.

Und für etwa 130.000 Optanten, die durch ihre Wahl für Deutschland staatenlos geworden waren, aber das Land nicht verlassen hatten und auf diese Weise DPs, „displaced persons", also Heimatlose, geworden waren, war der Art. 3 wichtiger: Die Wiedererlangung der italienischen Staatsbürgerschaft und damit das Ende der Rechtlosigkeit im eigenen Land.

Zumindest dieser Punkt wurde von den Italienern einigermaßen akzeptabel gelöst – nicht aber die Autonomiefrage. Die Italiener in Rom und Trient kümmerten sich wenig um das, was De Gasperi unterschrieben hatte und wozu sie sich vertraglich verpflichtet hatten. Sie spielten im Gegenteil ihre Macht rücksichtslos aus und verfolgten die „51 %"-Politik, d. h. weitere Zuwanderung nach Südtirol, bis man dort die Mehrheit hatte. Das wäre zum Todesmarsch der Südtiroler geworden, vor dem Kanonikus Michael Gamper schon 1953 warnte. Die Reaktion der Südtiroler kam am Ende der 50er Jahre mit der Forderung „Los von Trient!"

Bis zum Paket 1969 war die Toponomastik kein Thema

In den nachfolgenden schwierigen Verhandlungen bis zum Paket 1969 war die „Ortsnamenkunde", die Toponomastik, wieder kein Thema. Allerdings wurde im zweiten Autonomiestatut 1972 in Art. 8 dem Land das Recht zur „Ortsnamengebung mit der Verpflichtung zur Zweisprachigkeit" zugestanden. Bei der Umsetzung des Autonomiestatuts in den folgenden Jahren wurde allerdings um die „toponomastica" ein weiter Bogen gemacht, zumal es scheinbar/anscheinend wichtigere Dinge zu regeln gab.

Die sind inzwischen geregelt worden und heute, mehr als 40 Jahre später, stellt sich vor allem auf der rechten politischen Seite in Südtirol die Frage „Südtirol wohin?" Und die Antwort wird gleich mitgeliefert: „Südtirol ist nicht Italien". Eine Feststellung, mit der die „Südtiroler Freiheit" sogar Recht hat: Bayern ist ja auch nicht Deutschland.

Aber dieser Partei geht es um etwas anderes, nämlich um „Los von Rom!" Kosovo lässt grüßen. Dabei macht sie sogar vor plumper Geschichtsfälschung nicht halt. In ihrem Parteivideo – technisch übrigens gut gemacht – lautet die Forderung von Sigmundskron 1957 „Los von Rom!" Nichts ist falscher als das. Es ging damals um „Los von Trient!" In diesem Video wird dann gleich 15-mal der Begriff Freiheit bemüht – was auch immer das heißen mag.

Toponomastik ist in Südtirol politisch brisant

Und da wird dann der Schilderstreit höchst politisch. Eigentlich gehört er in die Kategorie Schilda, aber eben nicht in Südtirol. Toponomastik ist ein Begriff, der in Südtirol politisch brisant ist. Und hier – und eben auch in Rom! – eignet er sich hervorragend zum politischen Zündeln für Ewiggestrige. Die Südtiroler im rechten Parteispektrum gehören genauso dazu wie einige „Schützen", in Rom u. a. Michaela Biancofiore, die das Alpindenkmal in Bruneck gar zum „Sacrarium" umwandeln will, genauso wie jetzt wohl auch Raffaele Fitto.

Vom „Schilderstreit" ist es denn auch nicht weit zu den faschistischen Relikten in Südtirol, die weg sollen. Würde das Siegesdenkmal weg gesprengt und der Siegesplatz zum öffentlichen Parkplatz umgestaltet werden, würde das die Rechten erfreuen (und einige andere auch, da Parkplätze in Bozen Mangelware sind), aber wie sollte man den Nachgeborenen dann wohl die Faschistenzeit erklären?

Das ist etwa so wie mit dem Abriss der Mauer in Berlin. Zwei Reihen Kopfsteinpflaster weisen dort heute darauf hin, wo einst die Mauer stand. Mehr nicht. Und die zu DDR-Zeiten berüchtigte Friedrichstraße sieht heute aus wie die 5th Avenue in New York. Und die Ewiggestrigen dort erzählen dann den Jungen, dass die DDR gar nicht so schlecht war. Ein Trauerspiel.

Der heiß diskutierte „Schilderstreit" ist trotzdem ein Sturm im Wasserglas; die Gemüter beruhigen sich ja schon wieder. Verantwortungsvolle Politik wird auch hier die Oberhand behalten. Damit verbunden aber wird die Frage „Südtirol wohin?" weiter diskutiert werden. Und das wiederum heißt: Es wird nicht langweilig werden in Südtirol.

Goethe, Mozart usw. bitte nicht italianisieren!

Ein Vorschlag: Entsprechend der jeweiligen Bevölkerungsmehrheit sollte auf den Schildern an erster Stelle die deutsche bzw. italienische Bezeichnung stehen – und die ist dann auch offiziell. Und bitte Goethe, Mozart und Keppler nicht italianisieren!

Dolomiten, 21./22. 8. 2010

Bruno Kreisky und die Südtirolfrage

Vor 100 Jahren geboren: Der charismatische SPÖ-Außenminister und Bundeskanzler hat die Geschichte unseres Landes entscheidend mitgeprägt

Am 22. Jänner wäre Bruno Kreisky 100 Jahre alt geworden. Über ihn und die aufkommende Kreisky-Nostalgie ist in diesen Tagen schon viel geschrieben worden. Ein Thema ist dabei aber bislang wenig bis gar nicht erwähnt worden, obwohl Kreisky als Außenminister damit jahrelang fast täglich zu tun hatte: Südtirol.

Als Bruno Kreisky 1959 Außenminister wurde, erkannte er sehr früh, dass die Südtirolfrage nicht nur ein Prüfstein für seine Politik war, sondern auch eine Chance bot, sich zu profilieren. Er erklärte die Südtirolfrage zum Thema Nr. 1 der österreichischen Außenpolitik und hieß schon bald „der Minister für das Äußerste"; intern nannte man ihn in Anspielung auf Andreas Hofer „Andreas", was er nicht ungern hörte.

Keine Lösung ohne Zustimmung (Süd-)Tirols

Kreisky machte zwei Dinge von Anfang an deutlich: Die Südtirolfrage musste seiner Meinung nach aus dem Parteienstreit herausgehalten werden – was letztlich nicht gelang – und es würde keine Lösung ohne die Zustimmung der (Süd-) Tiroler geben.

Ein Blick in die Protokolle der zahlreichen geheimen Südtirolbesprechungen zeigt, wie Kreisky als Bürger von Welt in großen Monologen den Tirolern die Weltpolitik erklärte – und diese in der Regel schweigend zuhörten, um dann ihre Forderungen anzumelden. Anfang 1960 wollten sie um beinahe jeden Preis zur UNO. Kreisky hätte dies gern vermieden und war mit Bundeskanzler Raab im Sommer bereit, auf das Angebot des italienischen Ministerpräsidenten Tambroni zu Geheimgesprächen einzugehen.

Alles war für die Gespräche in Genf vorbereitet. Die (Süd-) Tiroler waren dagegen, sahen im italienischen Angebot eine „Falle" und torpedierten das Unternehmen. Stattdessen gab es den Beschluss des Ministerrats, die Südtirolfrage vor die UNO zu bringen – dies gegen die massive Intervention von USA, Großbritannien und Frankreich.

Mit dieser Entscheidung begann ein neues Kapitel in der Südtirolfrage. In New York setzten sich zunächst die „Radikalen" in der österreichischen Delegation durch: Es wurde eine Resolution eingebracht, in der das Gruber-de Gasperi-Abkommen aus dem Jahre 1946 nicht erwähnt wurde. Tirols Landesrat Aloys Oberhammer (Kreisky:

„pathologisch veranlagt“) schrieb triumphierend nach Innsbruck: „Mit dem Einbringen unserer Resolution haben wir unsere Schiffe verbrannt.“ Er und seine Mitstreiter hofften auf Ablehnung, um dann mit umso größerer Berechtigung die Selbstbestimmung fordern zu können – eine Rechnung, die nicht aufging.

Beginn der Debatte war ein „Debakel“ für Österreich

Die Realität in New York sah nämlich anders aus. Die ersten drei Tage der Debatte entwickelten sich für Österreich zu einem „Debakel“, wie die Briten das formulierten. Und Kreisky beschwor die Delegation, sich nicht zu „zerfleischen“. Am Ende gab es dann mit viel Glück die bekannte Resolution, in der Italien und Österreich aufgefordert wurden, ihre Probleme in Verhandlungen zu lösen, was von Delegationsmitgliedern zuvor noch als „unannehmbar“ bezeichnet worden war. Wäre es anders gelaufen, wäre Kreisky zurückgetreten.

Den Südtirolern gab er mit auf den Weg, sie sollten bei ihrer Berichterstattung in Südtirol klarmachen, „dass eine Forderung nach dem Selbstbestimmungsrecht hier zu einer wirklichen Katastrophe geführt hätte; man hätte eine grausame Niederlage erlitten, es hätte sich daraus kein Ausweg gefunden, und die besten Freunde Österreichs wären ernstlich verstimmt gewesen“.

Die „Radikalen“ wollten die Selbstbestimmung, lehnten jede Art von Landesautonomie ab. Oberhammer meinte einmal: „Am Ende geben uns die Italiener die Landesautonomie, und dann stehen wir da.“ Peter Brugger (SVP) hatte schon 1959 gesagt, worum es gehen müsse, nämlich „langsam auf Selbstbestimmung umstecken“.

Mit Kreisky und anderen Realpolitikern – u. a. SVP-Obmann Silvius Magnago – war eine solche Politik nicht zu machen. Außenpolitisch war das nicht durchzuhalten, aber für Kreisky gab es noch zwei weitere Argumente, wie er einmal formulierte: Zum einen könne man 150.000 Italiener nicht aus Südtirol „austreiben“, man werde sie aber „nicht ernstlich in den österreichischen Staatsverband hereinnehmen wollen“. Und zweitens: Da es sich bei der SVP seiner Meinung nach „im wesentlichen um eine Schwesterpartei der ÖVP handele“, hatte er als SPÖ-Spitzenexponent kein Interesse daran, der ÖVP zu neuen Wählern zu verhelfen.

Die Gespräche mit den Italienern Anfang 1961 verliefen zäh, aber ein Erfolg war nicht auszuschließen. Dann kam die berühmte „Feuernacht“, um genau das zu verhindern. Aus taktischen Gründen boten die Italiener der SVP das inneritalienische Gespräch an. Kreisky empfahl den Südtirolern die Annahme des Angebots, obwohl er deutlich erkannte, was hinter dem italienischen „Doppelspiel“ steckte, nämlich „Österreich auszuschalten und direkte Verhandlungen als Niederlage Österreichs darzustellen“. Genau so kam es. Im September 1963 meinte Kreisky, dass sich Italien seit zwei Jahren weigere, mit Österreich zu verhandeln, und „dabei stellt sich die Frage, wie lange kann sich Österreich dies gefallen lassen?"

Ein Wort zu Kreisky und den „Freiheitskämpfern" 1961. Hier steht Aussage gegen Aussage. Kreisky hat nachweislich Aktivisten der „Feuernacht" getroffen; seine Reaktion hat diese offensichtlich in ihren Aktivitäten bestärkt. Über die Attentate war er nicht besonders überrascht. Er hatte diese Geister sicherlich nicht gerufen, hatte aber mit jenen, die später zum direkten Terror und Morden übergingen, nichts zu tun.

Regierungswechsel brachte Wende

Die Dinge änderten sich grundlegend erst ab Dezember 1963 mit der Bildung der Mitte-Links-Regierung in Rom unter Aldo Moro und Außenminister Giuseppe Saragat. Letzterer lud Kreisky sofort zu einem Gespräch ein, in dem er eine globale und vollständige Regelung der Südtirolfrage ankündigte: „Keine andere italienische Regierung werde mehr als die derzeitige bereit sein, das Südtirolproblem durch entsprechend große Konzessionen … zu bereinigen." Ein Jahr später war man sich einig: Kreisky war überzeugt, dass er mit seinem italienischen Kollegen eine gute Lösung ausgearbeitet hatte, die mit dazu dienen sollte, eine neue Ära in den Beziehungen zwischen Österreich und Italien einzuleiten. Diese Lösung war für ihn der Durchbruch, ein erster großer Triumph seiner Außenpolitik.

Im Außenministerium waren damals bereits sämtliche Dokumente vorbereitet: die Erklärung im Nationalrat, vor der UNO usw. Nur das Datum musste noch eingetragen werden. Kreisky hatte auch bereits einen festen Fahrplan für seine großen Auftritte in Bozen und New York.

Am 8. Jänner 1965 machten ihm die Tiroler alles kaputt. Sie lehnten das Kreisky-Saragat-Paket ab: den Nordtirolern fehlte es an Absicherung, den Südtirolern an Inhalt. Kreisky war maßlos enttäuscht und fühlte sich persönlich hintergangen, hatten ihm doch vier Wochen zuvor die Landeshauptleute von Tirol und Südtirol in seiner Wohnung in Wien Zustimmung signalisiert – und dies nach seinem ausdrücklichen Hinweis, er wolle nicht „im Nachhinein desavouiert werden". Genau das war aus seiner Sicht geschehen. Kreisky vergaß das nie mehr. Die Südtirolfrage, mit der er sieben Jahre lang fast täglich zu tun gehabt hatte, interessierte ihn nicht mehr, die Südtiroler hielt er schlicht und einfach für „verrückt", wie er intern meinte.

Er lehnte gleichzeitig jede andere Lösung ab und ging, nachdem die ÖVP seit Frühjahr 1966 die Alleinregierung stellte, mit der SPÖ auf Totalopposition gegen die angestrebte Lösung seiner Nachfolger Tončić und Waldheim. Er versuchte sogar, durch die Gründung der Sozialen Fortschrittspartei die SVP zu spalten. Letztlich lehnte die SPÖ im Nationalrat auch die viel zitierte Paketlösung 1969 ab.

Auch als Bundeskanzler interessierte Kreisky das Thema nicht mehr. Von einer Schützenveranstaltung in Schlanders ist folgender Satz eines Teilnehmers überliefert: „Für das angestammte Landl hat der Teifl nix mehr übrig." Genau so war es! In seinen Erinnerungen widmete der Altkanzler dem Thema denn auch nur wenige Zeilen.

Dolomiten, 22./23. 1. 2011

USA / Kalter Krieg

Die Konferenz von Potsdam: Die Welt neu geordnet

Spannungen zwischen den Siegermächten – Schicksal Deutschlands unklar – Clement Attlee neuer englischer Premier

Von seiner bislang weitesten Dienstreise schrieb der neue amerikanische Präsident Harry S. Truman am 16. Juli 1945 einen Brief an seine 92jährige Mutter und seine Schwester in Grandview, Missouri:

„Liebe Mama und Mary, bin gestern Nachmittag ungefähr um 3.00 Uhr in Berlin gelandet und wurde von den Außenministern und höchsten Funktionären Großbritanniens und Russlands und einem Kontingent amerikanischer Soldaten empfangen, das ich abschreiten musste.

Dann wurden wir in ein schönes Haus an einem See bei Potsdam geführt. Es gehörte früher dem Direktor einer Filmgesellschaft, der, wie man sagt, nach Russland geschickt worden ist – warum weiß ich nicht …“

Codename für Konferenz ist „Endstation“

Am nächsten Tag begann im Potsdamer Schloss Cecilienhof, dem Sommersitz des ehemaligen preußischen Kronprinzen, die Konferenz der „Großen Drei“: Truman, Stalin, Churchill. Von Churchill stammte der Codename für eine der wichtigsten und folgenschwersten Konferenzen des 20. Jahrhunderts: „Terminal“ – Endstation.

Der britische Premier setzte außerordentlich große Hoffnungen auf dieses Treffen. Den Regierungschefs der britischen Commonwealth-Staaten schrieb er: „Dies wird eine schwierige und schicksalhafte Konferenz werden. Die Zukunft Europas und sogar der Frieden der ganzen Welt können sich durch die Ergebnisse unserer Diskussion ändern.“

Spannungen mit der Sowjetunion

Trotz der unterschwellig vorhandenen Spannungen, der vielfältigen Differenzen der Westalliierten mit den Sowjets und des zeitweise offen zutage tretenden Misstrauens, insbesondere Stalins gegenüber Truman und Churchill, war auf der Konferenz nicht mit Milde gegenüber den Deutschen zu rechnen – auch nicht von Briten und Amerikanern:

„Noch hasste und fürchtete der ganze Kontinent Deutschland mehr als Russland“, wie es Robert Murphy, der politische Berater des amerikanischen Oberbefehlshabers in Deutschland, General Eisenhower, formulierte.

Man einigte sich daher schnell auf politische und wirtschaftliche Grundsätze zur künftigen Behandlung Deutschlands, die im Grunde schon seit der Konferenz in Jalta (4.–11. Februar 1945) unstrittig waren: Entwaffnung, Entmilitarisierung, Entnazifizierung, demokratische Umgestaltung des Erziehungs- und Gerichtswesens, Wiederaufbau des politischen Lebens und der lokalen Selbstverwaltung nach „demokratischen“ Grundsätzen. Übermäßige Konzentration der Wirtschaft sollte vernichtet und „das Hauptgewicht auf die Entwicklung der Landwirtschaft und der Friedensindustrie für den inneren Bedarf“ gelegt werden.

Einzelne Formulierungen wurden wörtlich den „Richtlinien für die amerikanische Delegation“ entnommen, was bei den Amerikanern später den Eindruck verstärkte, die Konferenz sei für sie ein voller Erfolg gewesen.

Reparationen sind zentrales Thema

In allen Beratungen rückte eine Frage immer mehr in den Mittelpunkt, die mitentscheidend für das weitere Schicksal Deutschlands werden sollte: die Reparationen. Als Stalin seine Forderung von Jalta wiederholte – 10 Milliarden Dollar Reparationen für sein Land –, lehnten Amerikaner und Briten dies als unannehmbar ab.

Die Lösung des Problems klang simpel und harmlos, tatsächlich erwies sie sich für die Einheit Deutschlands als verhängnisvoll. Die Amerikaner schlugen vor, dass jede Besatzungsmacht ihre Reparationsansprüche aus ihrer jeweiligen Zone befriedigen solle.

Die Sowjetunion sollte darüber hinaus von den Reparationen der westlichen Besatzungszonen 10 % gratis und 15 % im Austausch gegen Sachlieferungen, in erster Linie Lebensmittel, erhalten. Eine konkrete Zahl wurde nicht mehr genannt; allerdings sollte die Entnahme der Reparationen der deutschen Bevölkerung genügend Mittel belassen, um ohne Hilfe von außen zu existieren.

Winston Churchill verliert Parlamentswahl

Am 25. Juli wurde die Konferenz unterbrochen. In Großbritannien war ein neues Parlament gewählt worden, und Churchill flog nach London, um am nächsten Tag bei der Bekanntgabe des Wahlergebnisses zugegen zu sein. Er kehrte nicht mehr nach Potsdam zurück. Die Briten hatten sich gegen ihn ausgesprochen, der neue Premierminister hieß

Clement Attlee, ein „Schaf im Schafspelz", wie Churchill ihn im Wahlkampf charakterisiert hatte.

Der Gewerkschafter Ernest Bevin wurde neuer Außenminister. Sie nahmen am 28. Juli in Potsdam die Plätze von Churchill und Eden ein.

Unter Zeitdruck ging die Konferenz zu Ende; Stalin erkrankte für zwei Tage, in denen die Außenminister der USA und der Sowjetunion, Byrnes und Molotow, den „kleinen Kuhhandel", wie es Byrnes privat bezeichnete, perfekt machten:

Umstrittene Oder-Neiße-Linie

Bei Annahme des amerikanischen Reparationsplans durch die Sowjets und Aufnahme Italiens in die UNO würden Amerikaner und Briten die von den Sowjets gewünschte Oder-Neiße-Linie – und zwar die westliche Neiße – als polnische Westgrenze anerkennen.

Gerade über diese Frage war es während der Konferenz zu heftigen Auseinandersetzungen gekommen. Churchill war entschieden gegen eine zu weite Ausdehnung Polens nach Westen, wobei im Zusammenhang mit der Vertreibung der Deutschen weniger humanitäre Gründe eine Rolle spielten als die wirtschaftlichen Folgen, die er befürchtete. „Sie bringen ihre Mägen mit", wie er es auf seine Art formulierte. Der Vorbehalt der Anglo-Amerikaner, dass „die endgültige Festlegung der Westgrenze Polens bis zur Friedensregelung zurückgestellt werden sollte", hatte zunächst nur Alibifunktion und war ein Lippenbekenntnis, da sie gleichzeitig der Umsiedlung der deutschen Bevölkerung in „ordnungsgemäßer und humaner Weise" zustimmten.

Niemand in Potsdam konnte ernsthaft daran glauben, dass dies durch einen Friedensvertrag rückgängig gemacht werden könnte.

Skepsis bei anderen Verbündeten

Am 1. August 1945 informierte Attlee die Regierungschefs der Dominien über Verlauf und Ergebnis der Verhandlungen, die, so Attlee, „eine solide Grundlage für weitere Fortschritte bilden"; die Einheit der Alliierten sei dabei entscheidend.

Der Ministerpräsident der Republik Südafrika, der greise Feldmarschall Smuts, war über so viel politische Kurzsichtigkeit geradezu erschüttert. Er warnte vor der sowjetischen Gefahr, die sich als neue Bedrohung für Europa und die Welt erhebe, für die Potsdam jedoch blind gewesen sei. Auf der Konferenz sei größter Schaden angerichtet worden:

„Deutschland wird zum Notstandsgebiet in Europa mit einem niedrigen Lebensstandard werden. Dies wird auch auf die umliegenden Länder katastrophale Auswirkungen haben. So entsteht ein Infektionsherd im Herzen des Kontinents [...] Potsdam“, so sein Resümee, „eröffnet deprimierende Aussichten.“

Ähnliche Zweifel plagten auch George F. Kennan, Botschaftsrat an der amerikanischen Botschaft in Moskau. Er war entsetzt darüber, dass Truman ein Dokument unterzeichnet hatte, in dem „so dehnbare Begriffe wie ‚demokratisch‘, ‚friedlich‘, ‚gerecht‘„ auftauchten; dies lief seiner Meinung nach „allem direkt zuwider, was siebzehn Jahre Russlanderfahrung mich über die Technik des Verhandelns mit der sowjetischen Regierung gelehrt hatten“. Kennan weiter:

„Die Idee, Deutschland gemeinsam mit den Russen regieren zu wollen, ist ein Wahn. Ein ebensolcher Wahn ist es, zu glauben, die Russen und wir könnten uns eines schönen Tages höflich zurückziehen, und aus dem Vakuum werde ein gesundes und friedliches, stabiles und freundliches Deutschland steigen. Wir haben keine andere Wahl, als unseren Teil von Deutschland zu einer Form von Unabhängigkeit zu führen, die so befriedigend, so gesichert, so überlegen ist, dass der Osten sie nicht gefährden kann. […].“

Rat der Außenminister bestimmt Brennergrenze

In Potsdam wurde auch der Rat der Außenminister eingerichtet. In dessen Konferenzen in London (wo im September 1945 in einer 30-Sekunden-Entscheidung auch die Brennergrenze festgeschrieben wurde, und 1947), Paris (1946) und Moskau (1947) traten dann jene Probleme zutage, die in Potsdam mit Kompromissformeln kaschiert worden waren. Deutschland wurde letztlich geteilt – und 1990 wiedervereint. Als irreversibel erwies sich allerdings die Oder/Neiße-Lösung.

Bei anderen „Lösungen“ stellt sich die Frage, ob die westlichen Regierungschefs nur naiv gewesen waren, etwa bei der Abtretung von Königsberg als „eisfreien“ Hafen an die Sowjetunion: Königsberg war weder ein Hafen noch eisfrei. Oder die Frage des „deutschen Eigentums“ in Österreich: am letzten Tag der Konferenz wurde dies den Sowjets zugesprochen. Das wurde zum Freibrief für die Sowjetunion, ihre Zone in Österreich zehn Jahre lang auszubeuten.

Zwei weitere Entscheidungen von Potsdam hatten historische Bedeutung:

Zum einen gab Truman am 24. Juli von Potsdam aus den Befehl zum Abwurf der Atombombe auf Japan. Die erste Bombe zerstörte am 6. August Hiroshima, die zweite am 9. August Nagasaki. Damals begann der atomare Wettlauf der beiden Supermächte.

Frankreich wieder Kolonialmacht

Zum anderen ermöglichte die Vereinbarung, dass die Japaner in Vietnam im Norden von den Chinesen und im Süden von den Briten entwaffnet werden sollten, Frankreich die Rückkehr als Kolonialmacht in Indochina – mit den bekannten Folgen: erst Indochina –, dann Vietnamkrieg.

Als sich die Regierungschefs am 2. August trennten, sprach Truman die Hoffnung aus, dass man sich hoffentlich bald in Washington wiedersehen werde. Stalins knappe Antwort lautete: „So Gott will." Dazu sollte es bekanntlich nicht kommen.

Dolomiten, 26. 7. 2005

Vor 60 Jahren begann das Zeitalter der Atomwaffen

Im Juli 1945 testen amerikanische Militärs erfolgreich erste Bombe in Neu-Mexiko – Beginn des Wettrüstens der Supermächte

Am 16. Juli 1945, 5.29:45 Uhr westamerikanischer Zeit, begann das Atomzeitalter. In der Nähe des Städtchens Alamogordo in der Wüste des US-Bundesstaates Neu-Mexiko – etwa 400 km südlich von Los Alamos – wurde die erste Atombombe erfolgreich gezündet. Der Versuch übertraf alle Erwartungen von Wissenschaftlern und Militärs.

Die Bombe entwickelte eine Energie von 19.000 Tonnen herkömmlichen Sprengstoffs. Der Boden im Versuchsgebiet „Ground Zero" – von daher auch die Bezeichnung für spätere Zerstörungen, etwa nach den Terroranschlägen vom 11. September 2001 in New York – senkte sich um zwei Meter und wurde zu Glas.

Der Atomblitz wurde noch im Umkreis von 300 km bemerkt, die Explosion im gesamten Südwesten der Vereinigten Staaten gehört. Den Journalisten wurde eine vorbereitete amtliche Erklärung übergeben: „Ein großes Munitionslager explodierte heute morgen in der Nähe des Luftstützpunktes Alamogordo, der Explosionsblitz und die Luftdruckwelle wurden noch in Gallup, 378 km südwestlich, bemerkt."

Der militärische Leiter des Projekts, General Groves, war überzeugt: „Der Krieg ist aus. Ein oder zwei dieser Bomben und Japan ist erledigt."

Für Churchill ein schreckliches Weltgericht

Als der britische Premierminister Winston Churchill auf der zur gleichen Zeit in Potsdam tagenden Konferenz der „Großen Drei" – Churchill, Stalin, US-Präsident Truman – vom erfolgreichen Test erfuhr, gestikulierte er mit seiner Zigarre und beschwor US-Kriegsminister Stimson: „Was war das Schießpulver? Trivial! Was war die Elektrizität? Eine Kleinigkeit! Diese Atombombe ist das schreckliche Weltgericht!"

Die Nachricht von der erfolgreichen Explosion erhielt US-Kriegsminister Stimson in Potsdam mit dem Satz: „Baby is born." Die Mitarbeiter, die nicht wussten, was gemeint war, wunderten sich, dass Stimson in seinem hohen Alter noch einmal Vater geworden war. Tatsächlich aber hatte das Atomzeitalter begonnen.

Die Nachricht versetzte Harry S. Truman in Potsdam in höchste Erregung. Stimson notierte am 21. Juli: „Der Präsident war ungeheuer aufgekratzt und sprach immer wieder mit mir darüber, wenn wir zusammenkamen. Er sagte, es gebe ihm ein völlig neues Gefühl der Zuversicht, und dankte mir dafür, dass ich mit zur Konferenz gekommen und anwesend war, um ihm zur Seite zu stehen."

Stalin besser informiert als Truman

Am 24. Juli wurde General Carl Spaatz, dem Oberkommandierenden der Strategischen Luftwaffe, von Truman der Befehl zum Einsatz der Atombombe erteilt. „Abwurf, sowie das Wetter nach dem 3. August 1945 Bombardierung nach Sicht gestattet, auf eines der folgenden Ziele: Hiroshima, Kokura, Niigata oder Nagasaki."

Als Truman Stalin am 24. Juli von der neuen Bombe unterrichtete – ohne das Wort Atombombe zu benutzen –, blieb dieser scheinbar vollkommen ungerührt, so als wisse er nicht, was diese Nachricht wirklich bedeutete. Er saugte ungerührt an seinem Zigarillo und meinte nur, er hoffe, die Amerikaner würden die neue Waffe gegen Japan einsetzen.

Wir wissen heute, dass Stalin über die amerikanische Atomforschung besser informiert war als Truman; seine Spione hatten gute Arbeit geleistet. Gegenüber Geheimdienstchef Berija meinte er: „Truman will Druck auf uns ausüben, uns beherrschen. Seine Haltung ist besonders aggressiv gegenüber der Sowjetunion. Natürlich ist die Atombombe von Vorteil für Truman. Aber eine Politik der Erpressung und der Einschüchterung ist für uns inakzeptabel."

Am 26. Juli wurde Japan von Potsdam aus zur bedingungslosen Kapitulation aufgefordert. Japan lehnte offiziell ab, und Kriegsminister Stimson notierte in sein Tagebuch: „Es blieb uns nichts anderes übrig, als den Japanern vor Augen zu führen, dass das Ultimatum genau das bedeutete, was es sagte, und um das zu tun, besaßen wir in der Atombombe ein geeignetes Mittel."

Begonnen hatte alles am 2. August 1939 mit jenem inzwischen berühmten Brief von Albert Einstein an US-Präsident Roosevelt, in dem er vor einer möglichen Atombombe Nazi-Deutschlands warnte.

„Manhattan-District"-Projekt streng geheim

Roosevelt genehmigte das „Manhattan District"-Projekt, so genannt nach einem Büro in New Yorker Stadtteil Manhattan, das am Ende zwei Mrd. Dollar kostete, von denen der Kongress aus Gründen der Geheimhaltung nichts wusste.

Im Frühjahr 1945 gingen in den USA die Vorbereitungen für den Einsatz der Atombombe in die Endphase. Eine Spezialeinheit von B-29 Bombern unter dem Befehl des 30-jährigen Oberst Paul W. Tibbets wurde im April auf die Marianeninsel Tinian im Pazifik verlegt. Am 2. Mai 1945 tagte in Washington jener Ausschuss, der die Bombenziele in Japan auswählte.

Bei der Entscheidung musste zunächst eine Reihe technischer Faktoren berücksichtigt werden: Flugleistung der B-29, Rückflugmöglichkeiten zur Basis, Sichtbedingungen beim Abwurf, Topographie des Zieles. Die Bombe sollte ihre Wirkung optimal entfalten können.

Wissenschaftler raten zu Abwurf in Wüstengegend

Wissenschaftler rieten zunächst, die Vernichtungskraft der Bombe den Japanern in einem Versuch zu demonstrieren, sie über unbewohntem Gebiet abzuwerfen und auf diese Weise das Land zur Kapitulation zu veranlassen.

In einem Bericht hieß es: „Die militärischen Vorteile und die Schonung amerikanischen Menschenlebens durch den überraschenden Einsatz von Atombomben gegen

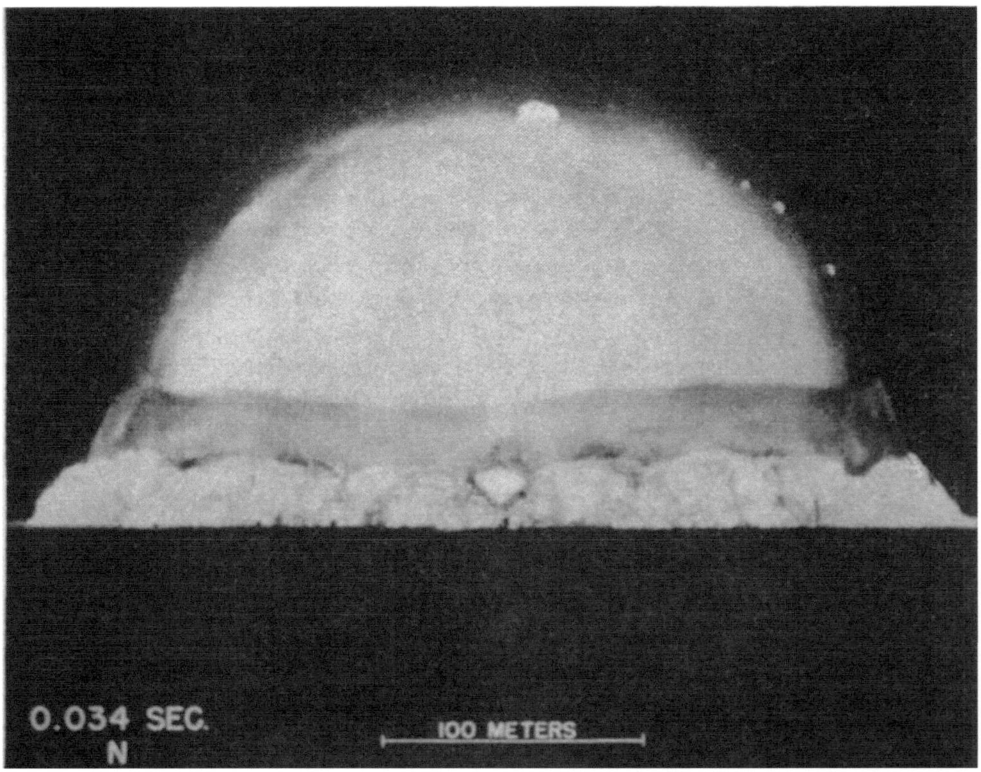

Japan könnten aufgewogen werden durch eine Welle von Entsetzen und Abscheu, die sich über die ganze übrige Welt ausbreitet.

Wenn die Vereinigten Staaten als Erste dieses neue Massenvernichtungsmittel auf die Menschheit loslassen, dann verlieren sie die Unterstützung der Öffentlichkeit in der ganzen Welt, beschleunigen sie den Rüstungswettlauf und gefährden sie die Möglichkeit eines internationalen Abkommens über die künftige Kontrolle solcher Waffen. Wir glauben, dass diese Erwägungen gegen den Einsatz von Atombomben bei einem baldigen Angriff von Japan sprechen.“

Politiker entscheiden für Großstädte als Ziel

Doch ein Ausschuss unter Leitung von Stimson entschied anders und empfahl Präsident Truman am 1. Juni 1945, die Atombombe gegen Japan einzusetzen, und zwar ohne vorhergehende Warnung. Die Wirkung der neuen Bombe sollte eindeutig bewiesen werden.

Am 6. August, um genau 8.15 Uhr und 15 Sekunden, öffnete sich der Bombenschacht der B-29 „Enola Gay“, so genannt nach der Mutter des Piloten Paul Tibbets. „Little Boy“ – kleiner Junge – der Codename für die erste einsatzfähige Atombombe, drei Meter lang, 70 cm Durchmesser, etwas mehr als vier Tonnen schwer, mit einer Sprengkraft von 20.000 Tonnen herkömmlichen Sprengstoffs, explodierte 43 Sekunden später in etwa 600 Meter Höhe über dem Zentrum Hiroshimas.

In Hiroshima bricht die Hölle los

In der Stadt brach die Hölle los, sie wurde zum Verbrennungsofen. Es gibt keine genauen Angaben über die Zahl der Toten. 1960 nannte eine amerikanische Kommission 80.000 Tote, im Friedensmuseum von Hiroshima findet sich die Zahl 240.000. Am 9. August fiel die zweite Bombe, diesmal war Nagasaki das Ziel.

Auf amerikanischer Seite gab es schon damals bei Militärs und Politikern Zweifel, ob der Einsatz der Bombe aus militärischer Sicht notwendig gewesen sei. Die Seeblockade hätte Japan durch Hunger zur Kapitulation gebracht, wenn man bereit gewesen wäre, zu warten, wie Admiral King, der Oberbefehlshaber der amerikanischen Kriegsmarine, meinte.

Abwurf auch wegen der hohen Kosten

Truman sah das anders. In seinen Memoiren schrieb er: „Ich hielt die Atombombe für eine Waffe und habe nie daran gezweifelt, dass sie auch eingesetzt werden sollte."

Auch Churchill machte sich diesen Standpunkt zu eigen: „Es bleibt historische Tatsache, dass die Entscheidung, ob man die Atombombe einsetzen solle oder nicht, um die Kapitulation Japans zu erzwingen, niemals eine Streitfrage war."

Und es kam noch ein Argument hinzu, das der militärische Berater des Präsidenten, Admiral Leahy, enthüllte: „Die Naturwissenschaftler und auch andere wollten diese Waffe erproben wegen der riesigen Summen, die für dieses Projekt schon ausgegeben worden waren."

Zwei Wochen nach Hiroshima untersuchten sowjetische Experten die zerstörte Stadt und schickten detaillierte Berichte nach Moskau.

Stalin befiehlt ebenfalls Bau der Bombe

„Hiroshima hat die ganze Welt erschüttert", meinte Stalin wenige Tage später zu führenden Atomphysikern seines Landes und fügte hinzu: „Die Balance zwischen den Mächten ist zerstört. Baut die Bombe. Damit wird eine große Gefahr von unserem Land genommen."

Außenminister Molotow meinte später, die Bomben „waren nicht gegen Japan gerichtet, sondern gegen die Sowjetunion". Stalin befürchtete damals, dass die USA angesichts ihres Atommonopols die Sowjetunion zwingen würden, in Europa und der Welt nachzugeben. Das aber, so Stalin, werde nicht geschehen. Die sowjetische Atomforschung wurde mit allen Mitteln vorangetrieben. Stalin brauchte die Bombe, um das Gleichgewicht der Kräfte wiederherzustellen.

Die Supermächte rüsten um die Wette

Der atomare Wettlauf der beiden Supermächte hatte begonnen, der die Welt in den folgenden Jahren mehrmals an den Rand der Vernichtung führte.

Während des Koreakrieges haben die Amerikaner mit dem Gedanken gespielt, Atombomben abzuwerfen. Letztlich ist es dazu nicht gekommen, weil Truman und auch sein Nachfolger Eisenhower nicht bereit waren, die Verantwortung für den Tod von Millionen zu übernehmen.

In der Kubakrise 1962 geriet die Welt dann tatsächlich an den Rand eines Atomkrieges, den weder der sowjetische Diktator Chruschtschow noch der amerikanische Präsident Kennedy wollten. Sie schreckten vor dem atomaren Armageddon zurück – und ahnten gar nicht, wie nahe die Welt am Abgrund stand: 1992 wurde bekannt, dass die Sowjets 100 taktische Atomraketen in der Stärke von jeweils einer Hiroshima-Bombe auf Kuba stationiert hatten, die im Falle einer amerikanischen Invasion eingesetzt worden wären.

Militärs riskieren Weltkrieg wegen Kuba

Und amerikanische Militärs hatten damals mit Nachdruck auf diese Invasion gedrängt. Kennedy hatte das verhindert. Die Welt war noch einmal davongekommen.

Dolomiten, 16./17. Juli 2005

Schreckliche Bomben auf Hiroshima und Nagasaki

Japanische Regierung ignoriert Ultimatum – Schnell aufeinander folgende Abwürfe erzwingen Kapitulation – Kaiser bleibt souverän

Am 24. Juli 1945 erteilte US-Präsident Harry S. Truman von Potsdam aus – wo er mit Stalin und Churchill konferierte – General Carl Spaatz, dem Oberkommandierenden der US-Strategischen Luftwaffe für den Tag nach dem Ende der Potsdamer Konferenz, folgenden Befehl zum Einsatz der ersten Atombombe:

Die Sondergruppe 509 der 20. Luftflotte wird ihre erste Spezialbombe, sowie das Wetter nach dem 3. August 1945 Bombardierung nach Sicht gestattet, auf eines der folgenden Ziele abwerfen: Hiroshima, Kokura, Niigata oder Nagasaki. Zusätzliche Maschinen werden das Bombenflugzeug begleiten, um Offizieren und Wissenschaftlern des Kriegsministeriums die Beobachtung der Bombenexplosion und ihrer Wirkung zu ermöglichen.

Die Beobachtermaschinen werden sich einige Meilen vom Explosionszentrum entfernt halten. Sowie weitere Bomben zur Verfügung stehen, sind sie auf die obengenannten Ziele abzuwerfen. Für weitere Bombardierungen sind Instruktionen abzuwarten.

Amerikanisches Ultimatum an Japan

Zwei Tage später forderte Truman Japan von Potsdam aus ultimativ zur bedingungslosen Kapitulation auf: u. a. Rückgabe aller eroberten Gebiete, Entwaffnung, Entmilitarisierung, Bestrafung der Kriegsverbrecher, Besetzung des Landes. Im letzten Satz wurde drohend angekündigt: „Andernfalls bleibt für Japan nur seine sofortige und totale Vernichtung." Über den für Tokio entscheidenden Punkt, das Schicksal des Kaisers, sagte die Erklärung nichts, ebenso wenig wurde die Atombombe erwähnt.

Tokio hoffte weiter auf die Vermittlung Moskaus, auf bessere Kapitulationsbedingungen und beschloss, auf das Potsdamer Ultimatum zunächst überhaupt nicht einzugehen – es weder anzunehmen noch abzulehnen.

Als Ministerpräsident Suzuki die Haltung seiner Regierung der Presse erläuterte, benutzte er das Wort „mokusatsu", ein Wort, das sowohl „ignorieren", „kein Kommentar", als auch „mit Verachtung strafen" bedeutet. Das Letztere hatte Suzuki nicht gemeint, aber so wurde es in Amerika aufgefasst.

Am 30. Juli lautete die Schlagzeile der „New York Times“: „Japan lehnt das alliierte Ultimatum zur Kapitulation offiziell ab.“ Und Kriegsminister Stimson notierte:

Das Verhängnis war nicht mehr aufzuhalten

„Es blieb uns nichts anderes übrig, als den Japanern vor Augen zu führen, dass das Ultimatum genau das bedeutete, was es sagte, und um das zu tun, besaßen wir in der Atombombe ein geeignetes Mittel.“

Das Verhängnis war nicht mehr aufzuhalten.

Am 6. August, um genau 8.15 Uhr und 17 Sekunden, öffnete sich der Bombenschacht der B-29 „Enola Gay“, so genannt nach der Mutter des Piloten Paul Tibbets. „Little Boy“ – „Kleiner Junge“ – der Codename für die erste einsatzfähige Atombombe, drei Meter lang, 70 cm Durchmesser, etwas mehr als vier Tonnen schwer, mit einer Sprengkraft von 20.000 Tonnen herkömmlichen Sprengstoffes explodierte 43 Sekunden später in etwa 600 Meter Höhe über dem Zentrum der Stadt, den Geschäften und Wohnvierteln.

In Hiroshima brach die Hölle los, die Stadt wurde zum Verbrennungsofen. Ein Feuerball von 100 m Durchmesser strahlte für kurze Zeit eine ungeheure Hitze aus, stärker als auf der Oberfläche der Sonne. Dachziegel und Steine schmolzen, auf den Treppenstufen eines Bankgebäudes wurde der Schatten einer menschlichen Gestalt eingebrannt.

Menschen verbrennen zu Asche

Viele Menschen in unmittelbarer Nähe des Explosionszentrums wurden einfach zu Asche. Noch in einer Entfernung von vier Kilometern verbrannte die Haut, die Brandwunden waren entsetzlich. Augen, Nasen, Münder wurden weggebrannt, Ohren förmlich abgeschmolzen. Man konnte die Vorderseite des Körpers oft nicht vom Rücken unterscheiden.

Der Feuerball saugte Millionen Tonnen Staub und pulverisierter Trümmer auf, die im gleichen Augenblick die große, hässliche Pilzwolke zu bilden begannen. Nach der Hitze kam eine furchtbare Druckwelle.

Sie fegte alles hinweg, zermalmte Wohnhäuser und begrub ihre Bewohner unter sich, riss den Menschen Kleidung und die verbrannte Haut vom Körper. Das Fleisch war nass und schwammig.

Viele Menschen wurden irrsinnig. Der Druckwelle folgten Stürme, die die Bäume entwurzelten.

Dann kam das Feuer. Die Hitze der Bombe entzündete viele Holzbauten. Bald raste ein Feuersturm durch die Straßen. Nach sechs Stunden war Hiroshima ein Feuermeer und wurde zu einem gigantischen Scheiterhaufen.

Stadt den Flammen ausgeliefert

Die Stadt war den Flammen auf Gedeih und Verderb ausgeliefert. 70 Prozent der Feuerwehrausrüstung waren zerstört, 80 Prozent des Feuerwehrpersonals tot oder verschwunden, die Wasserrohre in der Hitze geschmolzen.

„Drei Tage lang brannte die Stadt, und die Asche qualmte noch mehr als eine Woche lang“, heißt es in dem offiziellen japanischen Bericht.

Menschen springen in den Fluss

Überall lagen Tote und Verwundete. Viele Menschen sprangen in den Fluss Ota, an dem Hiroshima liegt, um den Flammen zu entgehen, und ertranken.

Die noch lebten, trieben flussabwärts und stießen auf die Toten. Einige Minuten nach der Explosion setzte ein radioaktiver Regen ein, geschwärzt durch Ascheteilchen. Dieser „schwarze Regen“ vergrößerte die Panik unter den Überlebenden. Eine einzige Bombe hatte aus Hiroshima eine verbrannte Wüste gemacht.

Von 45 Krankenhäusern waren nur drei stehengeblieben, von 290 Ärzten nur 28 unverletzt, von 1780 Krankenschwestern nur 126.

Ungenaue Angaben über Zahl der Toten

Es gibt keine genauen Angaben über die Zahl der Toten. Niemand weiß, wie viele Soldaten umgekommen sind. Hiroshima war damals Kommandostelle der 2. Armee mit der größten Truppenansammlung Südjapans. 1960 nannte eine amerikanische Kommission 80.000 Tote, im Friedensmuseum von Hiroshima findet sich die Zahl 240.000.

Als Präsident Truman die Nachricht vom Abwurf der Bombe erhielt, rief er triumphierend aus: „Dies ist das größte Ereignis der Geschichte."

Amerikaner starten intensive Propaganda

Die Amerikaner entfachten nach Hiroshima eine intensive Propagandakampagne. 16 Millionen Flugblätter wurden über 47 japanischen Städten abgeworfen.

Darin wurde auf die Potsdamer Erklärung verwiesen, die Kapitulation gefordert und mit der Fortsetzung der Bombardierung gedroht. Gleichzeitig wurde der Termin für den Abwurf der zweiten Bombe vom 11. auf den 9. August vorverlegt. Je eher der zweite Schock dem ersten folgte, umso größer seine psychologische Wirkung.

Auf Kokura geplant – auf Nagasaki geworfen

Am 9. August 1945, um 11.01 Uhr, fiel die zweite Atombombe. Diesmal war Nagasaki das Ziel. Die Bombe hätte eigentlich Kokura treffen sollen, aber Wolken verhinderten den „Abwurf nach Sicht".

Auch für Nagasaki schwanken die Angaben über die Zahl der Toten. Sie reichen von 20.000 bis 150.000. Bei all dem Elend fragten sich Statistiker noch, warum es nicht mehr Tote gab. Denn diese Bombe war wesentlich stärker als die von Hiroshima.

Gelände verhindert größere Katastrophe

Bei dem makabren Rechenexempel wurde eine Begründung gegeben, die fast wie eine fatale Entschuldigung klang: Dank des hügeligen Geländes konnte sich die Explosionskraft nicht in aller Grausamkeit entfalten.

Am nächsten Tag wurde Japans Antwort auf das Potsdamer Ultimatum vom 26. Juli auf dem Weg über die neutrale Schweiz übermittelt. Der entscheidende Satz lautete:

„Die japanische Regierung ist bereit, die Bedingungen unter der Voraussetzung zu akzeptieren, dass die Hoheitsrechte Seiner Majestät als Souveräner Herrscher nicht beeinträchtigt werden.“

Dolomiten, 27. 7. 2005

„Das Unerträgliche ertragen" – Japan kapituliert

Die japanische Regierung wäre schon früher zur Kapitulation bereit gewesen – Tenno will das Ultimatum bedingungslos annehmen

Am 6. August 1945 zerstörte die erste Atombombe Hiroshima, die zweite am 9. August Nagasaki. In seinen Memoiren begründete US-Präsident Harry S. Truman, der den Einsatzbefehl von der Potsdamer Konferenz aus gegeben hatte, dies folgendermaßen:

„Ich möchte jedem Irrtum über diesen Punkt vorbeugen. Ich hielt die Atombombe für eine Waffe und habe nie daran gezweifelt, dass sie auch eingesetzt werden sollte."

So wie er dachte die Mehrheit seiner Berater. Auch der britische Premierminister Winston Churchill machte sich in seinen Erinnerungen diesen Standpunkt voll zu eigen:

„Es bleibt die historische Tatsache, dass die Entscheidung, ob man die Atombombe einsetzen solle oder nicht, um die Kapitulation Japans zu erzwingen, niemals eine Streitfrage war."

Erhaltung des Kaiserthrons vorrangig

Im Juli 1945 wusste Truman, dass die japanische Friedenspartei verzweifelt nach Frieden suchte und es ihr nur noch um den Erhalt des Kaiserthrones ging. Eine entsprechende Zusage, frühzeitig gegeben, hätte den Krieg wohl ohne den Abwurf der Bomben beendet. Aber Amerika ignorierte sämtliche Friedensfühler und bestärkte den japanischen Widerstandswillen noch:

Truman und sein Außenminister James Byrnes strichen den entscheidenden Passus im Potsdamer Ultimatum vom 26. Juli – nicht zuletzt mit Rücksicht auf die öffentliche Meinung in den USA. Durch den Überfall auf die Pazifikflotte in Pearl Harbor im Dezember 1941 und die Gräuel gegenüber amerikanischen Kriegsgefangenen hatten die Japaner ihre Ehre verloren.

Eindämmung der Sowjetunion

Ein weiteres, entscheidendes Argument kam hinzu: Mit dem Abwurf der Bomben sollte der Krieg abgekürzt werden, um auf diese Weise den sowjetischen Anteil am Sieg über

Japan so gering wie möglich zu halten. Die Sowjetunion wurde dann auch, anders als in Deutschland und Österreich, zumindest von der Besatzung des Landes ausgeschlossen.

Amerika demonstrierte im Übrigen der Welt, vor allem der Sowjetunion, sein Atommonopol, die Überlegenheit in der atomaren Rüstung.

Wenige Stunden bevor Nagasaki zerstört wurde, marschierte die Rote Armee in die Mandschurei ein. Am Abend zuvor hatte Außenminister Molotow im Kreml dem japanischen Botschafter die sowjetische Kriegserklärung übergeben. Die Japaner leisteten einige Stunden Widerstand, wichen dann jedoch zurück. Ganze Divisionen ergaben sich; in den folgenden Tagen landeten sowjetische Truppen auf den Kurilen und im Süden Sachalins.

Oberster Kriegsrat uneins über Kapitulation

In dieser Situation versammelte sich am späten Abend des 9. August im Bunker des Kaiserpalastes in Tokio das „Innere Kabinett" der japanischen Regierung, der „Oberste Kriegsrat". Die „großen Sechs" waren: Ministerpräsident Admiral a. A. Suzuki, Außenminister Togo, Kriegsminister General Anami, Marineminister Admiral Yonai, sowie die Stabschefs von Armee und Marine, General Umezu und Admiral Toyoda.

Nach 25 Minuten erschien der Vorsitzende, Kaiser Hirohito. Die Fronten waren klar: Suzuki, Togo und Yonai waren für die Kapitulation; einzige Bedingung: die Stellung des Kaisers durfte nicht angetastet werden. Anami, Umezu und Toyoda stellten weitere Bedingungen: Japan müsse seine Kriegsverbrecher selbst aburteilen, seine Truppen selbst entwaffnen, die japanischen Hauptinseln dürften nicht besetzt werden. Es stand 3:3, keine Mehrheit, der Krieg würde weitergehen.

Kaiser will das Leiden beenden

Der greise Suzuki hatte mit dieser Situation gerechnet und sich schon am Vormittag mit dem Kaiser abgesprochen. Hirohito teilte nun seine Entscheidung mit:

„Ich billige den Plan des Außenministers. Jene, die eine letzte Schlacht hier auf unserem Boden ersehnen, möchte ich hinweisen auf den Unterschied zwischen ihren Plänen und dem, was tatsächlich geschah. Ich kann das Leiden meines unschuldigen Volkes nicht länger ertragen. Wir müssen den Krieg beenden und das alliierte Ultimatum in der vom Außenminister dargelegten Form annehmen."

Vier Stunden später, am 10. August um 7.00 Uhr, wurde die Antwort der japanischen Regierung auf das Potsdamer Ultimatum dem japanischen Botschafter in der Schweiz übermittelt. Der entscheidende Satz lautete:

„Die japanische Regierung ist bereit, die Bedingungen unter der Voraussetzung zu akzeptieren, dass die Hoheitsrechte Seiner Majestät als Souveräner Herrscher nicht beeinträchtigt werden."

In Washington stand man damit vor dem gleichen Dilemma wie vor dem Abwurf der Atombomben. Diesmal formulierte Byrnes einen Kompromiss, den die Japaner als Erhalt des Kaiserhauses interpretieren konnten: Nach erfolgter Kapitulation sollten „die Autorität des Kaisers und die Befugnis der japanischen Regierung, das Land zu verwalten, der Zustimmung des Oberbefehlshabers der alliierten Mächte unterliegen".

Die Forderung des US-Außenministers nach Unterzeichnung der Kapitulationsurkunde durch den Kaiser war nach Intervention der Briten fallengelassen worden. Die für die Japaner einigermaßen enttäuschende Antwort wurde in Tokio am 12. August, kurz vor 1.00 Uhr, über Kurzwelle aus San Francisco empfangen.

Einige Offiziere rüsten zum Putsch

Ministerpräsident Suzuki war entschlossen, die Kapitulationsbedingungen anzunehmen, während einige fanatische Offiziere sich zum Putsch rüsteten.

Am 14. August berief Hirohito sein Kabinett ein. Man befand sich in der gleichen Sackgasse wie in der Nacht vom 9. auf den 10. August, als der Kaiser erneut eingriff. Es ging darum, den Krieg zu beenden.

„Ich bitte Sie, meine Minister, die Antwort der Alliierten unverzüglich zu akzeptieren. Ich ersuche Sie, sogleich ein kaiserliches Reskript abzufassen, damit ich die Nation über Rundfunk von meiner Entscheidung in Kenntnis setzen kann. Es ist nicht von Bedeutung, was mit mir geschieht. Doch wie soll ich mich vor den Geistern meiner Ahnen verantworten, wenn die Nation unter so gewaltigen Opfern an Menschenleben in Schutt und Asche gelegt wird? Darum muss ich, und müssen Sie, das Unerträgliche ertragen."

Es kam zum Putsch; die Verschwörer, die ihren Kaiser verraten glaubten, besetzten Radio Tokio und suchten die Schallplatte mit der Ansprache des Tenno an sein Volk. Der Putsch blieb erfolglos; der Kaiser erfuhr erst am nächsten Morgen davon.

Volk hört zum ersten Mal Stimme des Tenno

Am 15. August, um 12.00 Uhr mittags, wurde die Rede des Kaisers gesendet. Zum ersten Mal hörten die Japaner die Stimme ihres Kaisers; die Sprache war altmodisch, schwülstiges Hofjapanisch, und dennoch verstand jeder, worum es ging: Japan hatte den Krieg verloren und kapitulierte. Die letzten Selbstmordflieger stürzten sich daraufhin ins Meer, vor dem Palast des Kaisers verübten Piloten der Luftwaffe und Marineoffiziere stilgerecht Harakiri – Selbstmord durch Aufschlitzen des Bauches.

Kapitulation auf Kriegsschiff unterzeichnet

Der Krieg war zwar noch nicht offiziell, aber de facto zu Ende. Am 28. August landeten die ersten Amerikaner in Japan, am 30. August war der Oberbefehlshaber der alliierten Streitkräfte, General Douglas MacArthur, am Ziel: um 14.19 Uhr betrat er japanischen Boden.

Drei Tage später unterzeichneten die Bevollmächtigten des Kaisers auf dem Schlachtschiff „Missouri", das in der Bucht von Tokio ankerte, die Kapitulationsurkunde.

Dolomiten, 11. 8. 2005

Ho Chi Minh ruft Unabhängigkeit Vietnams aus

US-Geheimdienst OSS unterstützt den Revolutionsführer – im Kalten Krieg ist die Freundschaft zu Frankreich für die USA wichtiger

Der 2. September 1945 ist ein denkwürdiges Datum in der Geschichte der USA, Japans, Vietnams und Frankreichs.

An diesem Tag, einem Sonntag, unterschrieben die Japaner auf dem amerikanischen Schlachtschiff „Missouri" in der Bucht von Tokio ihre bedingungslose Kapitulation. Am selben Tag, fast zur gleichen Stunde, proklamierte der vietnamesische Nationalist und Kommunist Ho Chi Minh auf dem Ba-Dinh-Platz in Hanoi die Unabhängigkeit seines Landes von Frankreich. Amerikanische Offiziere hatten sich auf der Ehrentribüne versammelt.

Ho Chi Minh als Thomas Jefferson

Das von Ho entworfene Dokument entsprach in Stil und Wortwahl der amerikanischen Unabhängigkeitserklärung.

Wie 1776 Thomas Jefferson dem englischen König George III. zahlreiche Vergehen vorgeworfen hatte, so wurden jetzt die Vergehen der Franzosen aufgelistet: inhumane Gesetze, ungerechte Steuern, Ausbeutung der vietnamesischen Arbeiter, Verletzung der Ideale von Humanität und Gerechtigkeit. Die Unabhängigkeitserklärung schloss mit der Erwartung, dass die siegreichen Nationen jene Prinzipien, auf die sie sich bei der Gründung der Vereinten Nationen geeinigt hatten, anwenden und folglich die Unabhängigkeit Vietnams anerkennen würden.

Gut anderthalb Jahre zuvor, im Januar 1944, hatte US-Präsident Franklin D. Roosevelt an seinen Außenminister Cordell Hull über Indochina Folgendes geschrieben:

„Frankreich hat dieses Land – 30 Millionen Menschen – fast hundert Jahre in seinem Besitz gehabt, und dem Volk geht es schlechter als zu Beginn. Frankreich hat es hundert Jahre gemolken. Das Volk Indochinas verdient etwas Besseres als das."

Bündnis mit USA während des Weltkrieges

In den letzten Kriegsmonaten gab es eine Art Bündnis zwischen den Unabhängigkeitskämpfern Ho Chi Minhs, den Vietminh, und den USA. Der amerikanische Geheimdienst, das Office of Strategic Services (OSS), Vorläufer der 1947 gegründeten CIA (Central Intelligence Agency), brauchte die Vietminh, um mit ihren Kenntnissen u. a. amerikanische Piloten zu retten und Informationen im Kampf gegen die Japaner zu sammeln.

Ein sieben Mann starkes OSS-Team mit dem Codenamen „Deer Mission“ sprang am 16. Juli 1945 mit Fallschirmen und Waffen für hundert Mann in Nordvietnam ab und stieß dort auf Ho Chi Minh, der nach Aussage eines Amerikaners „ein Haufen Knochen, überzogen mit trockener, gelber Haut“ und schwer krank war. Ho wurde vom Arzt des Teams, Paul Hoagland, gegen Malaria und Ruhr behandelt; wahrscheinlich retteten ihm die Amerikaner damals das Leben.

Freundschaft mit Amerikanern

Obwohl die Franzosen Ho den Amerikanern zuvor als „furchtlos, hinterlistig, clever, mächtig, verräterisch, rücksichtslos und tödlich“ beschrieben hatten, trafen sie hier auf einen nach eigener Aussage „furchtbar netten Kerl“, der Brooklyn-Dialekt sprach (Ho hatte 1913 in New York gearbeitet), und ernannten ihn angeblich sogar zum OSS-Agenten Nr. 19.

Der Chef der „Deer Mission“, Major Allison Kent Thomas, meldete nach Washington: „Vergesst die Kommunisten! Die Vietminh sind keine Kommunisten. Sie wollen die Freiheit und ein Ende der französischen Herrschaft.“

Hass auf Frankreich und eiserne Entschlossenheit

Am Tag vor seiner Abreise fragte Thomas Ho, ob er Kommunist sei. Ho antwortete: „Ja, aber wir können trotzdem Freunde sein.“ Gleichzeitig machte er aus seinem Hass auf Frankreich keinen Hehl und bekundete seine Entschlossenheit, für die Unabhängigkeit des Landes bis in den Tod zu kämpfen.

Am 15. August 1945 kam die Nachricht durch, dass Japan kapituliert hatte und auf der Konferenz von Potsdam beschlossen worden war, dass der Erzfeind Vietnams, China, nördlich des 16. Breitengrades, und britische Truppen südlich davon die Kapitulation und die Entwaffnung der Japaner überwachen sollten.

Einen Tag später reagierte Ho Chi Minh und bildete mit 60 Genossen das so genannte „Nationale Befreiungskomitee“ mit ihm als Präsident. Dieses Komitee war gleichbedeutend mit einer provisorischen Regierung.

Mit OSS-Offizieren zur Unabhängigkeitserklärung

Am 19. August betrat er in Begleitung von OSS-Offizieren Hanoi und übernahm die Macht. Am 2. September rief er auf dem Ba-Dinh-Platz (wo er seit 1969 in einem Mausoleum einbalsamiert zu besichtigen ist), die Unabhängigkeit Vietnams aus. Dies war mit massiver Hilfe der Amerikaner geschehen; u. a. war es Major Archimedes Patti, der von Ho beeindruckt war und ihn veranlasste, auf amerikanische Hilfe zu setzen – was bereits in der Unabhängigkeitserklärung deutlich wurde, in der Ho wörtlich Sätze aus der amerikanischen Unabhängigkeitserklärung übernahm.

Ho ließ den Chef der OSS-“Deer Mission“ wissen, er werde eine Million US-Soldaten willkommen heißen, aber keine Franzosen. In diesem Sinne schickte er in den folgenden Wochen und Monaten mehrere Telegramme an US-Präsident Truman, verbunden mit dem Angebot, den Amerikanern die Marinebasis Cam Rahn zu überlassen.

Der Rest der Geschichte ist bekannt

Washington reagierte nicht und setzte am Beginn des Kalten Krieges auf Frankreich. Die weitere Entwicklung ist bekannt: 1954 wurde Frankreich als Kolonialmacht bei Dien Bien Phu geschlagen, und am Ende wurde Vietnam zum ersten verlorenen Krieg für die USA – mit Millionen Toten. Und Cam Rahn wurde in der Tat die größte amerikanische Marinebasis in Vietnam, allerdings nicht so, wie es Ho Chi Minh angeboten hatte.

Dolomiten, 6. 9. 2005

Wie der Westblock entstand

Vor sechzig Jahren stellte der amerikanische Außenminister George Marshall der Öffentlichkeit seinen berühmten Plan zur Sanierung Westeuropas vor.

Am 5. Juni 1947 hielt der amerikanische Außenminister George Marshall an der Universität Harvard jene inzwischen berühmt gewordene Rede, die zum Ausgangspunkt des später sogenannten Marshallplans wurde, der wiederum zur großen „Erfolgsstory" der amerikanischen Nachkriegspolitik geriet: Die USA boten Europa umfassende Hilfe an. Marshall sagte: „Unsere Politik richtet sich nicht gegen irgendein Land oder irgendeine Doktrin, sondern gegen Hunger, Armut, Verzweiflung und Chaos. Ihr Zweck ist die Wiederbelebung einer funktionierenden Weltwirtschaft." Er machte aber gleichzeitig klar, dass Amerika von sich aus kein Programm zur wirtschaftlichen Wiederaufrichtung Europas entwerfen würde. Das, so Marshall, „ist Sache der Europäer selbst. Die Initiative muss von Europa ausgehen."

Diplomatische Kämpfe

Zur Beratung über das Hilfsangebot Marshalls trafen die Außenminister Großbritanniens, Frankreichs und der Sowjetunion – Ernest Bevin, Georges Bidault und Wjatscheslaw Molotow – Ende Juni 1947 in Paris zusammen. Molotow ging mit einer Mischung aus Misstrauen und Hoffnung in die Verhandlungen. Die inzwischen bekannt gewordenen Instruktionen des Kreml machen deutlich, worum es gehen sollte: Informationen über das Programm zu bekommen, die Höhe möglicher Kredite, usw. Auf keinen Fall sollte ein Plan angenommen werden, der die osteuropäischen Staaten auf ihre traditionelle Rolle reduzieren würde, Rohstoffe für Westeuropa zur Verfügung zu stellen.

Briten und Franzosen hatten jedoch andere Vorstellungen von der Organisation des Programms. Sowjetische Historiker sprechen in diesem Zusammenhang von einem „Doppelspiel". Bevin und sein französischer Kollege Bidault hätten bereits im Vorfeld alles entschieden und die Konferenz nur dazu benutzen wollen, um die Nichtteilnahme der Sowjetunion zu erreichen. In der Sitzung vom 30. Juni betonte Molotow, dass es nicht Aufgabe der Konferenz sei, ein „ganz Europa umfassendes Programm" zu entwerfen. An Stalin telegraphierte er: „Da unsere Auffassung grundsätzlich von jener der

Briten und Franzosen abweicht, rechnen wir nicht mit irgendwelchen gemeinsamen Entscheidungen.“

Das Pariser Treffen am 2. Juli endete mit dem Auszug Molotows, während Außenminister Bevin seinem Privatsekretär zuflüsterte: „Dies ist die Geburtsstunde des Westblocks“. Mit Molotows Nein war genau das eingetreten, was zumindest die Briten erhofft hatten – und was, wie der sowjetische Historiker Mikhail Narinsky meint, „ein schwerer diplomatischer Fehler“ der sowjetischen Führung war. In der Rückschau sind sich die Historiker einig, dass diese ergebnislose Konferenz der entscheidende Wendepunkt in den Ost-West-Beziehungen war. Der – wenn auch nur schwache – Versuch, die Zusammenarbeit innerhalb der Anti-Hitler-Koalition auch nach dem Ende des Krieges fortzusetzen, war gescheitert. Der Marshallplan aber wurde zu einem der erfolgreichsten Unternehmen, das die Amerikaner jemals in Angriff genommen haben.

Im Rahmen dieses Programms, das offiziell „European Recovery Program“ (ERP), Europäisches Wiederaufbauprogramm, hieß, stellten die USA von 1948 bis 1952 16 europäischen Ländern insgesamt etwa 13 Milliarden Dollar zur Verfügung (nach heutigem Wert etwa 100 Milliarden Dollar).

USA als Erfolgsmodell

Dieser Plan war die Antwort auf viele Probleme. Er verminderte das eklatante europäische Zahlungsbilanzdefizit; er versprach die Restauration traditioneller Ordnungsverhältnisse in Frankreich und Italien und sollte die apathischen Westdeutschen für sich gewinnen und Österreich auf Westkurs halten. Der Plan sollte auch zeigen, dass die amerikanische Wirtschaft als Erfolgsmodell dienen könnte, wenn die Europäer nur endlich ihre ideologischen Streitereien hinter sich lassen und ihre Volkswirtschaften integrieren würden. Vertrauen in den technischen Fortschritt, Anerkennung der Produktivkraft der amerikanischen Wirtschaft, Glaube an die klassenübergreifende Zusammenarbeit, Großzügigkeit und Sinn für das Machbare waren seine Grundpfeiler.

Mit diesem Plan erweiterten die USA aber auch ihren wirtschaftlichen, politischen, militärischen und kulturellen Einfluss in Europa. Der Plan wurde dadurch zum entscheidenden Instrument im Kalten Krieg, wobei die drei Westzonen Deutschlands eine entscheidende Rolle spielten. Deutschland war der Schlüssel für vieles. Der amerikanische Botschafter in Moskau brachte das damals auf die einfache Formel: „Es geht um die Zukunft Deutschlands und damit um die Zukunft Europas.“

Dabei ging es auch um die Zukunft Österreichs. Welch enorme strategische Bedeutung Österreich damals in der Auseinandersetzung zwischen Ost und West für die USA hatte, wird erst deutlich, wenn man die Zahlen vergleicht: Westdeutschland erhielt 1,4 Milliarden Dollar, Österreich 962 Millionen Dollar.

Lange Zeit hatte Österreich für die USA keine große Bedeutung gehabt. Mit Deutschland verglichen, war das Land nicht besonders wichtig gewesen. So hatte Präsident Franklin D. Roosevelt erst im Dezember 1944 einer US-Besatzungszone in Österreich zugestimmt – und zwar eher widerwillig.

Die Dinge änderten sich schnell. Schon bald gab es erste Anzeichen des Kalten Krieges. Bereits Anfang Mai 1945 hatte das State Department eine neue Sicht der Dinge gewonnen. Jetzt war Österreich „das strategische Zentrum, um das es einen politischen Kampf geben wird". Im Mai 1947 hieß es in einer Richtlinie für den amerikanischen Hochkommissar in Wien, General Geoffrey Keyes: „Österreich ist für diese Regierung auch weiterhin von größter politischer und strategischer Bedeutung. Sie kann nicht zulassen, dass dieses entscheidende Gebiet („key area") unter ausschließlich sowjetischen Einfluss gerät, denn das würde nicht nur die sowjetische Herrschaft im Donauraum und auf dem Balkan zementieren, sondern auch unsere Position in Italien, Deutschland und der Tschechoslowakei beeinträchtigen. Diese Regierung wird daher auch weiter auf jede nur mögliche Art und Weise jede Regierung in Österreich unterstützen, die einen unabhängigen oder neutralen Kurs verfolgt."

Die Österreicher sollten daran gehindert werden, so hieß es in einer britischen Stellungnahme zwei Jahre später, „sich dem sowjetischen Vergewaltiger hinzugeben". Diesem Ziel entsprechend wurden die ERP-Mittel eingesetzt.

Funktionieren des Plans

Österreichische Unternehmer bezahlten die Waren in Schilling, die auf ein „Gegenwertkonto" (Counterpart) eingezahlt wurden. Mit diesem Geld wurden zu zinsgünstigen Konditionen Investitionen ermöglicht – vor allem in der Industrie, aber auch zur Fertigstellung von Projekten (etwa das Kraftwerk Kaprun). Der größte Teil der Hilfe ging an die Westzonen; auf die russische Zone – Wien, Niederösterreich und Burgenland – entfielen bei 46 Prozent der Arbeitnehmer nur rund 17 Prozent der Marshallplan-Hilfe.

Die Hilfsleistungen des Marshallplans machten tiefen Eindruck auf die Österreicher und auf ihre politischen Repräsentanten, von den Kommunisten abgesehen. Die Dankesworte der Politiker entsprangen nicht nur politischem Kalkül, sondern auch einem ehrlichen Gefühl. Die USA wurden von den österreichischen Politikern zunehmend als Garant der Freiheit und wirtschaftlichen Stabilität gesehen, Amerika und die Amerikaner wurden für viele zum Vorbild.

Österreich bekam die Güter der Marshallplanhilfe geschenkt, bildete aber auch in anderer Hinsicht eine Ausnahme: Es war das einzige Land, in dem sowjetische Besatzungstruppen standen und das trotzdem als Ganzes Marshallplangelder erhielt. Seine Haltung hinsichtlich der Teilnahme am Marshallplan war allerdings keineswegs so eindeutig, wie es im Rückblick erscheint. Österreich hatte zwar – anders als Deutschland – eine aus freien Wahlen hervorgegangene und von allen vier Besatzungsmächten anerkannte Regierung, deren Exekutivgewalt sich auf das gesamte Bundesgebiet erstreckte, es war aber kein souveräner Staat. Die oberste Autorität lag nach wie vor beim Alliierten Rat. Durch Moskaus Ablehnung des Marshallplans wurde die Wiener Regierung zu einer Entscheidung gedrängt, die zugleich als Votum für oder gegen die USA bzw. die Sowjetunion interpretiert werden konnte. Dennoch gab es keinerlei Zweifel über die Entscheidung für die Teilnahme. Führende Politiker der Sozialistischen Partei, allen voran ihr Vorsitzender Adolf Schärf, wiesen allerdings überall auf die besondere Lage Österreichs hin, die politische und wirtschaftliche Neutralität gegenüber den Blöcken erfordere, wobei die Amerikaner damals von einer Neutralität Österreichs überhaupt nichts wissen wollten.

Kommunistischer Protest

Wie in allen europäischen Ländern lehnten auch in Österreich die Kommunisten den Plan ab; sie waren hier besonders unglaubwürdig, denn ihre Reaktion stand in sichtbarem Gegensatz zum Verhalten der russischen Besatzungsmacht. Es war nicht überzeugend, den Marshallplan, der Geld und Brot brachte, als „Werk zur Versklavung und Kolonisierung Österreichs" zu brandmarken, gleichzeitig aber das Vorgehen der russischen Besatzungsmacht zu tolerieren, die jede Gelegenheit nutzte, wirtschaftliche Vorteile auch mit völkerrechtlich fragwürdigen Methoden zu erreichen.

Die Sowjetunion protestierte offiziell gegen die Teilnahme Österreichs; dieser Protest blieb aber wirkungslos, da die Bundesregierung ein Abkommen mit einer der vier Besatzungsmächte nicht dem Alliierten Rat vorlegen, sondern diesem erst nach Vertragsabschluss zur Kenntnis bringen musste. Innerhalb von 31 Tagen konnte das Abkommen dann vom Alliierten Rat einstimmig abgelehnt werden, ansonsten trat es automatisch in Kraft. Die Einstimmigkeit kam natürlich nicht zustande. In Österreich rätselte man darüber, ob die Sowjets mit entsprechenden Gegenmaßnahmen antworten würden, etwa einer Teilung Österreichs oder einer Blockade Wiens. In Washington war man allerdings der – wie wir heute wissen – richtigen Meinung, dass die Sowjets die Teilung Österreichs nicht wollten. Auch nahm man an, die traditionelle Position Österreichs als finanzielles, geschäftliches und verkehrsmäßiges Mittlerland zwischen Ost und West sei auch für die Sowjets wichtig; überdies war es für sie bei freiem Verkehr von Personen und Gütern zwischen den Zonen leichter, zu Schwarzmarktvaluten zu kommen.

Die Sowjets profitierten denn auch von der Marshallplanhilfe, da bestimmte, für die gesamtösterreichische Wirtschaft benötigte Güter, auch in ihre Zone kamen und sie

über normale Handelskanäle von privaten Firmen Marshallplangüter erwerben konnten, um sie bei Bedarf und unter Umgehung der österreichischen Ausfuhrkontrolle in den Osten zu exportieren. Um dies zu verhindern, gab es auf amerikanischer Seite ein System von Exportkontrollen für strategische Güter – eine Maßnahme, die nicht nur Österreich, sondern alle Marshallplan-Länder betraf.

Die Gewerkschaften

Wie in den übrigen 15 Ländern war auch in Österreich die Zustimmung der Gewerkschaften fast eine Voraussetzung für die Annahme des Marshallplans. Die sozialistischen Gewerkschafter waren als Mehrheit die allein ausschlaggebende Kraft im Österreichischen Gewerkschaftsbund, und sie unterstützten den Plan fast bedingungslos, und zwar aus mehreren Gründen: 1. die sozialistischen Gewerkschafter waren antikommunistisch ausgerichtet. 2. Es bestand eine Große Koalition zwischen SPÖ und ÖVP. 3. Die Gewerkschafter waren überzeugt, dass der Wiederaufbau Österreichs ohne Marshallplanhilfe nicht zu schaffen sei. 4. Der Lebensstandard des amerikanischen Arbeiters war Vorbild dessen, was es zu erreichen galt. 5. Es wurde erwartet, dass der Marshallplan die Gewähr für einen geordneten Wiederaufbau biete. 6. Gewerkschaftsvertreter wollten in die Verwaltung, Planung und Durchführung des

Marshallplanes in Österreich miteinbezogen werden, damit ein Einfluss der Gewerkschaften gesichert wäre. Politisch-ideologische Gewissenskonflikte wurden entschärft, indem man den amerikanischen Kapitalismus zum „Sozialismus amerikanischer Prägung“ erklärte.

Zusammenfassend bleibt festzuhalten: Österreich hat vom Marshallplan gewaltig profitiert. Von dessen erfolgreicher Durchführung ging eine Vorbildwirkung auf die österreichische Wirtschaftsentwicklung aus – mit Auswirkungen bis auf den heutigen Tag. Der Wiederaufbau einer leistungsfähigen Wirtschaft wurde wesentlich beschleunigt, wobei Gelder in großem Umfang auch für humanitäre Zwecke (Nahrungsmittelversorgung der Bevölkerung) ausgegeben wurden.

Selbst wenn die amerikanische Marshallplanverwaltung auf manchmal omnipotente Weise in das wirtschaftliche und politische Geschehen eingriff, entstand dadurch doch keine langfristige Abhängigkeit. Die Freigabe der Mittel war vom amerikanischen Verständnis eines ökonomisch sinnvollen Einsatzes solcher Gelder bestimmt und nicht von der Absicht, eine möglichst lang anhaltende Abhängigkeit der österreichischen Wirtschaft zu erreichen. Primär ökonomische, nicht politische Erwägungen bestimmten die Freigabe der Mittel – allerdings auch mit einem politischen Ergebnis: Das Land wurde in seiner Ausrichtung nach Westen gestärkt. Nur so wurden 1955 Staatsvertrag und Neutralität überhaupt erst möglich.

Ein weiteres, folgenreiches Ergebnis des Marshallplans war die Popularisierung amerikanischen Lebensstils und amerikanischer Kultur in Österreich.

Was viele nicht wissen: Der Marshallplan lebt weiter. Die USA übergaben 1962 das Gegenwertkonto in die Verfügungsgewalt der Republik Österreich, die aus diesem ERP-Fonds seither zinsgünstige Kredite zur Realisierung wirtschaftlicher Investitionsvorhaben und strukturverbessernder Maßnahmen vergibt. 60 Jahre nach der Rede von Außenminister Marshall verfügt der Fonds über ein Vermögen von immerhin 2,8 Milliarden Euro.

Wiener Zeitung, 2. 6. 2007

Der ungarische Volksaufstand

„Unsere Truppen stehen im Kampf“

Am 4. November 1956, um 5.19 Uhr, unterbrach der Sender Budapest mit folgender Ankündigung sein Programm:

„Achtung! Achtung! Achtung! Ministerpräsident Nagy wendet sich jetzt an das ungarische Volk.“

Dann meldete sich Imre Nagy mit den Worten:

„Hier spricht Ministerpräsident Imre Nagy. Sowjetische Truppen haben im Morgengrauen zu einem Angriff auf unsere Hauptstadt angesetzt, mit der eindeutigen Absicht, die gesetzmäßige demokratische Regierung der Ungarischen Volksrepublik zu stürzen. Unsere Truppen stehen im Kampf. Die Regierung ist auf ihrem Platz. Ich bringe diese Tatsache unserem Land und der ganzen Welt zur Kenntnis.“

Nach dem Abspielen der ungarischen Nationalhymne wurde die Erklärung Nagys im Abstand von zwei Minuten mehrfach auf englisch, französisch, deutsch und russisch wiederholt. Wenige Stunden zuvor waren 200.000 Rotarmisten mit 5.500 Panzern zum Angriff gegen Ungarn und seine Hauptstadt angetreten. Das Ziel war die Zerschlagung einer Regierung, die mit ihrer Politik offensichtlich zu katastrophalen Konsequenzen für die sowjetische Kontrolle Osteuropas geführt hätte. Zumindest war das Moskaus Befürchtung.

„Bester Schüler Stalins“

Wie alle Länder hinter dem Eisernen Vorhang hatte Stalin nach 1945 auch Ungarn seinen Stempel aufgedrückt und das Land in eine kommunistische Diktatur verwandelt. Helfershelfer war Mátyás S. Rakosy, der sich selbst als „besten Schüler Stalins“ bezeichnete. Während seiner Herrschaft bis zum Tode Stalins im März 1953 wurden mehr als 2.000 Ungarn exekutiert und zwischen 100.000 und 200.000 inhaftiert.

In der Unsicherheit der Stalin-Nachfolge entfaltete die neue sowjetische Führung schon wenige Tage nach dem Tod des Diktators eine bemerkenswerte Aktivität. Es begann jene „Tauwetterperiode“, die im Westen allerdings nur als taktisches Manöver zur Machtkonsolidierung, nicht aber als grundsätzliche Änderung des außenpolitischen Kurses der neuen Kremlführung gewertet wurde. Immerhin wurde Rakosy abgelöst und durch den moderaten Kommunisten Imre Nagy ersetzt. Nagy war ein liberaler Kommunist, der zunächst versuchte, den Lebensstandard zu erhöhen. Rakosy war zwar nicht mehr Regierungschef, spielte aber nach wie vor eine wichtige Rolle im Hintergrund – als Erster Sekretär der Kommunistischen Partei.

Im Frühjahr 1955 musste Nagy zurücktreten, Rakosy und seine Gruppe übernahmen erneut die Macht und konnten sie bis zum XX. Parteitag der KPdSU im Februar 1956 halten. Auf diesem Parteitag rechnete der neue starke Mann der Sowjetunion, Nikita Chruschtschow, mit Stalin und dem Stalinismus ab. Der amerikanische Außenminister John Foster Dulles nannte die Rede „die schlimmste Verurteilung eines despotischen Regimes durch einen Despoten". Was Chruschtschow wohl nicht vorausgesehen und wohl auch nicht beabsichtigt hatte: Seine Rede führte innerhalb der kommunistischen Parteien in Osteuropa zu schweren Erschütterungen. Im Gefolge der Entstalinisierung kam es zunächst im Juni in Polen zum Aufstand der Arbeiter. Und dann kam Ungarn.

Es begann am 23. Oktober

Es begann am 23. Oktober, als Studenten der Technischen Universität Budapest eine Demonstration aus Solidarität mit den polnischen Arbeitern durchführten. Erkennbar ging es um eine Demonstration gegen die Herrschaft der kommunistischen Partei, der sich schon sehr bald Tausende anschlossen. Am Abend versammelten sich etwa 250.000 Menschen, die den Abzug aller Sowjettruppen forderten, die Abschaffung des Russischunterrichts, Pressefreiheit, Streikrecht für die Arbeiter, freie und geheime Wahlen und vor allen Dingen Imre Nagy als neuen Regierungschef. Am Rundfunkhaus wurde die Veröffentlichung dieser Parolen gefordert; als dies nicht gestattet wurde, wurde das Gebäude gestürmt. Dabei eröffnete der Geheimdienst das Feuer und tötete mehrere Studenten.

Aus einer friedlichen Demonstration war endgültig ein bewaffneter Aufstand gegen das kommunistische Regime geworden. In den Morgenstunden des 24. Oktober wurden das Rundfunkgebäude und mehrere Zeitungshäuser besetzt, während erstmals sowjetische Panzer in Budapest auftauchten, über das der Ausnahmezustand verhängt worden war. Noch am selben Tag wurde Imre Nagy zum Ministerpräsidenten ernannt; er konnte allerdings nicht verhindern, dass am nächsten Tag vor dem Parlamentsgebäude die Geheimpolizei ein Blutbad anrichtete und über 100 Menschen tötete. Inzwischen hatten die Demonstranten auch das 30 Meter hohe Stalindenkmal gestürmt, den Kopf abgeschlagen und durch die Straßen geschleift.

Zur Schlüsselfigur wurde dann Oberst Maleta, der sich mit seinen Truppen auf die Seite der Aufständischen gegen die Sowjets stellte mit der Parole: „Ungarn schießen nicht auf Ungarn.“ Am 27. Oktober flauten die Kämpfe ab, nachdem Nagy eine neue Regierung gebildet hatte – unter Beteiligung bürgerlicher Politiker. Mit den ersten Maßnahmen erfüllte diese Regierung maßgebliche Forderungen der Aufständischen: sofortige Feuereinstellung, Amnestie für die Hauptbeteiligten, Auflösung der verhassten Staatssicherheit, Abzug der sowjetischen Streitkräfte aus Ungarn.

In den frühen Morgenstunden des 30. Oktober erklärte Maleta – inzwischen Verteidigungsminister –, er habe den sowjetischen Oberkommandierenden um den sofortigen Abzug der sowjetischen Truppen aus dem Stadtgebiet von Budapest ersucht, und fuhr dann fort: „Nach der erfolgten Zustimmung des Oberbefehlshabers werden die sowjetischen Truppen am 30. Oktober, 16.00 Uhr, mit ihrem Abzug beginnen.“ Bis zum Morgen des 31. Oktober sollte der Abzug planmäßig abgeschlossen sein.

Einparteienherrschaft abgeschafft

Am selben Tag gab Nagy die Abschaffung der Einparteienherrschaft und die Wiederherstellung einer demokratischen Regierungsform bekannt. Das sozialistische Wirtschaftssystem sollte aber beibehalten werden. Gleichzeitig wurden politische Häftlinge befreit, unter anderem Kardinal Jószef Mindszenty, der im Februar 1949 in einem Schauprozess zu lebenslanger Haft verurteilt worden war. Er war inzwischen zu einer Symbolfigur des antikommunistischen Widerstands geworden und wandte sich am 3. November, einen Tag vor der sowjetischen Militärintervention, im Rundfunk an seine Landsleute. Er rief sie zu Ruhe und Besonnenheit auf und meinte dann:

„Wir, eine kleine Nation, möchten sowohl mit den Vereinigten Staaten von Amerika als auch mit dem mächtigen russischen Reich in Freundschaft und gegenseitiger Achtung leben. […] Unsere gesamte Lage und unsere Zukunft werden im Augenblick durch die Frage bestimmt, was das 200-Millionen-Reich der Sowjets mit seiner militärischen Gewalt innerhalb unserer Grenzen zu tun beabsichtigt. […] Wir sind neutral, wir geben dem Russischen Reich keinen Anlass zum Blutvergießen.“

Drei Tage vorher hatte Nagy allerdings in einem Schreiben an die UNO der Welt mitgeteilt,

„dass die ungarische Regierung die Sowjetbotschaft in Budapest von der Tatsache in Kenntnis gesetzt hat, dass […] der Warschauer Pakt gekündigt und die Neutralität Ungarns erklärt und die Vereinten Nationen gebeten wurden, die Neutralität des Landes zu garantieren“.

Die öffentliche Ankündigung der Absichten Ungarns war in dieser unglaublich gespannten Situation aber zumindest naiv und hat höchstwahrscheinlich in Moskau zur Entscheidung geführt, militärisch einzugreifen. Aus neuen Dokumenten wissen wir inzwischen auch, dass Chinas Mao Tse-tung auf eine Intervention gedrängt hat unter Hinweis auf die nicht abzusehenden Auswirkungen auf das kommunistische Lager insgesamt.

Gegenregierung gebildet

Die Ungarn kämpften heroisch, aber es war ein aussichtsloser Kampf, der am 15. November zu Ende war. Während die Sowjets auf Budapest vorrückten, bildeten sie mit János Kádár in der ostungarischen Stadt Szolnok eine kommunistische Gegenregierung. In einer Rundfunkansprache teilte Kádár mit, seine Regierung, an der nur Kommunisten beteiligt waren, habe die Sowjetunion um Hilfe ersucht, „die dunklen reaktionären Kräfte zu vernichten und Ruhe und Ordnung im Lande wiederherzustellen". Später hat sich die Sowjetunion zur Rechtfertigung ihrer Intervention immer wieder auf diesen so genannten Hilferuf der Kádár-Regierung berufen.

Hat der Westen damals versagt? Als sowjetische Truppen den Angriff auf Budapest begannen und in den Straßen der ungarischen Hauptstadt gekämpft wurde, rechneten viele Ungarn, die den amerikanischen Sender „Radio Free Europe" gehört hatten, damit, dass der Westen ihnen militärisch zu Hilfe kommen würde. Aber von den USA kam keine Hilfe. Washington war nicht bereit, einen Nuklearkrieg mit der Sowjetunion zu riskieren, und beschränkte sich auf einen scharfen Protest im Kreml. Die „New York Times" nannte die Dinge beim Namen. Sie warf der Sowjetunion den „gemeinsten Verrat und die niederträchtigste Hinterlist seit Menschengedenken" vor und verurteilte die Invasion Budapests als „monströses Verbrechen am ungarischen Volk", das „niemals verziehen werden kann". Das half den Ungarn allerdings nicht.

Fast zeitgleich mit der Niederschlagung des ungarischen Volksaufstandes gab es die Suezkrise, in deren Verlauf die Sowjets mit ihrem Raketenrasseln gegen Großbritannien, Frankreich und Israel von Ungarn ablenken wollten. Der sowjetische Regierungschef Bulganin warnte Eisenhower, die Kämpfe im Nahen Osten könnten zu einem Weltkrieg führen, und schlug vor, gemeinsam mit den USA militärisch einzuschreiten. Eisenhower wies den sowjetischen Vorschlag verärgert zurück; das sei für ihn „undenkbar". Immerhin ging man mit den Sowjets im UN-Sicherheitsrat zusammen, um in einer Resolution gegen Briten, Franzosen und Israelis die Kämpfe am Suezkanal zu beenden. Das löste allerdings Kritik gegenüber den Amerikanern aus, weil sie zu einem Zeitpunkt mit den Sowjets zusammengingen, als diese den Aufstand in Ungarn blutig niederschlugen. In jedem Fall war das das Ende der gemeinsamen Aktion.

Tausende Todesopfer

Am Ende gab es in Ungarn Tausende von Toten. Die von Kádár zugesicherte Amnestie wurde nicht eingehalten: Nagy wurde 1958 hingerichtet, nach der politischen Wende 1989 offiziell rehabilitiert. Kardinal Mindszenty hatte mit Zustimmung Präsident Eisenhowers Asyl in der amerikanischen Botschaft in Budapest gefunden – bis 1971. Danach lebte er in Wien im Exil, wo er 1975 starb. Auch er wurde posthum rehabilitiert, und die Urteile gegen ihn wurden aufgehoben.

Dolomiten, 4./5. 11. 2006
Wiener Zeitung, 21. 10. 2006

Dien Bien Phu bleibt unvergessen

USA und Großbritannien lassen Kolonialmacht Frankreich in Entscheidungsschlacht allein

In Dien Bien Phu, einem unscheinbaren Ort im Nordwesten Nordvietnams an der Grenze zu Laos, umgeben von Hügeln, wollte Frankreich 1954 die Entscheidungsschlacht in dem seit 1946 tobenden Indochinakrieg gegen die Vietminh führen. Oberbefehlshaber war Colonel Christian Marie Ferdinand de La Croix de Castries. Die Operation „Castor" begann Ende November 1953, als die ersten 2200 Soldaten mit Fallschirmen absprangen (für die meisten war dies der erste Absprung überhaupt). Es wurden weiträumige Außenposten errichtet: Béatrice, Gabrielle, Anne-Marie, Dominique, Huguette, Françoise, Elaine und Isabelle (angeblich die Namen der Geliebten von de Castries).

In Dien Bien Phu lieferte General Giap sein Meisterstück – mit chinesischer Hilfe. Er brachte Artillerie in Stellung, was die Franzosen für unmöglich gehalten hatten. Auf

deren Flugblättern hieß es: „Worauf wartet ihr? Warum greift ihr nicht an, wenn ihr keine Feiglinge seid? Wir warten auf euch.“

Am 13. März 1954 begann der Angriff. Giap hatte zu diesem Zeitpunkt etwa 50.000 Mann Kampftruppen herangeführt mit 23.000 Mann Hilfstruppen und weiteren 23.000 Soldaten, die die Hauptverbindungslinie zur chinesischen Grenze offen hielten. Die Franzosen hatten etwa 11.000 Soldaten im Tal, darunter viele Fremdenlegionäre; ein Drittel der Truppe waren Vietnamesen.

Gebet für Franzosen gegen die Atheisten

Nach schweren Kämpfen fielen die Außenposten Béstrice und Gabrielle. Dien Bien Phu beherrschte die Schlagzeilen der Weltpresse. In den USA beteten Schulkinder für den Sieg der Franzosen gegen die Atheisten. Am 20. März war der französische Generalstabschef Paul Ely in Washington und bat um Hilfe. Würden die USA eingreifen?

Der Vorsitzende der Vereinigten Stabschefs, Admiral Arthur Radford, war dazu bereit und wollte in der Operation „Vulture“ 60 B-29-Bomber, Jagdflugzeuge der 7. US-Flotte und sogar taktische Atombomben einsetzen. Nathan Twining, der Chef der Luftwaffe, stimmte zu, während der Chef der Armee, General Matthew Ridgway, anderer

Meinung war. Er erinnerte an Korea. Seiner Meinung nach brauchte man Bodentruppen, und zwar sieben Divisionen plus Atombomben; zwölf Divisionen, falls China eingreifen sollte. Das war für ihn ein „falscher Krieg am falschen Platz". Die übrigen Stabschefs sahen das ähnlich: „In Indochina gibt es keine entscheidenden militärischen Ziele; das Engagement wäre eine schwer wiegende Verzettelung des amerikanischen Potentials."

USA zu Intervention nur mit Großbritannien bereit

Präsident Eisenhower wollte, wenn überhaupt, zunächst die Zustimmung des Kongresses und Großbritanniens. Nur bei einer „united action" mit London wäre er möglicherweise bereit gewesen, über eine Intervention nachzudenken. Die britische Regierung lehnte jedoch am 25. April 1954 ab. Außenminister Anthony Eden telegraphierte an Außenminister Dulles: „Niemand von uns in London glaubt, dass eine Intervention in Indochina irgendetwas bringt."

Und Premierminister Churchill fasste die Stimmung in London so zusammen: „Es ist nicht ratsam, Truppen einzusetzen, um die Lage im Dschungel in die Hand zu bekommen. Außerdem begreife ich nicht, warum wir für Frankreich in Indochina kämpfen sollten, wenn wir selber Indien aufgegeben haben. Ich hätte mit dem größten Vergnügen für England um Indien gekämpft. Malaysia kann, denke ich, auch gehalten werden, wenn Indochina verloren geht."

Franzosen kapitulieren am 7. Mai 1954

Am 7. Mai 1954 kapitulierten die Franzosen in Dien Bien Phu. Der Kampf hatte 56 Tage gedauert. 8.000 Gefangene wurden auf einen 800 Kilometer langen Marsch in die Gefangenenlager geschickt; nur etwa die Hälfte überlebte. In Paris verkündete Ministerpräsident Joseph Lanie, schwarz gekleidet, die Nachricht in der Nationalversammlung.

Dolomiten, 8./9. 5. 2004

April 1961: Desaster in der Schweinebucht

Zwischen Kuba, jener Insel, die nur 150 Kilometer vor Florida liegt, und den USA hatte es immer besondere Beziehungen gegeben. Seit der „Befreiung" im amerikanisch-spanischen Krieg 1898 war Kuba in völlige Abhängigkeit von den USA geraten, die dort in den folgenden Jahren mehrmals militärisch intervenierten, um ihre Investitionen zu schützen. Am Ende des Zweiten Weltkrieges kontrollierten sie 80% der kubanischen Wirtschaft, 40% der Zuckerindustrie, 90% der Förderung von Rohstoffen. Das kubanische Leben wurde von Washington aus kontrolliert. Earl Smith,1957- 1959 US-Botschafter in Havanna, meinte 1960 bei einer Anhörung des Senats in Washington, dass der amerikanische Botschafter der zweitwichtigste Mann in Kuba gewesen sei, manchmal sogar wichtiger als der Präsident.

Präsident war von 1940-1949 und wieder seit 1952 – nach einem Militärputsch – Fulgencio Batista. Seine einzige Stütze war die Armee, die von den USA ausgerüstet wurde. Als Mitte der Fünfziger erkennbar wurde, dass Batista mehr und mehr zu einem sich selbst bereichernden und korrupten Diktator wurde, ließen die USA ihn fallen. Wenig später war alles zu Ende. Nach einem Generalstreik flüchtete Batista Neujahr 1959, eine Woche später, am 8. Januar, zogen die Rebellen um Fidel Castro und Ernesto „Che" Guevara in Havanna ein und wurden dort von einer großen Menschenmenge bejubelt.

Castro bildete eine Revolutionsregierung, der auch liberale Minister angehörten. Anfangs genoss der „Maximo Lider" sogar in der amerikanischen Öffentlichkeit ein gewisses Ansehen; für viele war er eine romantische Figur. Man erwartete von ihm, dass er die bürgerlichen Rechte wieder einführen, dabei allerdings amerikanische Besitzrechte nicht antasten würde. Die ersten Zweifel kamen in Washington auf, als Castro eine Agrar- und Sozialreform durchführte und amerikanische Gesellschaften besteuerte. Der Chef des amerikanischen Geheimdienstes CIA, Allen W. Dulles, meinte zu Präsident Eisenhower: „Kommunisten und andere extreme Radikale haben offensichtlich die Castro-Regierung unterwandert." Die ersten entschädigungslosen Enteignungen amerikanischen Grundbesitzes im Sommer 1959 schienen diese Einschätzung zu bestätigen.

In gleichem Maße wie das Misstrauen in Washington stieg, wuchs in Moskau das Interesse an Kuba. Wirtschaftsminister Che Guevara und Verteidigungsminister Raoul Castro – ein Bruder Fidels – waren Kommunisten; hier konnten sich interessante Möglichkeiten ergeben, um Kuba als Ausgangspunkt für marxistische Befreiungsbewegungen in Lateinamerika zu benutzen. Am 4. Februar 1960 unterzeichnete Chruschtschows Stellvertreter Anastas Mikojan auf Kuba ein sowjetisch-kubanisches Handelsabkommen. Chruschtschow erklärte die Monroe-Doktrin – „Amerika den Amerikanern“ – für tot.

Im Mai 1960 nahm Kuba offiziell diplomatische Beziehungen zur Sowjetunion auf. Die USA reagierten mit einem Handelsembargo, stoppten den Import von kubanischem Zucker – Kubas einzigem Exportgut – und die Lieferung von Öl. Moskau sprang ein, verpflichtete sich zum Kauf von 700.000 Tonnen Zucker jährlich bis hin zur gesamten Zuckerernte Kubas; sowjetische Tanker brachten Öl nach Kuba. Als die Firmen Shell, Esso und Texaco sich weigerten, dieses Öl zu raffinieren, verstaatlichte Castro deren Raffinerien. Bis Oktober 1960 wurde dann der gesamte amerikanische Besitz auf der Insel in Höhe von etwa 850 Millionen Dollar entschädigungslos enteignet. Am 2. Januar 1961 brachen die USA die diplomatischen Beziehungen ab. Aus dem „Hinterhof “ der USA war ein Vorposten des Kreml geworden, für Washington eine unerträgliche Situation.

Bereits am 17. März 1960 hatte Eisenhower die CIA-Operation „ZAPATA“ – benannt nach der Halbinsel auf Kuba (mit der Schweinebucht) – für eine Invasion Kubas gebilligt. Die CIA bildete dafür in Guatemala Exilkubaner aus und war davon überzeugt, dass bei einer Landung ein Aufstand der Bevölkerung gegen Castro beginnen werde. Am 19. Januar 1961 – einen Tag vor der Amtseinführung des neuen Präsidenten John F. Kennedy – unterrichtete Eisenhower seinen Nachfolger über die geheimen Pläne.

Allen Dulles drängte Ende Jänner auf eine rasche Umsetzung. Vorgesehen war die Eroberung eines Strandabschnitts an der Südküste Kubas. B-26-Bomber sollten dort zuvor die Luftherrschaft gewinnen und die Nachschub- und Operationswege der Kubaner zerstören. Eine in Miami gebildete Exilregierung sollte dann eingeflogen werden und die USA offiziell um Hilfe bitten. Würde man weiter zögern, so Dulles, könnte sich Castro immer besser gegen eine Invasion und einen Aufstand im Innern vorbereiten. Kennedy war skeptisch und ließ den Plan den Militärs zur Prüfung vorlegen, die von einer „fairen Erfolgschance“ („fair chance of success“) sprachen. Im Verständnis der Militärs bedeutete das „weniger als 50%“ – was Kennedy allerdings verschwiegen wurde.

Der stand vor einer schwierigen Entscheidung: Würde er das Unternehmen abblasen, würde er als „appeaser“ dastehen, der eine bereits von Eisenhower genehmigte Invasion abgelehnt hätte. Würde er auf der anderen Seite einer groß angelegten Operation zustimmen, würde dies zu massiven Protesten in Lateinamerika, Europa und Asien führen, und die neue Administration wäre mit einem Schlag diskreditiert. Andererseits faszinierte ihn der Gedanke, das Castro-Regime zu stürzen. Er teilte dabei aber nach wie vor die Bedenken des State Department, wonach sich die amerikanische Außenpolitik nicht nach den Bedürfnissen einiger Exilkubaner richten und die USA keinesfalls als Aggressor für eine Invasion verantwortlich sein dürfe. Er hätte am liebsten eine Aktion der Exilkubaner in der Form gesehen, dass sie sich zunächst in den Bergen verschanzt hätten und dann öffentlich als kubanische Gruppe in Kuba zu erkennen gewesen wären, „und nicht als eine Invasionstruppe ‚die die Yankees geschickt haben", wie er meinte. Der ursprüngliche CIA-Plan war ihm daher „zu spektakulär" und erinnerte ihn zu sehr an amphibische Landungen im Zweiten Weltkrieg. Er wies die CIA an, die Sache mit etwas weniger Aufwand anzugehen („to reduce the noise level").

Als er dann wenig später grünes Licht gab, warnte der Sprecher des außenpolitischen Senatsausschusses, J. William Fulbright, dies sei jene Art von Scheinheiligkeit und Zynismus, die die USA ständig der Sowjetunion zum Vorwurf machten. Das Unternehmen werde Amerikas Ansehen in der Welt untergraben und es Kennedy unmöglich machen, gegen Vertragsverletzungen der Kommunisten zu protestieren. Kennedy ignorierte diese Warnung.

Der erste „Stellvertreterkrieg" scheiterte kläglich. Bei einem ersten B-26-Angriff wurden nur fünf der 36 kubanischen Kampfflugzeuge zerstört; und die reichten aus, um die Invasionstruppe von etwa 1.500 Exilkubanern zu schlagen. Entscheidend dabei war, dass Kennedy in letzter Minute amerikanische Luftunterstützung ablehnte. Er autorisierte lediglich, dass zwei US-Jets – nach Entfernung der Markierung US Air Force – einen zweiten B-26-Angriff unterstützen sollten. Diese zwei Jets tauchten allerdings eine Stunde vor Eintreffen der B-26 vor Kuba auf: deren Piloten hatten nicht berücksichtigt, dass Guatemala und Kuba in verschiedenen Zeitzonen liegen. Die B-26 wurden dann von Castros Luftwaffe und -abwehr abgeschossen. So nahm das Desaster seinen Lauf.

Am Mittag des 19. April war alles vorbei. Mehr als 100 Exilkubaner waren tot, nur 14 wurden von der US-Marine gerettet. Einen Aufstand gegen Castro gab es nicht. Castro selbst verkündete die Vernichtung der „Söldnerarmee", die von den USA organisiert worden sei. Die etwa 1.200 Kubaner, die gefangen genommen wurden, wurden zu je 30 Jahren Haft verurteilt und erst im Dezember 1962 im Austausch von Nahrungsmitteln und Medikamenten freigelassen.

Ein Jahr später legte CIA-Generalinspekteur Lyman Kirkpatrick einen erst 1998 freigegebenen geheimen Bericht über das Desaster vor. Er nannte darin die Aktion „lächerlich oder tragisch oder beides" und zählte eine fast endlose Reihe von Fehlern und Versäumnissen auf: einige der verantwortlichen CIA-Agenten konnten kein Spanisch ‚behandelten aber die Exilkubaner „wie Dreck"; die CIA habe sich und das Weiße Haus mit der Annahme getäuscht, wonach die Invasion in Kuba zum Aufstand gegen Castro führen werde; das sei „reines Wunschdenken" gewesen. Die Exilkubaner seien im Übrigen schlecht ausgebildete, undisziplinierte und mangelhaft versorgte Söldner gewesen. Es wäre die Pflicht der CIA gewesen, Kennedy zur Absage der Aktion zu raten.

Kennedy war ein Mann, der Niederlagen nicht so einfach akzeptierte. Mehr denn je war er seit jenem April entschlossen, das Castro-Regime zu beseitigen. So genehmigte er im November 1961 die Operation „Mongoose" (Mungo): verdeckte Operationen zur Vorbereitung eines Aufstandes gegen Castro, gegebenenfalls auch seine Ermordung.

Verantwortlich für die Durchführung der Operation war sein jüngerer Bruder, Justizminister Robert F. Kennedy. „Mongoose“ war nicht etwa die Angelegenheit einiger rechter Extremisten, wie uns Oliver Stone in seinem Film *Thirteen Days* weismachen will. Im Gegenteil: Es war die damals größte CIA-Operation mit etwa 400 Agenten und einem Jahresbudget von über 50 Millionen Dollar. Ab Januar 1962 wurde Miami zur größten CIA-Basis ausgebaut, mit 600 Offizieren und 3.000 Exilkubanern, eigener Flotte und eigenen Flugzeugen. Im Pentagon wurden gleichzeitig Pläne für Luft- und Bodenangriffe entworfen und im März ein groß angelegtes Landemanöver mit 79 Schiffen, 300 Flugzeugen und 40.000 Marinesoldaten auf einer Karibikinsel durchgeführt – Codename ORTSAC: das war Castro rückwärts gelesen. In Moskau und Havanna verstärkte sich der Eindruck, dass es früher oder später zu einer Invasion Kubas kommen werde.

Im Oktober 1962 entdeckten die Amerikaner dann sowjetische Atomraketen auf der Insel. Was folgte, war die gefährlichste Krise des Kalten Krieges, jene 13 Tage, an denen die Welt am atomaren Abgrund stand.

Wiener Zeitung, 9./10. 4. 2011

Am atomaren Abgrund: Kubakrise vor 40 Jahren

Zwischen Vergeltungsschlag und Raketenabbau – Sowjetische Niederlage – „Heißer Draht" zwischen Washington und Kreml

Am Mittag des 22. Oktober 1962, einem Montag, kündigte der Pressesprecher des Weißen Hauses in Washington für 19.00 Uhr eine Rundfunk- und Fernsehansprache des Präsidenten „von höchster nationaler Dringlichkeit" an. Als John F. Kennedy sechs Stunden später seine Ansprache begann, schauten 100 Millionen Amerikaner zu. Der Präsident teilte etwas Ungeheuerliches mit: Die Sowjetunion habe Atomraketen auf Kuba stationiert.

Jede dieser Raketen könne Washington D. C., den Panamakanal, Cape Canaveral, Mexico City treffen. Um den weiteren Aufbau der Abschussbasen zu stoppen, kündigte er eine „Quarantäne" an – eine Blockade gegen alle Schiffe, die offensiv-militärisches Material nach Kuba bringen wollten. Dann machte er unmissverständlich klar: Sollte auch nur eine Rakete von Kuba aus abgeschossen werden, werde dies als Angriff der Sowjetunion auf die Vereinigten Staaten angesehen und werde zu einem „massiven Vergeltungsschlag gegen die Sowjetunion" führen.

Versiegelte Umschläge mit Einsatzbefehlen

50 amerikanische Kriegsschiffe bewegten sich in Richtung Süden, um den Blockadering um Kuba zu schließen. Für das gesamte Militär galt ab sofort Alarmstufe 3; Alarmstufe 1 bedeutete Krieg. Mehr als 200 Interkontinentalraketen im amerikanischen Westen wurden für den Start vorbereitet, ein Dutzend Polaris-U-Boote mit 144 Atomraketen an Bord an die Küsten der Sowjetunion beordert, 60 B-52-Bomber mit 196 Wasserstoffbomben an Bord waren von nun an ständig in der Luft; die Piloten hatten versiegelte Umschläge mit den Einsatzbefehlen erhalten. 628 weitere Bomber mit insgesamt 2.026 Atombomben an Bord wurden rund um die Welt in Alarmbereitschaft versetzt.

Zu diesem Zeitpunkt befanden sich bereits 43.000 sowjetische Soldaten auf Kuba, eine Staffel der modernsten MIG-21 Kampfjäger, 40 Mittelstreckenbomber, 36 Mittelstreckenraketen mit einer Sprengkraft von jeweils 66 Hiroshimabomben (für 24 Abschussrampen) sowie die Atomsprengköpfe für die Interkontinentalraketen (für die

18 Basen, an denen gebaut wurde). Diese Raketen selbst befanden sich noch auf den Schiffen auf dem Weg nach Kuba.

Gleichzeitig waren Pläne in Angriff genommen worden, Kuba zu einer U-Boot-Basis für elf Boote auszubauen, von denen sieben mit Atomraketen ausgerüstet waren mit jeweils einer Megatonne (das entsprach etwa dem Hundertfachen der Hiroshimabombe).

Seit dem 16. Oktober tagte in Washington ein kleiner Stab von Experten – Exekutivkomitee oder ExComm genannt – unter Leitung Kennedys in Permanenz. Wir wissen inzwischen ziemlich genau, wie die Beratungen dieses ExComm abliefen. Unbemerkt von den Teilnehmern – möglicherweise mit Ausnahme seines Bruders Robert – hat Kennedy nämlich die Gespräche auf Tonband aufnehmen lassen. 1997 sind sie veröffentlicht worden. Sie machen die ganze Dramatik jener Tage deutlich.

Wie die Beratungen der ExComm abliefen

Sie zeigen auch die zwei Lager in dieser Beratungsrunde, die „Tauben" und die „Falken". Beide Gruppen waren sich in einem Punkt einig: Die Raketen mussten weg, „so oder so", wie Kennedy in der ersten ExComm-Sitzung meinte.

Die Militärs plädierten von Anfang an für sofortige Luftangriffe, gefolgt von einer Invasion. Es war auch bereits die Rede von einer Seeblockade mit Steigerungsmöglichkeiten. Die Frage war, wie die Sowjetunion reagieren würde. Mit Angriffen gegen die Raketen in der Türkei? Gegenmaßnahmen in Berlin?

Am 18. Oktober stimmte ExComm ab: Elf Mitglieder waren für eine Seeblockade, 6 für Luftangriffe. Am nächsten Morgen drängten die Militärs Kennedy, den Befehl für Luftangriffe zu geben. Das wäre, so Justizminister Robert Kennedy, „wie Pearl Harbor, nur umgekehrt". Der Präsident entschied sich für die „Quarantäne", die er am 22. Oktober verkündete. Drei Tage später stoppten die sowjetischen Schiffe ihre Fahrt.

Auf amerikanischer Seite gingen inzwischen die militärischen Vorbereitungen weiter.

Zur „Operation Scabbards" entschlossen

In Florida kam es zu den größten Truppenansammlungen seit Korea. Die Stabschefs hatten sich für die „Operation Scabbards" entschieden: Zwölf Stunden nach dem Befehl des Präsidenten würde es sieben Tage lang massive Luftangriffe gegen Kuba mit anschließender Invasion geben.

Samstag, der 27. Oktober, war der wohl dramatischste Tag der Krise. Kremlchef Nikita Chruschtschow forderte jetzt für den Abzug der sowjetischen Raketen als

Gegenleistung den Abzug der Raketen aus der Türkei. Das war eine neue Bedingung, über die die „Falken“ im ExComm empört waren. Kurz darauf wurde bestätigt, dass ein amerikanisches Aufklärungsflugzeug über Kuba abgeschossen worden war. Aus der Sicht von ExComm konnte ein solcher Befehl nur aus Moskau gekommen sein, und das hieß: Die Eskalation hatte eine neue Stufe erreicht.

Die Stabschefs verlangten jetzt einen massiven Luftangriff, und zwar in weniger als 48 Stunden.

Die ungeheure Spannung der Situation wurde in dem Gespräch deutlich, das Robert Kennedy am Abend des 27. mit dem sowjetischen Botschafter Dobrynin führte und das als Wendepunkt der Krise bezeichnet werden kann.

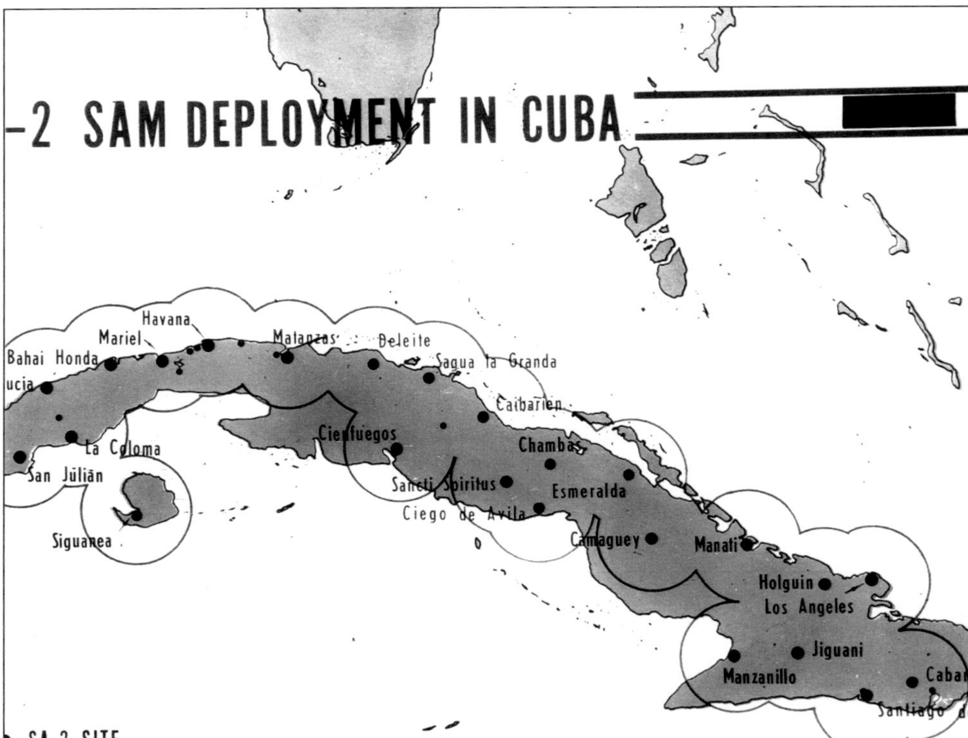

Keine Raketen auf Kuba, dafür keine Invasion

Die Botschaft, die Kennedy überbrachte, war einfach: keine Raketen auf Kuba, dafür keine Invasion. Er machte aber auch deutlich, unter welch enormem Druck sein Bruder stand, denn: „Es gibt viele unvernünftige Köpfe bei den Generälen, und nicht nur bei den Generalen, die auf einen Kampf brennen." Gleichzeitig teilte er die Bereitschaft Kennedys mit, die Raketenbasen in der Türkei abzubauen. Dies dürfe allerdings nicht öffentlich geschehen und nicht offiziell Teil der Vereinbarung sein (die NATO hatte Kennedy nicht konsultiert); dafür benötige man vier bis fünf Monate. Die Zeit dränge; man brauche eine Antwort bis zum nächsten Morgen. Dies sei „eine Bitte, und kein Ultimatum".

Am nächsten Tag wurde Chruschtschows Antwort an Kennedy über Radio Moskau verbreitet. Die sowjetische Regierung habe Anweisung erteilt, so hieß es da, „die Waffen, die Sie als ‚Offensivwaffen' bezeichnen, zu demontieren, zu verpacken und wieder in die Sowjetunion zurückzubringen".

Wir wissen heute, wie es zu dieser Entscheidung kam, die in der Weltöffentlichkeit als sowjetische Niederlage gewertet wurde – was sie auch war.

Strategisches Übergewicht der USA war 17:1

Chruschtschow hielt Kennedy für zu schwach, um den Militärs zu widerstehen. Er befürchtete ernsthaft einen Regimewechsel in Washington mit anschließendem Angriff auf

Kuba und atomarem Erstschlag gegen die Sowjetunion, die keine Zweitschlagskapazität besaß. Er wusste, dass die USA ein strategisches Übergewicht von 17:1 hatten.

Kennedy sah in der Öffentlichkeit wie der strahlende Sieger aus, der mit Härte die Krise gemeistert hatte. Das genaue Gegenteil war richtig: nicht umsonst wurde der türkische Raketendeal jahrzehntelang von den wenigen Informierten ganz bewusst geheim gehalten. Die sowjetischen Raketen wurden später abgebaut und in die Sowjetunion zurückgebracht.

Kubas Staats- und Regierungschef Fidel Castro nannte das Verrat und Chruschtschow einen Bastard. Der aber ließ Castro mitteilen, dass dessen Forderung nach einem Atomschlag gegen die USA außerordentlich alarmierend gewesen sei, denn, „Sie verstehen natürlich, wohin uns das geführt hätte. Es wäre nicht ein einfacher Angriff gewesen, sondern der Beginn eines atomaren Weltkrieges."

Haarscharf am Atomkrieg vorbei

Erst Jahrzehnte später, 1992, wurde noch etwas bekannt: Außer ihren Mittelstreckenraketen hatten die Sowjets auch 100 taktische Atomraketen in der Stärke von jeweils einer Hiroshimabombe auf Kuba, die im Falle einer amerikanischen Invasion eingesetzt worden wären. Das hätte den Atomkrieg bedeutet. So aber war die gefährlichste Krise des Kalten Krieges friedlich zu Ende gegangen.

Dabei hatte man „einfach verdammtes Glück" gehabt, wie der ehemalige US-Außenminister Dean Acheson einmal meinte. Hinzu kamen die Nachgiebigkeit Kennedys und die absurde Putschangst Chruschtschows.

In den folgenden Jahren hat es immer wieder von amerikanischer Seite Versuche gegeben, Castro zu beseitigen, aber die Zusage vom Oktober 1962 wurde eingehalten: Es gab keine amerikanische Invasion. Chruschtschow und Kennedy waren vor dem atomaren Armageddon zurückgeschreckt.

Eine direkte Verbindung via Fernschreiber

Eine Konsequenz aus der Konfrontation vom Oktober war die Einrichtung des „heißen Drahtes", einer direkten Fernschreibverbindung zwischen Weißem Haus und Kreml, im Sommer 1963 sowie im August 1963 das Abkommen über ein Verbot von Kernwaffenversuchen in der Atmosphäre, im Weltraum und unter Wasser. Ein Jahr später wurde Chruschtschow entmachtet.

Dolomiten, 22. 10. 2002

Der Vietnamkrieg

In der Mitte des Kalten Krieges ließen sich die USA 1964 auf ein militärisches Abenteuer in Vietnam ein, sie wollten so den vermuteten Vormarsch des Kommunismus stoppen. Nach 11 Jahren und fast 60.000 toten US-Soldaten sowie Millionen toter Vietnamesen fand der Vietnamkrieg ein Ende. Die Bilanz: eine von ihrem Präsidenten zutiefst enttäuschte Nation – und ein verlorener Krieg.

Vorgeschichte

Während des Zweiten Weltkrieges warfen die Amerikaner Broschüren über Vietnam ab, in denen die Bevölkerung zum Widerstand gegen die japanischen Besatzer aufgefordert und ihnen Unabhängigkeit und Selbstbestimmung in Aussicht gestellt wurden. Nach dem Sieg der USA über Japan und dem Beginn des Kalten Krieges war davon dann keine Rede mehr. Jetzt ging es um die „Eindämmung" des Kommunismus, und unter diesem Vorzeichen akzeptierten die USA auch Frankreichs Intentionen zur Restauration seiner Kolonialherrschaft in Indochina. Das ging nicht ohne Gewalt. Und so begann Ende 1946 der französische Indochina-Krieg.

Für die USA war dies zunächst nur ein „schmutziger" Kolonialkrieg. Das änderte sich mit dem Sieg der Kommunisten in China 1949 und dem Beginn des Koreakrieges am 25. Juni 1950. Fast zeitgleich mit dem Eingreifen in Korea begann das amerikanische Engagement in Vietnam. Aus dem Kolonialkrieg der Franzosen wurde ein „Kreuzzug gegen den Kommunismus", Teil der weltweiten Auseinandersetzung zwischen Ost und West. 1953/54 zahlten die USA rund 75 % der französischen Kriegskosten. Mit der Niederlage bei Dien Bien Phu im Mai 1954 endete dennoch Frankreichs Kolonialherrschaft in Indochina. Auf der anschließenden Konferenz in Genf wurde Vietnam entlang des 17. Breitengrades geteilt. Der neue Mann in Südvietnam hieß Ngo Dinh Diem, der im amerikanischen Exil gelebt hatte und nun von Washington als „starker Mann" aufgebaut wurde. Er schien die einzige Alternative zu Nordvietnams Kommunistenführer Ho Chi Minh zu sein. Die Zahl der Militärberater wurde während der Präsidentschaft von John F. Kennedy auf 16.000 erhöht. Auch für Kennedys Nachfolger Lyndon B. Johnson war Südvietnam das erste Glied einer langen Dominokette. Die Freiheit San Franciscos, so hieß es, werde in Saigon verteidigt.

Johnsons Krieg

Anfang August 1964 kam es im Golf von Tonking zu einem folgenschweren Zwischenfall. Nordvietnamesische Patrouillenboote beschossen den US-Zerstörer „Maddox“. Zwei Tage später flogen die Amerikaner die ersten Luftangriffe gegen Nordvietnam. Ein zweiter Zwischenfall – der, wie wir heute wissen, überhaupt nicht stattgefunden hat – führte in Washington zur berühmt-berüchtigten Tonking-Resolution, einer Ermächtigung zum Krieg, die, wie Johnson meinte, „wie Großmutters Nachthemd alles abdeckt“: Der Kongress ermächtigte Johnson, „alle notwendigen Schritte, einschließlich der Anwendung bewaffneter Gewalt, zu ergreifen“, um Südvietnam zu unterstützen.

Die folgenschwersten Entscheidungen wurden 1965 getroffen: Aus einem schwelenden Konflikt wurde ein amerikanischer Krieg. Nach zwei Angriffen der Kommunisten gegen amerikanische Kasernen befahl Johnson eine Verstärkung der Luftangriffe: Die Operation „Donnergrollen“ (Rolling Thunder) startete am 2. März 1965 und wurde erst am 30. Oktober 1968 beendet. Während dieser Zeit flog die amerikanische Luftwaffe insgesamt 304.000 Einsätze in Nordvietnam, davon 2083 B-52-Angriffe. Der Widerstandswille der Kommunisten wurde dennoch nicht gebrochen.

Am 8. März 1965 folgte der nächste entscheidende Schritt der Amerikaner: Erstmals seit dem Koreakrieg betraten amerikanische Kampftruppen wieder asiatischen Boden. In Da Nang gingen 3.500 Marines an Land. Hanoi sprach von einer „offenen Kriegserklärung“. Am 21. April 1965 wurden weitere 82.000 Soldaten nach Südvietnam geschickt, Ende Juli weitere 75.000. Ende des Jahres waren bereits 100.000 US-Soldaten in Südvietnam, im Frühjahr 1968 waren es zeitweise 550.000.

Das Ende von Johnsons Krieg kam im Januar 1968 mit der sogenannten „Tet-Offensive“, einem nicht mehr für möglich gehaltenen Großangriff der Kommunisten gegen fünf der sechs großen Städte, 36 der 44 Provinzhauptstädte und ein Viertel der 242 Provinzstädte Südvietnams. Am Ende hatten Amerikaner und Südvietnamesen zwar alle verlorengegangenen Gebiete wieder zurückerobert, aber es war ein Pyrrhus-Sieg. Die amerikanische Öffentlichkeit hatte den Glauben an den Sieg verloren, der Präsident seine Glaubwürdigkeit eingebüßt. Ende April verkündete Johnson dann, dass er sich einer Wiederwahl nicht stellen werde.

Nixons Krieg

Der neue Präsident hieß Richard M. Nixon. Er hatte die Wahl mit dem Versprechen gewonnen, den Vietnamkrieg zu beenden. Seine Taktiken: zunächst ein „Geheimplan“, später verbreitete er die Theorie des verrückten Präsidenten, die „mad man theory“, die

Hanoi denken lassen sollte, er sei verrückt genug, jede Waffe einzusetzen. Nixon war überzeugt davon, dass der Krieg ausgeweitet werden musste, um ihn zu gewinnen. So wurden geheime Angriffe gegen vietnamesische Basen an der Grenze zu Kambodscha geflogen. Im Juli 1969 verkündete Nixon seine neue Doktrin: Vietnamisierung, das hieß Abzug der amerikanischen Truppen. Gleichzeitig ließ sein Sicherheitsberater Henry Kissinger Möglichkeiten für einen, wie er formulierte, „brutalen, entscheidenden Schlag" gegen Nordvietnam prüfen, einschließlich des Einsatzes von Atomwaffen. Kissinger wörtlich: „Ich weigere mich zu glauben, dass eine viertklassige Macht wie Nordvietnam nicht an irgendeinem Punkt aufgeben muss."

Im März 1970 befahl Nixon die Invasion des neutralen Kambodschas. Daraufhin kam es zur größten Antikriegsdemonstration in den USA. An der Kent State University wurden am 4. Mai 1970 vier Studenten von der Nationalgarde erschossen.

Inzwischen sank die Moral der Truppe in Vietnam auf den niedrigsten Stand in der Geschichte der USA. Befehlsverweigerung, das Töten von Offizieren und Unteroffizieren, Drogenkonsum etc. nahmen zu. 1971 nahmen 44 % der Truppe Heroin, 20% waren drogenabhängig. Das Ende des Krieges wurde zur absoluten Notwendigkeit für Washington. Bei seinem Amtsantritt hatte Nixon erklärt, er sei bereit, mit den Kommunisten zu verhandeln. Damit waren Moskau *und* Peking gemeint. Er besuchte China im Februar 1972. Einen Monat später begannen die Nordvietnamesen mit ihrer Frühjahrsoffensive. Daraufhin gab Nixon den Befehl zur Eskalation: B-52-Angriffe auf Hanoi und Haiphong, gleichzeitig Verminung des Hafens von Haiphong. 14 Tage nach diesem Befehl traf Nixon in Moskau auf Kremlführer Leonid Breschnew. Man war sich einig, dass der Vietnamkrieg weitere Schritte auf dem Weg einer Détente nicht behindern durfte. Mit anderen Worten: Nixons Verhältnis zu China und der Sowjetunion hatte durch die Ausweitung des Krieges in Vietnam nicht gelitten.

Henry Kissinger führte fast gleichzeitig mit den Nordvietnamesen Geheimgespräche in Paris, die im Oktober 1972 zu einer prinzipiellen Einigung führten. Wenige Tage vor den Präsidentschaftswahlen in den USA verkündete Kissinger auf einer Pressekonferenz: „Der Friede ist zum Greifen nahe." Das war er keineswegs, da Südvietnams Ministerpräsident Thieu die sogenannte Vereinbarung ablehnte, die zum einen vorsah, dass nordvietnamesische Truppen im Süden des Landes bleiben konnten und zum anderen die entmilitarisierte Zone am 17. Breitengrad nicht als offizielle politische Grenze bezeichnete. Als Nordvietnam Änderungen an dieser Vereinbarung ablehnte, ordnete Nixon massive Luftangriffe auf Nordvietnam an: In dem sogenannten „Weihnachtsbombardement" bis zum 29. Dezember 1972 wurden mehr Bomben auf Nordvietnam abgeworfen als in den drei Jahren zuvor.

Anfang Januar 1973 wurden die Verhandlungen in Paris wieder aufgenommen; Änderungen der Vereinbarung waren rein kosmetisch. Das Abkommen wurde am 27. Januar 1973 unterzeichnet: für die Amerikaner war der Krieg beendet. Nicht jedoch für die Vietnamesen. Nixon konnte nicht mehr helfen; er war in den Watergate-Skandal verwickelt und trat im August 1974 zurück. Der Kongress wollte mit Vietnam nichts mehr zu tun haben. Am 30. April 1975 überrannten die Kommunisten Saigon. Das Land wurde unter kommunistischer Herrschaft zwangswiedervereint – mit 400.000 Südvietnamesen in Umerziehungslagern.

Fazit

58.135 amerikanische Soldaten ließen ihr Leben in Vietnam; 304.704 wurden verwundet, davon erlitten 6665 Amputationen, und ca. 33.000 blieben gelähmt. Eine Million südvietnamesische Soldaten waren gefallen, etwa zwei Millionen tote Zivilisten waren zu beklagen. Zwei Millionen Menschen wurden verstümmelt, zusätzlich zwei Millionen Liter giftige Chemikalien ausgesetzt. Zahlen über Nordvietnam sind nicht belegt, aber wahrscheinlich mussten dort genauso viele Menschen ihr Leben lassen. In den USA blieb der Vietnamkrieg ein Trauma, das die Nation so spaltete wie nichts mehr seit dem Bürgerkrieg hundert Jahre zuvor. Es gab zudem ungeheure Probleme der Veteranen: Drogen, Alkohol, Depression und eine distanzierte Gesellschaft. Für diesen Krieg gab es keine Siegesparaden nach der Rückkehr.

Es war „Amerikas längster Krieg“ und der erste, der verloren ging. Die Gründe für die Niederlage waren vielfältig: keine klare Taktik, ein „begrenzter totaler Krieg“ – ein Widerspruch in sich selbst –, eine korrupte Führungsclique in Südvietnam, und keine klare Antwort auf die Frage des einfachen GI und der Öffentlichkeit, warum man überhaupt in Südvietnam war und Opfer brachte. Aus privaten Mitteln wurde 1982 das eindrucksvolle Vietnam-Memorial in Washington eröffnet. Erst Mitte der 80er Jahre wurde versucht, das Vietnamtrauma im Film zu verarbeiten. Zweifel blieben, auch wenn US-Präsident Ronald Reagan den Krieg später öffentlich als „in truth a noble war“ bezeichnete. Ein „edler“ Krieg war der Vietnamkrieg zu keinem Zeitpunkt gewesen.

Bundeszentrale für politische Bildung, 10. 10. 2008

Das Ende des Krieges in Vietnam

Am 30. April 1975 besetzten nordvietnamesische Kommunisten Saigon – Kapitulation

Am 30. April 1975 marschierten nordvietnamesische Kommunisten in Saigon ein: Südvietnams Kapitulation war gleichzeitig das Ende des Krieges in Vietnam. Zwei Jahre zuvor, am 27. Januar 1973, hatten in Paris US-Außenminister William P. Rogers und sein nordvietnamesischer Kollege Nguyen Thuy Trinh das „Abkommen über die Beendigung des Krieges und die Wiederherstellung des Friedens in Vietnam" unterzeichnet.

Am 29. März verließ der letzte von einstmals 549.000 US-Soldaten Vietnam. Auch wenn für die USA der Krieg zu Ende war: Das Abkommen war das Papier nicht wert, auf dem es geschrieben war. Für die Vietnamesen ging der Krieg nämlich unvermindert weiter. 1973 und 1974 wurden allein 76.500 südvietnamesische Soldaten getötet – die größte Zahl für zwei Jahre während des gesamten Krieges (im gleichen Zeitraum für Nordvietnam etwa 100.000).

Reis fast unbezahlbar

Auch wirtschaftlich verschlechterte sich die Lage in Südvietnam nach dem Abzug der Amerikaner geradezu dramatisch. Von 1966 bis 1972 hatten die USA zwei Mrd. Dollar in die südvietnamesische Wirtschaft gepumpt und allein 300.000 Menschen Arbeit verschafft. Dies alles fiel jetzt über Nacht weg. Die Inflation im Süden stieg auf 65 %, die Arbeitslosigkeit auf nahezu 40 %. Reis wurde fast unbezahlbar; was die Soldaten im Monat verdienten, reichte gerade für eine Woche zum Leben. Bei einer Bevölkerung von 18 Millionen gab es zehn Millionen Flüchtlinge!

Chaotische Rettung

In dieser Situation begann Nordvietnam im März 1975 die „Ho Chi Minh-Offensive" gegen das Regime im Süden, das nach 55 Tagen zusammenbrach. Am 20. April war Südvietnams Ministerpräsident Thieu zurückgetreten, sein Nachfolger Duong Van

Minh (der einstige „Big Minh“) gab am 30. April die bedingungslose Kapitulation bekannt. US-Botschafter Graham Martin hatte viel zu lange mit der Evakuierung gewartet. Die Bilder von der chaotischen Rettung der eigenen Leute – und immerhin auch 51.000 Vietnamesen! – gingen damals um die Welt. Bereits am 23. April hatte US-Präsident Gerald Ford in New Orleans vor 5.000 Menschen den Krieg in Vietnam für beendet erklärt, „soweit er Amerika betrifft“. Anfang 1973, nach Unterzeichnung des Abkommens, war Henry Kissinger, der das Abkommen als Nationaler Sicherheitsberater von Präsident Nixon ausgehandelt hatte, gefragt worden, wie lange sich Saigon wohl halten könne. Seine Antwort: „Ich glaube, wenn sie Glück haben, anderthalb Jahre.“

„Boat People“

Die Kommunisten übernahmen die Herrschaft in Südvietnam. Saigon wurde in Ho Chi Minh-Stadt umbenannt (was von der Bevölkerung nie wirklich akzeptiert wurde; für sie blieb Saigon Saigon). 400.000 Südvietnamesen wurden bis zu zehn Jahre in „Arbeits- und Umerziehungslager“ gesteckt. In den folgenden Jahren flüchteten rd. 1,4 Millionen Südvietnamesen. Unter anderem waren dies die so genannten „Boat People“, von denen während der ersten Fluchtwelle 50.000 ihr Leben verloren, aber 57.000 ein neues Leben in den USA begannen.

Als Saigon kapitulierte, liefen in den USA die Vorbereitungen zur 200-Jahr-Feier des Landes. Vietnam fiel zunächst einem kollektiven Vergessen anheim. Die Debatte „Wer hat Vietnam verloren?“ wurde erst später geführt.

Vietnam ist bis heute eines der ärmsten Länder der Welt geblieben. Gerald Ford verhängte 1975 ein Handelsembargo über das Land, das sein Nachfolger Bill Clinton erst 1994 aufhob. 1995 nahmen beide Länder diplomatische Beziehungen auf. Der erste US-Botschafter war 1997 Douglas „Pete“ Peterson, der als ehemaliger Kriegsgefangener Jahre im notorischen „Hanoi Hilton“-Gefängnis verbracht hatte.

Dolomiten, 30. 4./1./2. 5. 2005

Literaturhinweise zu den einzelnen Themen
(Bücher des Autors)

Deutschland

Berlinkrise und Mauerbau 1958 bis 1963, Olzog Verlag, München 2009 (erweiterte Neuauflage der Arbeit: Der Mauerbau. Die Westmächte und Adenauer in der Berlinkrise 1958 bis 1963, München 1. und 3. Auflage 2001).

Deutsche Geschichte. Darstellungen und Dokumente in vier Bänden, 1945 bis zur Gegenwart, Fischer Taschenbuch Verlag 2001 (Fischer Taschenbücher Nr. 15580 bis 15583).

17. Juli 1953. Der Anfang vom langen Ende der DDR, Olzog Verlag, München 2003.

Die Bonner Republik 1949-1998 (mit Heribert Schwan), Propyläen, Berlin 2009.

Helmut Kohl. Virtuose der Macht (mit Heribert Schwan), Artemis und Winkler, Mannheim 2010.

Israel/Nahostkonflikt

Der Nahostkonflikt, Fischer Taschenbuch Verlag, Frankfurt am Main, 2003, 5. Auflage 2009 (Fischer kompakt 16121).

Österreich

Der Staatsvertrag. Österreich im Schatten von deutscher Frage und Kaltem Krieg 1938-1955, Studienverlag, Innsbruck-Wien-Bozen 2005.

Südtirol

Autonomie oder Selbstbestimmung? Die Südtirolfrage 1945/46 und das Gruber-De Gasperi-Abkommen, Studienverlag, Innsbruck-Wien-Bozen 2006 (unveränderte Neuauflage von: Los von Rom? Die Südtirolfrage 1945/46 und das Gruber-De Gasperi-Abkommen, Innsbruck 1987).

Südtirol im 20. Jahrhundert. Vom Leben und Überleben einer Minderheit, Studienverlag, Innsbruck-Wien 1997, 4. Auflage 2004.

Südtirol zwischen Diplomatie und Terror 1947-1969, drei Bände, Verlagsanstalt Athesia, Bozen 1999.

Südtirol. Vom Ersten Weltkrieg bis zur Gegenwart, Studienverlag, Innsbruck-Wien-München-Bozen 2003.

USA/Kalter Krieg

Der Kalte Krieg, Fischer Taschenbuch Verlag, Frankfurt am Main 2003, 5. Auflage 2006 (Fischer kompakt 15551)

Der Vietnamkrieg, Fischer Taschenbuch Verlag, Frankfurt am Main 2004, 3. Auflage 2009 (Fischer kompakt 16129).

Der vergessene Krieg. Korea 1950-1953, Olzog Verlag, München 2006, 2. Auflage 2009.

Die Kubakrise 1962. 13 Tage am atomaren Abgrund, Olzog Verlag, München 2011.

Audio-CDs des Autors
(erschienen im Studienverlag, Innsbruck-Wien, 2008 und 2009)

I: *Zweiter Weltkrieg und Kalter Krieg. Vom Angriff auf die Sowjetunion bis zum Bau der Mauer in Berlin,* zwei Audio-CDs mit folgenden Themen:

1. „Das Unternehmen Barbarossa" – der deutsche Angriff auf die Sowjetunion.
2. Die Wannseekonferenz.
3. Stalingrad.
4. Alamogordo: Der Beginn des Atomzeitalters.
5. Das Urteil von Nürnberg.
6. Der Koreakrieg.
7. Der Suezkrieg.
8. Berlinkrise und Mauerbau.

Gesamtlaufzeit 108:43 Minuten

II: *Entscheidungen im Kalten Krieg. Von der Konferenz in Potsdam bis zum Krieg in Vietnam.* Drei Audio-CDs mit folgenden Themen:

1. Die Konferenz in Potsdam
2. September 1945: Japan kapituliert.
3. Ho Chi Minh ruft die Unabhängigkeit Vietnams aus.
4. Warten auf den Staatsvertrag.
5. Der ungarische Volksaufstand.
6. Der Sechstagekrieg (A).
7. Der Sechstagekrieg (B).
8. Atombomben und Kalter Krieg.

9. Marshallplan und europäische Integration.
10. Die Kubakrise (A).
11. Die Kubakrise (B)
12. Der Vietnamkrieg.

Gesamtlaufzeit 226:07 Minuten

Weitere Informationen – mit Hörproben – unter http://www.rolfsteininger.at.

In Vorbereitung:
Auf drei Audio-CDs die 13-teilige Hörfunkserie: *Die Südtirolfrage 1945-1969*, jeweils 30 Minuten, ausgestrahlt vom Rai-Sender Bozen im Jahre 2010.

Die Feuernacht – Und was dann? Südtirol und die Bomben 1959-1969. 15-teilige Vorlesung, jeweils 20 Minuten, ausgestrahlt vom Rai-Sender Bozen, Mai /Juni 2011. Das gleichnamige Buch ist in der "Edition Dolomiten" in Bozen erschienen.

Zum Autor

Em. o. Univ.-Prof. Dr. Rolf Steininger, geb. 1942 in Plettenberg/Westfalen, bis 1983 an der Universität Hannover, von 1984 bis 2010 Leiter des Instituts für Zeitgeschichte der Universität Innsbruck, seit 2008 auch an der Freien Universität Bozen; Senior Fellow des Eisenhower Centers for American Studies der University of New Orleans. Zahlreiche Veröffentlichungen, Hörfunk- und Fernsehdokumentationen zur Zeitgeschichte. /www.rolfsteininger.at/